カクテルをたしなむ人のレッスン

&400レシピ

LE GRAND COURS DE
COCKTAILS

Liquid Liquid 著

一般社団法人日本パブ＆バー協会代表理事
木田竜典 監修
柴田里芽 翻訳

日本文芸社

はじめに

———

AVANT-PROPOS

　今やバーのみならず、カフェやレストランでも気軽にカクテルをたのしめるようになった。家庭でも親しまれ、友人たちに食前酒アペリティフとしてカクテルをふるまう光景も珍しくない。

　すぐれたレシピや重要なテクニック、ポイントをつかむための実例、カクテルにマッチする素材を知っていれば、カクテルをつくる際の疑問を解決できる。本書には、そんな知識やポイントが満載だ。

　また、スタンダードなレシピが段階的にマスターできるよう、難易度の低いものから高いものへとレベル分けされているので、最初の一歩を踏み出すと、どんどんレパートリーを増やしたいという気持ちになるだろう。

　400のレシピ紹介に先駆け、カクテルの基礎知識からテクニック、道具、材料についての章を設けてある。万全な状態でレシピに臨めるとともに、オリジナルレシピだって考案できるだろう。カクテル修業を気負わずにスタートしたい初心者はもちろん、経験豊富なカクテルファンも本書で学び、カクテルづくりの腕前をあげてほしい。

Liquid Liquid
ジェレミー・オジェ、ティエリー・ダニエル、エリック・フォサール

目次

LA THÉORIE

第 *1* 章

カクテルの
基本

この章では……

　カクテルを実際につくる前に、最低限の理論を理解しておく必要がある。料理にしろ、製菓にしろ、失敗しないためには、基本の知識を頭に入れておくことが重要だ。

　そこでこの章では、カクテルの世界をひと通り紹介しよう。

　材料や道具、カクテルづくりの技法はもちろんのこと、おいしさや見た目の美しさを実現するためのポイントやアドバイスについても説明する。カクテルの構成要素を完璧に知ってもらうべく、グラスの選び方やデコレーションの仕方、そして重要な氷のクオリティについても述べる。

カクテルの
スタイル

カクテルは、本書だけでも400種類
もあるが、おおまかにカテゴリー分け
ができる。ここではそのおもなカクテ
ルスタイルを紹介しよう。

COBBLERS
コブラー

基本的にスティルワイン、スパー
クリングワイン、酒精強化ワイン
（いずれも p.42）をベースに、砂糖
やシロップを加えたカクテル。ご
くまれに蒸留酒ベースのものもあ
る。氷をつめたグラスのなかで直
接混ぜ、季節のフルーツを飾る。

COLLINS
コリンズ

蒸留酒をベースに、レモン果汁、砂糖やシロップ、炭酸水でつくるカクテル。氷をつめたハイボールグラス（タンブラー）で直接混ぜる。

DAISIES
デイジー

いくつもバージョンがあるが、ベースの材料は蒸留酒とレモン果汁。これにトリプルセックやシャルトリューズ（ともにp.39）、ラズベリーシロップやグレナデンシロップ（ともにp.43）など、第3の材料を加える。材料をシェーク（p.52）し、カクテルグラスで提供する。

FIZZES
フィズ

材料の構成はコリンズ
（p. 9）に近い。蒸留酒、
レモン果汁、砂糖（シュ
ガーシロップ、p.24）
をシェーカーに入れて
シェーク（p.52）し、ハ
イボールグラス（タンブ
ラー）に注いで氷を加え、
炭酸水で割る。

FLIPS
フリップ

蒸留酒または酒精強化ワイン
(p.42) に卵と砂糖を加えて
シェークし、表面にはナツメグ
をすりおろす。一般的に小さな
ワイングラスで提供。

HIGHBALLS
ハイボール

材料は蒸留酒とソーダのみ。
ダーク・アンド・ストーミー
(Dark & Stormy ／ p. 153) と
キューバ・リブレ (Cuba Libre
／ p. 85) が、このスタイルの
代表的なカクテルだ。

JULEPS
ジュレップ

クラッシュドアイスをつめた金
属製ゴブレットで、蒸留酒、ミ
ント、砂糖を混ぜて提供する。
シロップやリキュールで甘味を
加えるタイプも。このスタイル
の代表格は、ミント・ジュレッ
プ（Mint Julep ／ p. 147）。

PUNCHS
パンチ

「大量につくるカクテル」（p. 58）
で詳しく説明しよう。

SOURS

サワー

いわば、フィズ（p.10）のショートドリンク版。ベースは蒸留酒、レモン果汁、砂糖やシロップで、カクテルグラスで提供する。卵白を加えた場合、氷を満たしたオールドファッションドグラスで提供する場合もある。

TODDIES

トディ

一般的に湯で割ってつくるホットドリンク。やけどをしないよう、耐熱グラスで提供する。蒸留酒に砂糖を加えて湯で割り、飲む前にレモンのピール（果皮）またはスライス、そしてナツメグ、クローブ、シナモンなどのスパイスを加える。

カクテルの
歴史

「カクテル」という言葉は、いつ、どこで生まれたのだろう？

カクテルという言葉が、飲みものを表す言葉として記されたのは19世紀初頭のこと。

1803年に雑誌『ザ・ファーマーズ・キャビネット』が「グラス1杯のカクテルで頭脳明晰」と表現し、1806年にはニューヨークの週間新聞『ザ・バランス・アンド・コロンビアン・リポジトリ』が、「カクテルは蒸留酒、砂糖、水、ビターズで

1803年 & 1806年
「カクテル」が活字で記される

1803年発行の雑誌『ザ・ファーマーズ・キャビネット』と1806年発行の週間新聞『ザ・バランス・アンド・コロンビアン・リポジトリ』で、「カクテル」という言葉が用いられ、ドリンクの1ジャンルとして認識された。

1834年
ペイショーズビターズの誕生

ハイチからニューオーリンズに移住した薬剤師のアントワーヌ・アメデ・ペイショーが、1834年にペイショーズビターズを考案。ペイショーが、この薬用酒の特製ビターズに砂糖とたっぷりのコニャックを加えたドリンクを、フランス語でコクティエというエッグスタンドに入れて販売すると評判になり、「コクティエ」と呼ばれるように。やがて英語なまりの発音で「コクテル」といわれるようになり、いつしか「カクテル」と称されるようになったという。のちにペイショーズビターズは、サゼラック（Sazerac ／ p.215）に欠かせない材料となり、またサゼラックをもって、カクテルという言葉は完全に市民権を得た。

17世紀〜18世紀
「ミックスドリンク」の時代

「カクテル」という名称で呼ばれる以前、フィズ（p.10）やコリンズ（p.9）、ジュレップ（p.12）など、「混ぜた飲みもの」である「ミックスドリンク」は、すでに17世紀〜18世紀に存在していた。また、紀元前3000年代の古代ローマではワインに混ぜものをしたり、古代エジプトではビールにはちみつやショウガを加えて飲まれていたともいわれ、ミックスドリンクは、紀元前30世紀より存在したともいう。

1824年
アンゴスチュラビターズの誕生

1824年、ドイツの軍医ヨハン・ジーゲルトがアンゴスチュラビターズを考案。これは、ベースのラムにリンドウやオレンジのピールで香りづけをした苦味酒アロマティックビターズで、今日でも多くのカクテルに用いられている。

つくる刺激的なリキュール」と記している。

一方で、カクテルの語源の「コック・テイル」（cock tail、雄鶏（おんどり）の尾）という表現は、雑種の馬を指す言葉としてすでに18世紀に使われていた。そこから派生して数種の材料を混ぜた「ミックスドリンク」を指す言葉になったといわれている。

そのほか、ドリンクを混ぜるのに使ったスティックに由来する説や、アステカ文明の女神コキトルにちなむ説などある

が、ペイショーズビターズの生みの親アントワーヌ・アメデ・ペイショーにまつわる説が有名だ。ペイショーは、特製のビターズをコニャックと混ぜ、エッグスタンドに入れて提供していた。エッグスタンドは、フランス語で「コクティエ」（coquetier）ということから、このドリンクもコクティエと呼ばれ、やがて英語なまりの発音で、コクテルからカクテルと称されるようになったというが、真偽は定かではない。

1862年　『バーテンダーズ・ガイド』の刊行

1862年、アメリカのバー業界の先駆者にして「プロフェッサー（教授）」の異名をもつ、ジェリー・トーマスが『バーテンダーズ・ガイド』を刊行。カクテルのバイブルとして知られている。

1870年代　マンハッタンの誕生

マンハッタン（Man-hattan／p.133）は、1870年代にイアン・マーシャル博士が、大統領選に出馬したサミュエル・ジョーンズ・ティルデンのために、ニューヨークのマンハッタンクラブで行われたパーティーの際に考案したといわれている。この10年の間に製氷機の初期モデルが開発され、カクテルに氷を使うことが一般的になった。

1856年　「ミクソロジー」という言葉の誕生

アメリカの出版社メリアム＝ウェイブスターが1948年に刊行した辞典では、「ミクソロジー」を「混合飲料をつくる芸術や技能」と定義づけし、カクテルとほぼ同義と見なした。また、1856年にニューヨークの月刊誌『ザ・ニッカボッカー』で、カクテルをじょうずにつくる人をはじめて「ミクソロジスト」と称した。しかし、2000年以降、ミクソロジーの意味はかわり、ミクソロジーによるカクテルは、「フュージョン料理の技術とエッセンスを取り入れ、フルーツや野菜、ハーブ、スパイスなどの新鮮な材料と、スピリッツ（蒸留酒）などを組みあわせたカクテルメイキング法によってつくられたもの」となっている。

1863〜1895年　ブドウネアブラムシによる危機

ブドウネアブラムシがヨーロッパのブドウ栽培に被害を与え、ワインだけでなく、コニャックの生産も大打撃を受けた。そのため、アブサン（p.40）などほかの蒸留酒の消費が増え、ニューオーリンズでは、コニャックのかわりにライ麦を原料とするライウイスキーでカクテルがつくられた。

1882年　『バーテンダーズ・マニュアル』の刊行

著者のハリー・ジョンソンは、さまざまなカクテルを紹介し、プロ用の道具から材料、混ぜ方の技法について述べ、さらにはバーをどのように運営するか、バーテンダーに求められる資質や、客へのもてなしの重要性についても言及した。当時としては先駆的な本だった。

1904年

現在の「ドライ・マティーニ」の登場

パリのカフェ・ド・ラ・ペのバーテンダーであるフランク・ニューマンが、カクテルブックを発表。この本のなかで、現在と同じレシピのドライ・マティーニ（Dry Martini ／ p. 97）がはじめて紹介された。

1917年

旅するウォッカ

1917年にロシア革命が勃発し、貴族たちが亡命を余儀なくされると、ウォッカの秘伝のレシピが国外にもたらされ、世界中で愛されるようになったという。

1919〜1933年

禁酒法時代

1919〜1933年のアメリカの禁酒法時代、密輸された酒類の味をごまかす手段として、カクテルにして飲むのが流行。当時、非合法に酒類を販売するもぐりのバー、通称「スピークイージー」があちこちに出現した。

1908年

アドルフ・ロースの功績

1908年、有名建築家アドルフ・ロースが設計した、ウィーンのアメリカン・バーが落成。このバーはロース・バーと呼ばれ、現在は歴史的建造物に認定されている。

1910年

アブサン禁止令

1910年以降、ヨーロッパのほとんどの国でアブサン(p.40)が禁止された。

1919年

ネグローニの誕生

ロンドン訪問で、ジンの味を覚えたというイタリアのカミーロ・ネグローニ伯爵は、1919年、フィレンツェのカフェ・カソーニで、バーテンダーのフォスコ・スカルセッリに、アメリカーノ（Americano ／ p.117）にジンを少量加えるようオーダー。ネグローニ伯爵はその味わいの虜になり、伝説のネグローニ（Negroni ／ p.137）が誕生した。

1930年

『サヴォイ・カクテルブック』の刊行

1920〜1930年代にかけて活躍した伝説のバーテンダー、ハリー・クラドックが『サヴォイ・カクテルブック』を刊行。750以上のカクテルレシピが掲載されており、今でも改訂版が出版されている。

1952年

小説から誕生したカクテル

1952年、イアン・フレミングが「ジェームズ・ボンド」シリーズの第1作『007 カジノ・ロワイヤル』を発表。フレミングはこの小説で、自ら考案したカクテル「ヴェスパー（Vesper／p.177）」を、ボンドがポーカーに興じるシーンに登場させた。ヴェスパーという名称は、通称ボンドガールのヴェスパー・リンドに由来する。

1980年代

コスモポリタンの誕生

コスモポリタン（Cosmopolitan／p.79）は、1980年代にマイアミの女性バーテンダー、シェリル・クックが考案したカクテル。ドライ・マティーニより軽いのが受けて、人気を博した。またこのころから、ウォッカがカクテルのメニューによく登場するようになったという。

1920年

ヨーロッパ＆キューバへ

1920年代、アメリカで施行されていた禁酒法から逃れるべく、多くのバーテンダーがヨーロッパやキューバに渡った。以後、アメリカ人にとってキューバはカクテルの聖地となり、ハバナのレストラン＆バーのエル・フロリディータやボデギータ・デル・メディオではモヒート（Mojito／p.71）がもてはやされたという。同じころパリでは、フランク・メイエがリッツのチーフバーテンダーに就任し、ハリー・マッケルホーンは働いていたバーを買い取り、ハリーズ・ニューヨーク・バーとしてオープンさせた。マッケルホーンのバーは、祖国を離れたアメリカ人たちの憩いの場となり、ホワイト・レディ（White Lady／p.187）、サイドカー（Sidecar／p.205）、ピック・ミー・アップ（Pick Me Up／p.327）というクラシックカクテルの誕生地として、今なおファンを魅了している。

1934年

ティキカクテルの誕生

アメリカで禁酒法が廃止された翌年、ポリネシアの文化にルーツをもつティキカルチャーがアメリカで人気となり、ティキカクテルが誕生。このカクテルは、カルフォルニアのバー、ドン・ザ・ビーチコマーのアーネスト・ガントによって考案された。

1953〜1961年

「ステアせずにシェークで」

「ジェームズ・ボンド」シリーズでは、全般にわたって、ボンドがドライ・マティーニをはじめ、さまざまなマティーニを飲むシーンが登場する。一般的にドライ・マティーニは、バースプーンでステア（p.51）して冷やすが、同作ではステアではなくシェーク（p.52）するのが特徴。ボンドの「ステアせずにシェークで」という名ゼリフでおなじみだ。

1990年 デイル・デグロフの功績

「現代カクテルの父」「カクテル王」と呼ばれる著名なバーテンダー、デイル・デグロフが、既存のクラシックなカクテルを美食学ガストロノミーに高めるというアプローチに挑み、ニューヨークのカクテル文化に旋風を巻き起こした。

2000年 モヒート人気&ペニシリンの誕生

2000年代、モヒート（Mojito ／ p.71）がヨーロッパ中で人気を博した。その勢いは衰えを見せず、カクテルの代名詞としての地位を確立。このころ、現代カクテル運動の先駆者というべきサーシャ・ペトラスケが、ニューヨークにミルク＆ハニーをオープン。このバーは現代カクテル界の聖地となり、のちにペニシリン（Penicillin ／ p.209）が誕生した。

2003年 『ザ・ジョイ・オブ・ミクソロジー』の刊行

2003年、バーテンダー界の重鎮ともいうべきゲーリー・リーガンが『ザ・ジョイ・オブ・ミクソロジー』を刊行。カクテル技法の理解と実践に対する新しいアプローチを提案した。

1995年 ロンドンでカクテルの新時代が幕開け

1995年、ロンドンのカクテルシーンはホテルを舞台に新時代を迎えた。とりわけリージェント・パレス・ホテルのアトランティック・バーがこのムーブメントをリードした。

2002年 テールズ・オブ・ザ・カクテルの開催

カクテルの歴史に足跡を刻んできたニューオーリンズで、2002年に第1回目の「テールズ・オブ・ザ・カクテル」が開催された。以降、年に1度開催されており、世界中のバーテンダーが集う世界最大規模のカクテルフェスティバルとして知られている。

2008年
パリで「カクテルズ・スピリッツ」の開催

2008年、フランス初となるプロ向けのカクテルの祭典がパリで催された。以来、年1回開催されており、2日間にわたって有名バーテンダーによる講習やデモンストレーションが行われている。

2010年
フードテイルの夜明け

フード×カクテル＝「フードテイル」という新しいムーブメントがカクテルシーンに登場。バーテンダーとシェフが手を組み、マリー・セレスト、ル・パルファン、シンビオーズという3つの有名レストランで料理とカクテルのコラボレーションをたのしめるようになった。

2016年
アルコールフリーの波

ミクソロジーの世界において取り残されていたアルコールフリーのカクテルが、複雑な創作ドリンクとしてメニューに登場。これにより、カクテルはより多くの人々に迎え入れられた。

2007年
フランスの新世代バー

2007年のエクスペリメンタル・カクテル・クラブのオープンを皮切りに、パリに新世代のバーが台頭。2011年にはパリにカンデラリアがオープンし、以降、マルセイユにキャリー・ネイション、モンペリエにパパ・ドゥブル、リヨンにランティケールが登場し、フランスのカクテルシーンに新しい幕開けを告げた。

2009年
エイジングカクテル

2009年、ロンドンの69コールブルック・ロウのバーテンダーのトニー・コニグリアロと、ポートランドのクライド・コモンのジェフリー・モーゲンサーラーが、エイジングカクテルを発表。樽やボトルでカクテルを熟成させるという試みだ。

2015年
パリで「カクテル・ウィーク」が開催

2015年、パリで第1回目の「カクテル・ウィーク」が開催された。カクテルをより広めるべくはじまった、年に1度のイベントで、期間中、パリ市内50軒ほどのバーでは特別価格でカクテルがたのしめ、カクテル講座やワークショップも行われる。

カクテルづくりの基本

　オリジナルの食前酒で友人をもてなそうと、勘を頼りにカクテルをつくってみたら、味わいのバランスと繊細さに欠けていてガッカリ……なんて経験はないだろうか。

　ここでは、カクテルづくりのポイントについて掘りさげていく。

　ポイントをおさえて基本をマスターすれば、仮にレシピ通りにおいしいカクテルがつくれなかったとしても、どう対処すればよいか分析できるようになる。

　「適当に」が通用する世界ではないが、よいカクテルは、ここにあげる基本をおさえれば、簡単に手早くつくれる。

簡単なレシピで極上の一杯を

カクテルを手に、みなでたのしむひとときは格別だ。カクテルがおいしければ、さらに会話も弾む。
初級（p. 68 ～ 169）で紹介する簡単なレシピからつくりはじめ、カクテルにおけるバランスをつかんで、おいしいカクテルを提供しよう。

バランスの方程式を知る

カクテルにおけるバランスとは、往々にして、酸味と甘み、アルコール感の完璧な融合といえる。多くのレシピは、この3つの要素のバランスをいかに尊重できるかにかかっている。それゆえ、製菓の場合と同じく材料は厳密に計量する必要がある。

基本的に、カクテルの酸味はレモンなどの柑橘類、甘みはシロップやリキュール、アルコールはベースの蒸留酒がもたらす。

しかし、柑橘を使わず酸味のないレシピもあり、この場合、バランスは苦みのある材料に左右される。たとえば、ワインをベースにした混成酒、ベルモット（p.41）やシェリー（p.42）、カンパリ（p.40）、フェルネット・ブランカ（p.40）、アメール・ピコン（p.40）などのビター系リキュール（p.40）がそれにあたる。

また、ビー・アンド・ビー（B&B／p. 207）のように、甘みとアルコールのバランスのみでつくられるカクテルもある。

ビター系リキュールV.S.ビターズ

ビター系リキュールとビターズ（p.39）はまったく別もの。混同しないように注意しよう。

アンゴスチュラビターズやペイショーズビターズなどのビターズは、カクテルに苦味をつけるために加える。使うのは、ほんの数滴でいいだろう。ほかの材料と混ざることで、複雑なアロマとスパイシーな風味をもたらすが、ほんの数滴でないと、カクテルのバランスをくずしてしまう。

適切な量を守る

たとえばカクテルのベースとなる基酒を6種使い、さらにシロップ3種、リキュール4種を混ぜるようなレシピは邪道だ。カクテルはミルフィーユのように重ねれば重ねるほど、おいしい層ができるわけではない。

ティキカクテル（p.17、33）のように、2〜3種の蒸留酒を混ぜるレシピもあるがまれだ。個性が異なる材料を混ぜれば混ぜるほど、完成したカクテルでそれぞれの風味を認識するのは難しくなる。

また、リキュールやシロップの入れすぎにも気をつけよう。甘くなりすぎて、残念なカクテルになってしまうだろう。

正確な計量が
おいしいカクテルへの道

製菓と同様に、計量は厳密に行おう。とくに、ショートドリンクの場合、重要だ。分量が少なければ少ないほど、計量のちょっとした誤差が大きく影響する。

初心者向け

プラスチック製の計量カップが1つあれば、5〜60mlの量を計れる。置き場所を取らず、価格も安く、十分に役に立つ。

上級者＆カクテル通向け

金属製メジャーカップ、ジガーを容量違いでいくつかそろえてほしい。1つで容量10〜60mlまで計れる金属製ジガーも便利だ。少量を計る場合は、バースプーン（1杯＝5ml）が重宝する。

材料選びには
こだわりたい

カクテルに使う材料はこだわり
たいもの。各材料の味わいの特
性が、完成したカクテルのクオ
リティを大きく左右する。

基酒

基酒はカクテルの要。どんなカクテ
ルをつくるかイメージするときに
も、さまざまな材料を組みあわせる
ときにも、ベースになるアルコール
だ。好き嫌いやアレルギーなどのト
ラブルが生じることも避けられる。

アルコールの選び方

酒類は、光と振動、温度変化により、劣化の
スピードがはやまるため、酒類を購入する際
は、輸送や運搬、保管状況のよいもの、つま
りは、ラベルに傷が入っていたり、ビンのな
かにカビが入っていない、きれいな状態のも
のを選ぼう。

また、店外に陳列されているものは、太陽の
直射日光に長くさらされている可能性も高
い。車の行き交う路面店舗の場合は、微振動
が伝わって品質が変化するものも多い。店内
の暗く、涼しく、振動の少ない場所に保管さ
れているものを選びたい。

ガーニッシュ

ガーニッシュとは飾りのこと。カクテルでは最後の仕
上げに柑橘類を飾ったりする。

柑橘類

レモンやライムは自分で絞
り、フレッシュな果汁を使
うこと。市販の果汁は風味
がまったく異なるので、で
きれば避けよう。

シロップ

シュガーシロップは
自分でつくれる。簡
単につくれて経済的
なうえ、市販のサト
ウキビシロップより
甘さも控えめだ。

つくり方

ミネラルウォーターをあたため、
同量のグラニュー糖をとかす(例:
水 500 g にグラニュー糖 500g)。
ビンに移して冷蔵庫で保存する。
数週間保存可能。

氷を制して
カクテルを制する

ホットカクテルやワインベースのいくつかのカクテル
を除き、氷はどんなカクテルにも共通して使われる。
つまり、氷も材料のひとつといえ、氷を知ることがカ
クテル成功のカギとなる。

カクテルの最適温度

アルコールは、冷やして飲むほうがはるかに心地よく
味わえ、飲みやすくなる。これは、人間が味覚を正確
に感じ取れる温度が、自分の基礎体温の ±25 〜 30℃
までといわれ、上下 30℃を超えるごとに味覚まひが
起こり、アルコールを強く感じなくなるからだ。
つまり、カクテルを冷やして提供するのは理にかなっ
ている。しかし、そうだからといって、アルコールの
度数がさがるわけではないので、アルコールに弱い人
は要注意だ。
21 ページで、味わいのバランスの重要性について説
明したが、混ぜあわせたカクテルの冷え具合と混ざり
具合の調整も重要なポイントのひとつだ。

氷の役割

氷の役割は 3 つ。
1 氷がとけて、カクテルのアルコール感をやわらげる。
2 カクテルを冷やす。カクテルはキリリと冷えた状態
で提供するものだ。
3 シェーカーから氷の入ったグラスに注ぐまで、カク
テルの冷たさを保つ。
できれば、透明感があって硬くてとけにくい純氷や、
純氷のかち割り氷を用意したいが、家庭の冷蔵庫で
水道水からつくる氷でもいいだろう。その際は、3×
4cm のキューブ形の製氷皿を用意しておく。ただし、
とけやすいため、純氷でつくるカクテルより水っぽい
味になる。

氷

キューブドアイス
は、1 辺 3cm ほどの
立方体の氷。シェー
カーに入れたり、ハ
イボールグラス（タ
ンブラー）に入れた
りする。クラッシュ
ドアイスは粒状の氷。
市販のクラッシャー
でつくることができ
る。キューブドアイ
スをビニール袋と乾
いた大きなタオルで
包み、アイスピック
の柄やペストルなど
でたたいてもつくれ
る。いずれも氷がグ
ラスから飛び出ない
程度に、グラスいっ
ぱいに入れる。

ストロー

ハイボールグラス
（タンブラー）で
提供するカクテル
には、ストローを
1 〜 2 本そえよう。
クラッシュドアイス
や、フルーツやハー
ブといった材料を含
むカクテルは、材料
がストローにつまる
可能性もあるので 2
本そえること。

カクテルをつくる前に

カクテルの冷たさをなるべく長く保つポイントは次の
ふたつ。
1 氷なしで飲むカクテルは、グラスをあらかじめ冷や
しておく（p. 48）。
2 氷を入れるタイプのカクテルは、氷をグラスいっぱ
いにつめる。
ポイントをおさえて準備しておけば、カクテル1杯
あたり 15 〜 20 分は冷たいままたのしめる。

クラッシュドアイスの役割

クラッシュドアイスは、カイピリーニャ（Caïpirinha
／ p. 87）など、一部のカクテルを急速に冷やせるメ
リットがある。また、冷やすためではなく、見た目の
美しさから使う場合も。クラシック・シャンパーニュ・
カクテル（Classic Champagne Cocktail ／ p. 145）の
ように、氷を一切使わないレシピもある。

卵白

卵白にはオボアルブミンというタンパク質
が含まれており、シェーク（p.52）すると
カクテルになめらかさをもたらす。卵白は
必須の材料ではないが、カクテルのクオリ
ティを高めてくれるので、選択肢として覚
えておこう。卵白を加えても、カクテルの
味は一切かわらず、カロリーもほとんど増
えない。

カクテルの道具

「バーテンダーを気取ってみたい」、そんな気持ちに駆られたら、専用の道具をそろえることをおすすめする。専門の道具を使いこなすことでカクテルづくりが上達し、よりレシピ通りのおいしいしいカクテルをつくれる。

シェーカー、メジャーカップ、バースプーン、ストレーナーなど、ここで紹介する道具はデザインも多種多様なので、使いやすさを考慮しながら、自分の好みにあったものを選んでほしい。

Ⓐ シェーカー

カクテルの材料を「冷却し、混ぜる」ための道具。材料と氷を力強く振ることでしっかり混ぜ、カクテルを急速に冷やす。シェーク（p.52）する時間は、つくるカクテルのタイプによって異なり、たとえばシャンパーニュなどで加水する場合、シェークは短時間にとどめる。逆にサワースタイルのカクテルをつくる場合は、氷なしでいったんシェークしてから氷を加え、さらに最低10秒シェークし、完全に泡立った状態に仕上げる。シェーカーには次の3タイプがある。

A-1　スリーピースシェーカー
比較的扱いやすく、家でカクテルづくりをたのしみたい人向きで、注ぎ口にストレーナー（p.31）がついているので便利。しかし安価なものは、シェークして冷えるとトップが開かなくなってしまうことがあるので注意しよう。また、デザイン性を追求したものや、プラスチック製は使い勝手がよくないようだ。プラスチックは金属よりも熱伝導が低いので、均一に冷えにくい。

A-2 (p.30)　ボストンシェーカー
金属製の大きなカップ（ティン）と、小さなカップ（パイントグラスか金属製のショートティン）がセットになったシェーカー。大きなカップに小さなカップをななめにはめ、完全に密封して使用する。スリーピースシェーカーとは異なり、本体にストレーナー機能がついていないので、グラスに注ぐ際はストレーナーでカクテルをこす必要がある。

フレンチシェーカー
ボストンシェーカー同様、金属製のカップ2つを組みあわせるツーピースシェーカー。ボストンシェーカーとシルエットは異なるが、こちらもカップを上下にはめて使用する。

シェーカーがなければ、ガラス製の密閉できる広口ビンで代用できる。フタを閉めれば、完全に密封状態になるので十分にシェーカーとして使える。

Ⓑ ミキシンググラス

シェーカーと同じく材料と氷を混ぜるための道具。バースプーン（p.31）でステア（p.51）することで混ぜあわせる。ステアするタイプのカクテルをつくる際には、ミキシンググラスに氷と材料を入れて、バースプーンで混ぜあわせる。

カクテルの本には必ずミキシンググラスが紹介されているが、個人でもっているのはまれだ。ミキシンググラスは、シェーカーで代用できる。ボディの部分に氷と材料を入れ、ミキシンググラスと同様に使う。

Ⓒ メジャーカップ、ジガー

材料を計量するのに欠かせない道具。製菓の場合と同じく、材料を正確に計量することがおいしいカクテルの基本だ。プロも愛用している、大小のカップが上下に組みあわさったタイプのダブルジガーをおすすめする。可能であれば、本書のすべてのレシピに対応できるよう、容量違いでいくつかそろえても。道具を増やしたくないのなら、5〜60mlを計量できるタイプもある。

液体なら、小さじ1は5ml、大さじ1は15ml。エッグスタンドか小さなリキュールグラスをメジャーカップがわりに使ってもいい。

D バースプーン、マドラー（p.29）

バースプーンには以下の4つの役割がある。

1 グラスまたはミキシンググラスのなかでカクテルの材料をかき混ぜる
バースプーンはできれば持ち手が長くてシルエットが細いものがいい。グラスのなかの氷と液体の間に入り込みやすく、最適に混ぜあわせられる。

2 デコレーションのオリーブやチェリーを取り出してピンに刺したり、ステアする際に使う
バースプーンのフォークは、細長いグラスに氷を入れ、スプーンを入れる隙間がなくなった際のステア（p.51）に用いる。

3 カクテルの表面に別の液体をフロートさせる際に使う
バースプーンのスプーンの背をカクテルの表面に向け、液体がゆっくり背を伝わりながら表面に注がれるようにする。液体が表面に静かに注がれ、層になる。

4 スプーン部分で小さじ1（5ml）の計量をする
カクテルを混ぜたり、カクテルのなかのフルーツを潰したりするときは、マドラーも使える。

E ストレーナー

ストレーナーには以下の3タイプがある。

E-1 メッシュストレーナー（シノワ／円すい形のこし器）
シェーク（p.52）したカクテルの細かい氷や果実、ハーブなどを取り除く。カクテルストレーナーとグラスの間に据え、ダブルストレイン（2重こし）で注ぐ。

E-2 カクテルストレーナー
ミキシンググラスやシェーカーでつくったカクテルをグラスに注ぐ際、氷がグラスに入らないように液体だけこす。ストレーナー部分のまわりには、螺旋状のバネがついており、ミキシンググラスまたはシェーカーにかぶせて使う。

ジュレップストレーナー
もともとは、ストレーナーとしてだけでなく、クラッシュドアイス入りのカクテルを飲む際にも使われていた。グラスにはめると、氷がせきとめられ、液体だけうまく飲むことができる。

F ペストル（すりこぎ）

シェーカーやグラスのなかで角砂糖やフルーツ、ハーブなどを潰すのに使う。潰すことで果汁を抽出したり、ハーブの風味を引き立たせられる。

ミントなどのハーブ類は、すり潰すと苦味が出てしまうので、ペストルで軽く押すようにして香りを出すか、使用する前に葉を手の平でたたいて香りを立てる。これで十分に、ハーブの香りがドリンクに移る。

G スクイーザー（絞り器、p.29）

柑橘類の果汁を絞るための道具で、手動式と電動式がある。果汁はカクテルをつくりながら絞るか、使用する1時間前に絞って冷蔵庫に保存しておく。

カクテルをつくる際には、絞りたてのフレッシュな果汁を使うのがベスト。ミクソロジー的なカクテルができあがる。

H ナイフ、ピーラー、カッティングボード

フルーツの皮をむいたり切ったりするのに必要不可欠。料理と同じく、カッティングボードは清潔に保ち、別のカクテルの風味が混ざらないようにしよう。

柑橘類のピール（果皮）をむく際にはピーラーを使用し、表皮だけ薄くそぎ取るようにする。果皮と果肉の間の白い部分は苦味があるので、この部分まで一緒にむかないようにしよう。

その他 ハーブレンダー（ミキサー）

いわゆる電動ミキサーで、フローズン系のカクテルをつくる際に用いる。材料を氷とともにかくはんすることでシャーベット状のカクテルに仕上がる。家庭用ミキサーの場合、クラッシュドアイスを使い、氷の粒がなくなってシャーベット状になるまで最速で20～30秒前後かくはんすること。

グラスの種類

カクテルにとってグラスとは、料理における皿にあたる。カクテルのスタイルによって適切なグラスを使い分けよう。

カクテルのグラスにはさまざまな種類があり、フォルムや容量もいろいろだ。見た目の美しさだけでなく、グラスを選ぶ際には、「カクテルを適切な温度で保てるか」「飲み心地がよいか」「カクテルの風味を引き出せる形状か」など、目的に応じたグラスを選んでほしい。

カクテルグラス（マティーニグラス）、クープグラス

コスモポリタン（Cosmopolitan ／ p. 79）など、氷の入らないショートドリンクに使う。カクテルが手の温度であたたまらないよう、グラスの脚（ステム）を持つ。クープグラスは 100 ～ 150 ml ともっと容量が少ないタイプもあり、マンハッタン（Manhattan ／ p.133）など材料がアルコールのみのショートドリンクに使われる。

容量：150 ～ 200 ml

オールドファッションドグラス（ロックグラス）

ウイスキーをオンザロックスタイルで飲む際に使う。口が広く背が低いのが特徴だが、ブランドやメーカーによってデザインはかなり異なる。容量があるので、ネグローニ（Negroni ／ p.137）など氷を入れるタイプのショートドリンクに向いている。

容量：300 ml

ハイボールグラス（12 ～ 14 オンスタンブラー、ビアグラス）

ブラッディ・マリー（Bloody Mary ／ p.139）など、氷入りのロングドリンクに使う。ちなみに、アルコール含有量は同じでも、ロングドリンクは炭酸水やジュースで割るのでショートドリンクよりも軽くなる。

容量：350 ～ 400 ml

ハリケーングラス

「ハリケーン」という名称は、1940 年代にアメリカで考案されたティキカクテル(p.17、33) のハリケーン（Hurricane ／ p. 315）に由来する。以降、シンガポール・スリング（Singapore Sling ／ p.135）やピニャ・コラーダ（Piña Colada ／ p. 83）にもよく用いられる。

容量：500 ～ 600ml

ワイングラス

シェリー・コブラー（Sherry Cobbler／p.175）など、おもにワインベースのカクテルに使う。ロングドリンクをエレガントに演出したい場合に用いられることもある。

容量：300 〜 400ml

フルート型シャンパーニュグラス

基本的にはスパークリングワイン専用のグラスだが、フレンチ75（French 75／p.183）など、シャンパーニュや、スパークリングワインのプロセッコ（p.42）がベースのカクテルにも使う。シャンパーニュグラスは、氷を入れて飲むものではないので、シャンパーニュやプロセッコはキンキンに冷えた状態にしておく。グラスを用いる前に10分ほど冷凍庫に入れて冷やしておいてもいい。

容量：120 〜 150ml

パンチボウル、サラダボウル、ピッチャー

グリーン・ビースト（Green Beast／p. 77）など大量につくるカクテルに使う。このスタイルのカクテルは、おもてなしや野外でのシーンに最適だ。各自が自分でグラスに注ぐ際などに交流が生まれ、和気あいあいとした雰囲気を演出してくれるだろう。

容量：数リットル

マグカップ

耐熱性でやけどの心配がないことから、ホット・トディ（Hot Toddy／p.263）などのホットドリンクに使う。モスコー・ミュール（Moscow Mule／p. 129）など、コールドドリンクのカクテルに用いられることもある。コールドドリンクに用いる場合はレトロなイメージを演出してくれる。日本では、取っ手がステンレス製のホットカクテルグラスを使うことが多い。

容量：150 〜 200ml

ティキマグ

ゾンビ（Zombie／p. 273）などティキカクテル専用の陶器製カップで、ポリネシアに伝わる精霊の木彫り像がモチーフ。1930 〜 1970年代にかけて、ポリネシア大衆文化のティキカルチャーブームがアメリカで起き、その際にティキカクテルも広く知られるようになった。

容量：350 〜 400ml

カクテルの材料

アルコール飲料、蒸留酒、リキュール

WHISKY ET WHISKEY

ウイスキー

ウイスキーは、原料の穀物をモルト（麦芽）で糖化し、発酵かつ蒸留して樽で熟成させる蒸留酒。麦芽は大麦を発芽させ、釜で乾燥させることでつくられる。この際に、ピート（泥炭）をくべて香りづけをする場合もある。

産地と原料により、ウイスキーの味や香りは多種多様で、名称も異なる。スコットランドのスコッチウイスキー、アイラウイスキー、アイルランドのアイリッシュウイスキー、アメリカのトウモロコシを原料とするバーボンウイスキー、ライウイスキー、カナダのカナディアンウイスキーをはじめ、さまざまな国でウイスキーは生産されている。また、ライ麦を主原料とする蒸留酒はライイウイスキーと呼ばれている。

グレーンウイスキーとモルトウイスキーをブレンドしたブレンデッドウイスキーと、単一の蒸留所でつくられたモルトウイスキーのシングルモルトが広く流通している。

VODKA

ウォッカ

ウォッカは、原料が小麦、ライ麦、ジャガイモと幅広い無色透明な蒸留酒。原料の穀物などに含まれるでんぷんを糖化し、発酵かつ蒸留してつくられる。

現在では世界中でもっとも消費される蒸留酒のひとつだが、1940 年代までは共産圏以外ではあまり知られていなかった。この時代から、モスコー・ミュール（Moscow Mule ／ p. 129) をはじめ、ウォッカをベースとするカクテルが登場した。

GIN

ジン

トウモロコシや大麦麦芽、ライ麦といった穀物を原料とし、糖化、発酵、蒸留したのち、コリアンダーやアニス、キャラウェイ、フェンネル、カルダモンなどの種子と、アンジェリカやオリス、リコリス、カラマスなどの根、さらにはレモンやオレンジの皮、シナモンの樹皮といった草根木皮を一緒に再蒸留した蒸留酒。
広く流通しているロンドンドライジンは、必ずしもロンドンが産地ではなく、かなり辛口だ。
一方、できあがったドライジンに砂糖を加え、甘みをつけたものは、オールドトムジンという。オランダ発祥のジュネヴァは、樽で熟成させるタイプで、ジンの元祖ともいわれている。この2種のジンは一時廃れたが、カクテルブームのおかげで再び脚光を浴びた。

RHUM ET CACHAÇA

ラム、カシャッサ

ラムには、サトウキビの絞り汁を発酵かつ熟成してつくるアグリコール製法と、モラセス（廃蜜）を原料とするインダストリアル製法がある。
本来、サトウキビの産地であるカリブ海諸島とラテンアメリカでつくられていたが、今や世界各地で生産されている。
未熟成で無色のホワイトラム、樽熟成で別名アンバーラムともいうゴールドラム、スパイスを加えたスパイスドラムに分類される。
カシャッサは、ブラジル原産の蒸留酒で、サトウキビの純液からつくられるラムの一種だ。

TEQUILA ET MEZCAL

テキーラ、メスカル

テキーラは、アガベ（リュウゼツラン）の茎を、糖化、発酵、蒸留してつくられる。また、アガベのうち、酒の原料として使われるのは、アガベ・アメリカーナ、アガベ・アトロビレンス、アガベ・アスールテキラーナの３つの品種に限られる。

アガベ・アメリカーナとアガベ・アトロビレンスの樹液を発酵させた醸造酒をプルケといい、プルケを蒸留した蒸留酒がメスカルだ。

テキーラもメスカルも、蒸留後にすぐにビンづめされた蒸留したてのものを「テキーラ・ブランコ（シルバー）」、２か月以上樽熟成したものを「テキーラ・レポサド（ゴールド）」、１年以上樽熟成したものを「テキーラ・アネホ」といい、副材料を用いていないものには、ラベルに「アガベ100％」と記されている。

COGNAC

コニャック

コニャックはワインを単式蒸留機で２回蒸留後、ホワイトオークの樽で、３年以上熟成させた蒸留酒。

コニャックと呼ばれる６つの栽培区、グランド・シャンパーニュ、プティット・シャンパーニュ、ボルドリー、ファン・ボワ、ボン・ボワ、ボワ・オルディネールでのみ製造されている。

コニャックの真髄はブレンドにあり、各メゾンのマスターブレンダーがさまざまな熟成年数の原酒をブレンドして生まれる。

熟成年数を表す単位として、「コント」が用いられ、樽熟成１年目は「コント０」、樽熟成２年目は「コント１」という。樽熟成３年以上のコント２はV. S.、樽熟成５年以上のコント４はV. S. O. P.、樽熟成７年以上のコント６はX. O. とも表示される。

ARMAGNAC

アルマニャック

アルマニャックはワインを連続式蒸留機で1回蒸留したあと、ブラックオークの樽で熟成させた蒸留酒。原酒をカシの樽で熟成したのち、コニャック同様にブレンドする。

フランスのジェール県、ランド県、ロット・エ・ガロンヌ県にまたがるアルマニャック地域で生産され、バ・アルマニャック、アルマニャック＝テナレーズ、オー・アルマニャックの3つの産地がある。

コニャック同様、熟成年数を表す単位として、「コント」が用いられ、樽熟成3年以上のコント2はV. S.、樽熟成5年以上のコント4はV. S. O. P.、樽熟成7年以上のコント6はX. O. とも表示される。

また、ステンレスタンクなど不活性容器で3か月以上熟成したフランシュ・アルマニャックもあり、原料のブドウがあたり年のアルマニャックには、ヴィンテージがつく。

アルマニャックは、一般的に食後酒として飲まれるため、古典的なカクテルにはほとんど登場しないが、ビー・アンド・ビー（B&B ／ p. 207）などいくつかのレシピで、コニャックのかわりに使われることがある。

CALVADOS

カルヴァドス

カルヴァドスはフランスのノルマンディー地方原産で、おもにリンゴのシードル(p.41)を蒸留し、樽で最低2年熟成させた蒸留酒。カルヴァドスはA. O. C.（原産地統制呼称）の対象で、生産地域や製造過程に規則が設けられており、産地は次の3つに区分される。カルヴァドス（ノルマンディー産リンゴのシードル、p.41）を使用）、カルヴァドス・ペイイ・ドージュ（ペイイ・ドージュ産リンゴのシードルを使用）、カルヴァドス・ドンフロンテ（ドンフロンテーズ地域のリンゴのシードルに、洋ナシのシードル30%未満をブレンド）。

カルヴァドスはカクテルによく使われたが、コニャック同様、20世紀にウォッカやラムなどが台頭すると、存在感が薄れていった。

PISCO

ピスコ

ピスコはワインを蒸留してつくる蒸留酒。

ペルーとチリでのみ生産され、両国は自分の国こそがピスコ発祥の地だと主張しているが、実際には生産に関する規制も、原料のブドウも、それぞれ異なっている。この2国以外では、ピスコをカクテルに使うのは極めてまれだ。

ともあれ、ピスコ・サワー（Pisco Sour ／ p. 181）のために、ピスコはバーに欠かせないものになっている。

リキュール、クレーム

リキュールは蒸留酒にフルーツや植物、スパイスの香味を移し、甘みを加えた混成酒。その種類はアプリコット、ラズベリー、パッションフルーツ、チェリー、コーヒー、ヘーゼルナッツなど多数あり、香草系のリキュールは、シャルトリューズをはじめ修道院をルーツとするものが多い。EU諸国では、リキュール中の糖度に規定があり、糖分が1ℓあたり100g以上含まれているものを「リキュール」と定義している。糖分が1ℓあたり250g以上含まれているものは「クレーム」と呼ばれるが、クレーム・ド・カシスに限っては、1ℓあたり400g以上の糖分が含まれている。糖度が高く風味豊かなリキュールとクレームは、多くのカクテルに用いられる。

クレームには、モモのクレーム・ド・ペッシュ、カシスのクレーム・ド・カシス、ブラックベリーのクレーム・ド・ミュール、アプリコットのクレーム・ダブリコ、ラズベリーのクレーム・ド・フランボワーズ、イチゴのクレーム・ド・フレーズがある。カカオがベースのクレーム・ド・カカオには「ブラウン」と「ホワイト」があり、ブラウンは最後にカラメルで色づけしたもので、ホワイトは色づけしていないものだ。

トリプルセックは、「3倍ドライ」を意味し、アルコールにオレンジのピール（果皮）を漬けて熟成させた、甘いリキュールの一種ホワイトキュラソー。コアントローが有名だ。

マラスキーノは、マラスカ種のサクランボの種子を蒸留したリキュール。

シャルトリューズは、多くの薬草をグレープスピリッツに浸漬し蒸留して、数年間樽熟成させた薬草系リキュール。おもに、スパイシーでハーブの香りが豊かな「ヴェール（グリーン）」と、はちみつの風味が豊かでまろやかな「ジョーヌ（イエロー）」がある。アルコール度数は、ヴェールが55%、ジョーヌが40%。

ベネディクティンは、24種類の薬草やスパイスが使われた、フランス産ブランデーをベースにした薬草系のリキュール。

スロージンは、ドライジンにスロー（スモモ）の果汁を加え、人工的に味と色、香りをつけたフレバードジン。

ドライオレンジキュラソーは、オレンジの果皮にビターを混ぜたリキュール。

ミントリキュールはペパーミントの香りが漂う、緑色の「グリーンペパーミント」と無色透明の「ホワイト」がある。

ビターズ

ビターズは薬草や香草、スパイス、柑橘、ナッツ、樹皮、セロリなど、さまざまな材料を蒸留酒に浸して、エキスを浸出させてつくる、独特な苦味と強い香りが特徴のアルコール飲料。

かつては消化を促す薬用酒として用いられていたが、今ではほぼ、カクテルに苦味をつけて味わいを引き立てるために使われる。

種類は非常に多く、なかでもアンゴスチュラビターズ（p.14）とペイショーズビターズ（p.14）が代表格。オレンジビターズはオレンジの果皮、グレープフルーツビターズはグレープフルーツの果皮からつくられる。カクテルに使う際には、ほんの数滴だけ加え、苦くするというよりビターな風味をつけることを意識しよう。

AMERS

ビター系リキュール

ビター系リキュールは、フランスでは「アメール」、イタリアでは「アマーロ」と呼ばれ、食前酒として親しまれている。

リンドウ科の植物グンチアナの根、キナノキ、ルバーブ、ブラッドオレンジなど、苦味のある植物や薬草、香草、スパイスをアルコールに漬け込んで香味を移しできあがる、その名の通りビターな風味が特徴だ。

もともとは薬用酒として飲まれていたが、今ではカクテルに欠かせない存在になっている。

フランスのアメール・ピコン、スーズ、サレール、イタリアのカンパリ、アペロール、フェルネット・ブランカ、チナール、アマーロ・モンテネグロなど、ビター系リキュールは、フランス系とイタリア系の2派が主流だ。

ABSINTHE ET ANISÉS

アブサン、アニス系リキュール

アブサンはニガヨモギ、フェンネル、ヤナギハッカ、アニスなど複数の薬草や香草を蒸留酒に漬け込んで香味を移し、再蒸留してつくるリキュール。

アメリカでは、アブサンは古くからカクテルによく用いられてきた。アブサンが禁止されていた時代には、パスティスなどのアニス系リキュールがかわりに使われた。

VERMOUTHS ET APÉRITIFS

ベルモット、アペリティフワイン

ベルモットは白ワインにハーブやスパイスの香りを移し、砂糖かミステル（ブドウ果汁）、エチルアルコールを添加したフレーバードワイン。アルコール度数は16～18％で、おもに食前酒として飲まれる。

イタリアのピエモンテ州では、おもにスイートベルモットと呼ばれる淡褐色のベルモットが生産され、ほぼ甘口だが苦味のあるものもある。一方、ドライベルモットはフランス発祥で、辛口でほぼ無色。シャンベリーのドラン社とマルセイランのノイリー・プラット社が2大ブランド。

スイートもドライもベルモットはカクテルには欠かせない材料で、ドライ・マティーニ（Dry Martini ／ p. 97) やマンハッタン（Manhattan ／ p. 133) をはじめ、多くのカクテルに使われている。ワインにキナノキの樹皮を漬け込んだキナワインは、ベルモット同様、アペリティフ（食前酒）として飲まれることが多い。

代表的なものに、ビイル、デュボネ・ルージュ、サン・ラファエルなどがある。

CIDRES ET BIÈRES

シードル、ビール

ビールは、大麦麦芽、小麦麦芽、ホップを主原料に、糖化かつ発酵させてできる醸造酒。シードルは、リンゴ果汁を発酵させた発泡性アルコール飲料。

VINS

ワイン

ワインは、非発泡性のスティルワイン、シャンパーニュ、イタリアのプロセッコなどのスパークリングワイン、シェリーやマデイラワイン、ポートワインなどの酒精強化ワイン（ブドウ果汁の発酵途中や発酵後に醸造用アルコールを加えて保存性を高めたワイン）、ベルモット（p.41）などのフレーバードワインに分類される。

いずれのワインもカクテルとなじみが深く、白ワインといえばキール（Kir ／ p. 151）、赤ワインならサングリア（Sangria ／ p. 336）、シェリーならシェリー・コブラー（Sherry Cobbler ／ p. 175）がよく知られている。カクテルに使うワインは、クオリティの高いものを選ぼう。ワインの味わいが仕上がりを大きく左右するからだ。

ルビーポートワインは、3 年ほど熟成させたルビー色のポートワイン。

アルコールフリーの材料

フレーバーシロップ

古典的なカクテルによく使われるのは、ラズベリー、グレナデン（ザクロ）、パイナップルのシロップ。現代のカクテルでは、フレーバーのセレクトも広がった。家庭で手づくりしてもいいが、市販品のほうが日持ちする。
ジンジャーシロップは砂糖とショウガを、バニラシロップはバニラビーンズと砂糖、水を煮つめたもの。ハニーシロップは、砂糖のかわりにはちみつでつくったシロップ。マンゴーシロップはマンゴー、アーモンドシロップはアーモンド、パッションフルーツシロップはパッションフルーツの風味をシュガーシロップにつけたもの。

炭酸飲料

水に炭酸が入った飲料水。これに対し、水に炭酸やキナノキ、砂糖を加えたものはトニックウォーター、水に炭酸やショウガ、砂糖を加えたものはジンジャエール、ショウガを水と砂糖とともに発酵させたものはジンジャービアという。
近年、コーラ、ジンジャーエール、ジンジャービア、レモネードなど、炭酸飲料の世界はクラフト系が台頭している。健康によい材料を使い、よりナチュラルな味わいのものがトレンドだ。

水

バーではミネラルウォーターを使うことが多いが、水を選ぶ際に、とくに産地や個性にこだわる必要はない。しかし、たとえばトム・コリンズ（Tom Collins ／ p. 93）なら炭酸水というようなお約束は守ろう。

その他

SEL 塩

塩を使うカクテルはごくまれだが、マルガリータ（Margarita ／ p. 173）とブラッディ・マリー（Bloody Mary ／ p. 139）には塩を加えて味を高める。この2種以外でも、カクテルの風味を高めるためにあえて塩水を加えるバーテンダーもいる。塩を使う場合、精製塩よりフルール・ド・セル（天然塩）がおすすめ。口当たりが繊細でやさしくなる。セロリソルトは、セロリパウダーと塩を混ぜたもの。

SUCRE 砂糖

砂糖はさまざまな種類があり（p.63）、精製してあるかないかで味が異なる。選択の決め手は味だが、本書で紹介しているほとんどのレシピは、家庭でつくれるシュガーシロップ（p. 24）を使っている。

ÉPICES ET CONDIMENTS

スパイス、調味料

ブラッディ・マリーに使われる、タバスコ、ウスターソース、こしょうは、バーでも定番の調味料。この3種を、マスタードかしょうゆ、わさび、ホースラディッシュにかえて、オリジナルレシピにアレンジしてみるのもおもしろい。ナツメグとクローブも古くからカクテルの常連で、パンチ（p.12、58）によく使われる。

OLIVE オリーブ

ドライ・マティーニ（Dry Martini ／ p. 97）といえば、緑のオリーブがガーニッシュに欠かせない。これをヒントにニューヨークのバーテンダーが考案したのが、ドライベルモットのかわりにオリーブの漬け汁を用いたダーティー・マティーニ（Dirty Martini ／ p. 301）だ。

CERISE チェリー

マラスキーノチェリー（カクテルやパフェなどの飾りに使われる砂糖漬けのチェリー）のような砂糖漬けでも、ブランデー漬けでもお好みで。チェリーはカクテルにとくに味わいをもたらす要素ではないが、ガーニッシュに欠かせない。自家製とうたっているものを選ぼう。

CRÈME DE COCO

ココナッツクリーム

ココナッツミルクやココナッツウォーターもあるのでややこしいが、ココナッツクリームはねっとりとした濃厚なペースト状のもの。ピニャ・コラーダ（Piña Colada ／ p. 83）のように、ココナッツクリームが入ることでカクテルにしっかりとした質感が生まれる。

CAFÉ

コーヒー

エスプレッソ・マティーニ（Espresso Martini ／ p. 213）にはエスプレッソを、アイリッシュ・コーヒー（Irish Coffee ／ p. 227）にはアメリカンコーヒーを使う。ほかのすべての材料と同じく、コーヒーもクオリティが最重要。エスプレッソマシンであれ、ハンドドリップであれ、コーヒーをいれる際のていねいさがカクテルのおいしさにつながる。

MIEL

はちみつ

花の種類や産地によって風味の個性はさまざま。未精製で添加物が入っていない純はちみつを選びたい。

SIROP D'AGAVE

アガベシロップ

アガベシロップは、アガベ（リュウゼツラン）の樹液を煮つめたシロップ。果糖の含有率が非常に高く、グラニュー糖よりも甘みが強いので、砂糖のかわりに使う場合は量を控える。また、砂糖やはちみつよりもとけやすいので、アイスティーなど冷たいドリンクに使うと便利。

PRODUITS LAITIERS

乳製品

ミルク・パンチ（Milk Punch ／ p.322）のように乳製品を用いるカクテルは、乳化してまろやかな口当たりになる。このタイプのカクテルはシェーク（p.52）するか、ステア（p.51）してつくる。ステアの場合はしっかり混ぜよう。

OEUFS

卵

カクテルにはおもに卵白が使われる。卵白に含まれるオボアルブミンが乳化剤の役割を果たし、シェークしたカクテルの味をかえることなく質感をもたらす。フリップ（p.11）スタイルのカクテルの場合は卵黄がメインだ。栄養価の高いカクテルなので、もともとは朝食がわりに飲まれていた。

フルーツ

フルーツはカクテルの世界と切り離せない。なかでも
レモン、オレンジ、グレープフルーツ、ベルガモット、
ユズなどの柑橘類は、ピール（果皮）も果汁も用いら
れる。オーガニックか無農薬のものを選ぼう。
旬の時期には、果汁とピュレはフレッシュな自家製の
ものを使うのがベター。レッドベリー、パイナップル、
リンゴをはじめ、多くのフルーツが使える。
ピュレは、生のまま潰して裏ごししたもの。多くの市
販品には砂糖が加えられているが、手づくりする際に
は、砂糖やシュガーシロップを混ぜなくてもいい。好
みで調節してほしい。

HERBES AROMATIQUES ET PLANTES

ハーブ

モヒート（Mojito ／ p. 71) といえばミントが欠かせ
ないが、ミントはカクテルに一番使われるハーブだ。
バジルやコリアンダー、アニス、シソ、レモングラス、
ショウガなども、カクテルに清涼感と繊細な香りをも
たらす。

LÉGUMES

野 菜

クラシックカクテルの時代に比べ、野菜もよくカクテ
ルに使われるようになった。代表的なものは、ブラッ
ディ・マリー（Bloody Mary ／ p. 139) のセロリや、
グリーン・ビースト（Green Beast ／ p.77) のキュウ
リ。ビーツやニンジン、ピーマンなども、ジューサー
にかけてジュース状にして使う。
大胆な発想と自由な解釈で、野菜を巧みにカクテルに
使ってみよう。

基本のテクニック

グラスの冷却

グラスの内側を冷やすために、グラスに氷を数個入れてかき混ぜる工程。
あらかじめ冷やしておいたグラスでカクテルを提供することで
カクテルがおいしく感じる最適な温度が長く続く。

1 ｜ 氷 3 〜 4 個をグラスに入れる。

2 ｜ グラスの表面に霜がつくまで、バースプーンで氷をかき混ぜる。

3 ｜ カクテルを注ぐ直前に、グラスの氷を捨てる。

MEMO　　　グラスを冷蔵庫か冷凍庫で冷やしておけばなおいい。氷の節
　　　　　約にもなる。

カクテルをつくるには、基本テクニックを身につける必要がある。難しいことはないので、それぞれの段階をしっかり覚えよう。マスターすれば、手際がよくなるだけでなく、完成したカクテルの味わいと見た目の美しさに大きな違いが出てくる。

　まずは、ここに紹介する10の基本テクニックを練習し、自信がついたらレシピに取り組もう。本書のレシピすべてをスムーズにこなせるようになるはずだ。

計量

カクテルの材料を計り、シェーカーやグラスに注ぐ工程。
料理や製菓と同じく、カクテルづくりにおいても風味のバランスは最重要事項だ。
正確に計量するために、メジャーカップまたはジガーを使おう。

1 ｜ 片手でメジャーカップを持ち、もう片方の手で計量する液体のボトルを持つ。

2 ｜ 必要な目盛りまで液体を入れる。

3 ｜ グラスやシェーカーに液体を注ぐ。

MEMO　　材料をゆっくり注いで正確に計る。とくにショートドリンクの場合には細心の注意をはらおう。分量が少なければ少ないほど、計量のちょっとした誤差が大きく影響する。

> **ダッシュ**　　ビターズボトルをひと振りしたときに出る量の単位。約1ml。

マッシュ

グラスのなかで角砂糖をとかしたり
風味を際立たせるためにフルーツやハーブなどを潰す工程。

1 ｜ 材料をグラスやシェーカーに入れる。

2 & 3 ｜ ペストルで潰す。

MEMO　　ミントなどのハーブ類は、軽く押すようにして香りが立てば
十分。繊細なハーブの葉を必要以上にいためることもない。

クラッシュ　　氷を粉々にすること。

ステア

ミキシンググラスまたはグラスのなかで
直接カクテルの材料を混ぜて冷やす技法。

1 ｜ ミキシンググラスかグラスに氷を入れる。

2 ｜ 材料を注ぐ。

3 ｜ バースプーンで 15 〜 30 回混ぜる。

4 ｜ ミキシンググラスの場合、ストレーナーをかぶせてグラスに注ぐ。

MEMO 氷はステア中にだいたい 1 個とける。氷は提供する際にグ
ラスに対して 8 割以上残るように、はじめに満杯に入れよう。
ステアの時間はカクテルごとに異なる。また、ステアでつく
るカクテルの場合、材料をすべて手元にそろえてからつくり
はじめること。作業時間を節約できるだけでなく、カクテル
の混ざり具合をよりよく調整できる。

ビルド ミキシンググラスを使わず、グラスに直接氷と材料を入れ、ス
テアすること。氷はグラスに対して 9 割から 10 割ほど入れる。

シェーク

シェーカーに材料と氷を入れ
瞬時に混ぜて冷やすとともに細かな気泡を入れて
口あたりがマイルドなカクテルをつくる技法。

1 ｜ シェーカーのボディ（ティン）に材料を注ぐ。氷を8〜10個加え、トッ
プをかぶせてしっかりはめる。

2 ｜ ボストンシェーカーの場合、ティンを立てた状態のまま、パイントグラス
を必ずななめにしてはめるようにする(写真左)。スリーピースシェーカー
の場合は、ボディにまずストレーナー部分をはめ、トップをかぶせる（写
真中央）。フレンチシェーカーもトップをしっかりはめる（写真右）。

3 ｜ シェーカーのトップを利き手の親指でしっかりおさえ、人差し指と小指で
ボディをはさむように持つ。胸の前からななめ上へ振って胸の前に戻し、
胸の前から下に落とさないようにまっすぐ並行に振り、さらにななめに
振って胸の前に戻す。これを10〜15秒繰り返す。氷がシェーカー全体
にいきわたり、カクテルの材料がしっかりとけて混ざりあうようにする。

4 ｜ トップをはずし、すばやくストレーナーでこしながらグラスに注ぐ。

MEMO ｜ シェーカーを振る時間はカクテルごとに異なる。また、発泡
性のアルコールやドリンクをシェークするのは完全にNG。
シェーカーのなかに圧がかかり、爆発する可能性がある。氷
なしでシェークすることは「ドライシェーク」という。

ストレイン（ろ過）

シェークしたカクテルや
ミキシンググラスでつくったカクテルをストレーナーでこして
グラスに氷や不純物が入らないように注ぐ工程。

1 ｜ ストレーナーをシェーカーまたはミキシンググラスにセットする。

2 ｜ 手でしっかりストレーナーを押さえる。

3 ｜ 氷が入らないように気をつけながら、カクテルをグラスに注ぐ。

4 ｜ シェークしたカクテルや、フルーツやハーブ入りのカクテルの場合、
　　 目の細かいメッシュストレーナーを据え、「ダブルストレイン（2重
　　 こし）」にする場合もある。

ブレンド

バーブレンダーまたはミキサーに
材料と氷を入れてかくはんする技法。
なめらかでシャーベット状のフローズンスタイルのカクテルをつくる際に用いられる。

1 ｜ バーブレンダーに材料を入れる。

2 ｜ 氷を加える。

3 ｜ バーブレンダーのふたを手でしっかり押さえ、氷の粒がなくなっ
　　 てシャーベット状になるまで最速で 15 〜 30 秒前後かくはんす
　　 る。

4 ｜ グラスに注ぎ、ストローを 2 本そえる。

MEMO　　カクテルによるが、通常、フローズンスタイルのカクテルを
　　　　　　つくるのに氷は 6 〜 10 個で十分。だが、家庭用ミキサーを
　　　　　　使用する場合、クラッシュドアイスを使うこと。

スローイング

ボストンシェーカーのカップ（ティン）に、氷と材料を入れ
高い位置のカップから低い位置のカップへ距離を離して移すことにより
水流の勢いで空気を入れながらドリンクを混ぜて冷やす技法。

1 ｜ シェーカーのボトムに材料を入れ、氷を 8 〜 10 個加えて、ストレーナーをセットする。

2 ｜ 利き手で持ち、シェーカーのトップをもう片方の手に持つ。

3 ｜ なるべく高い位置から、ボトムの中身をゆっくりトップに注ぐ。

4 ｜ 徐々にトップを持った手をさげていく。手がさがりきったら、カクテルを
　　 もとのボトムに移しかえる。3 〜 4 を 5 〜 6 回繰り返す。

POINT　　手際よくスピーディーに作業しよう。完璧にこなせるようになる
　　　　　と、非常にインパクトのある演出効果が期待できる。また、ブルー・
　　　　　ブレイザー（Blue Blazer ／ p.269）のような火をつけるカクテル
　　　　　にも使われ、この場合、取っ手つきの金属製カップを用いる。

フランベ　　強いアルコールをガーニッシュにかけて火をつけ、一気に
　　　　　　　 アルコールを飛ばすこと。
　　　　　　　 ※カクテル自体に火をつけることもフランベというが、非
　　　　　　　 常に危険なので家庭では行わないこと。

ピールをむく、絞る

柑橘類のピール（果皮）を絞り
ピールに含まれるオイル成分を飛ばして
カクテルに香りを移す技法。

 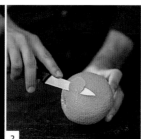  

1&2 ｜ 柑橘の皮をピーラーやナイフで必要な長さにむく。

3 ｜ **ツイストの絞り方**：ピールの両端を指で持ち、グラスの上でねじるように絞る。

4 ｜ **ピールの絞り方**：ピールを指で挟み、グラスの上で絞る。レシピによっては、
絞ったピールを飾る。

MEMO ｜ ピールの形は味に影響するわけではないが、見た目を大きく
左右する。飾る場合、使うグラスのサイズや形にあった長さ
にむこう。

| **スノースタイル** | カットしたレモンなどの柑橘類の表面をグラスのフチに軽く押しして、グラスのフチに果汁をつけて、この部分にピンクペッパーやフルール・ド・セル（天然塩）、砂糖などをつけること。 |

─── フロート

カクテルの表面に別の材料を注いで層にし
見た目の美しさを演出したり
味わいの複雑さをもたらしたりするための技法。

1 ｜ フロートを行う前に、それぞれのレシピに従い、スト
  ローをそえたり、デコレーションをほどこしておく。

2 ｜ ハンドリング（目分量）で重ねる液体を計る。慣れな
  いうちはメジャーカップを使って OK。

3 ｜ 水量の勢いをおさえて、材料をゆっくりドリンクの表
  面に浮かべ入れる。

MEMO バースプーンのスプーンの背を利用して注いでもいい。

大量につくるカクテル

「大量につくる」といっても、巨大グラスやビールジョッキで飲むカクテルというわけではない。大量につくってパンチボウルで提供し、みなでたのしむシェア系カクテル。このカクテルは、友人たちとの食前酒にぴったりだ。

その代表格であるパンチは、いたって簡単につくれる。思いつくものや冷蔵庫にあるものを、ミックスしてつくってもいい。

パンチをつくる際には、ほかのカクテルと同じように、味わいのバランス、つまりは材料の配合がカギとなる。そしておいしく仕上げるには、レシピ通りにつくることが大前提だ。

パンチの歴史

パンチの起源は16世紀にさかのぼる。発祥地はキューバかラテンアメリカだと思われているが、実は香辛料などの調達のためヨーロッパの貿易船が頻繁に訪れていたインドだ。

ヨーロッパの船乗りたちは、安酒で原始的なラムのタフィアを、トロピカルフルーツや砂糖、スパイス、水と混ぜて飲むとおいしいと、この地で知ったという。ときには、スパイスのかわりに地元の特産品である紅茶を使うこともあったとか。

「パンチ（punch）」という言葉は、サンスクリット語で「5」を意味する pancha から派生した panch が語源。インドでこのタイプのドリンクを5種の材料でつくったことに由来する。

パンチのレシピは船乗りの間で広まり、やがてヨーロッパはもちろんアメリカや、タフィアが多く製造されていた西インド諸島に伝わった。また、タフィアのかわりにラムが使われるようになり、レシピは洗練されていったという。

今日では、ラム以外の蒸留酒、とりわけジンを使ったものなど多くのレシピがあり、冷やして飲むのが一般的だが、ホットで飲む場合もある。

シェアしてたのしむ

パンチは手軽につくれ、みなでシェアしてたの
しむというのがコンセプトだ。

材料を直接大きな器で混ぜ、氷を加えてレード
ルなどで全体をかき混ぜて提供する。このスタ
イルだと1度で仕込め、セルフサービスにで
きるので、ホストはカクテルを1杯ずつつくっ
て手渡す手間もいらない。

お気に入りのカクテルをパンチスタイルで大量
につくってもいいだろう。その場合、材料の配
合比率を守りながら、分量を増やすだけだ。た
だし、パンチに応用できるのは、ステアでつく
り、氷を入れて提供するレシピに限る。

いつものカクテルをパンチスタイルで

グリーン・ビースト（Green Beast ／ p. 77）以外に、大量につくるのに向いているカクテルを紹介しよう。

MARILOU
マリルー　　p. 89

TOM COLLINS
トム・コリンズ　　p. 93

PIMM'S CUP
ピムス・カップ　　p. 121

TOMMY'S MARGARITA
トミーズ・マルガリータ　　p. 103

PLANTER'S PUNCH
プランターズ・パンチ　　p. 99

DARK & STORMY
ダーク・アンド・ストーミー　　p. 153

MAI TAI
マイ・タイ　　p. 107

EL DIABLO
エル・ディアブロ　　p. 163

RUSSIAN SPRING PUNCH
ルシアン・スプリング・パンチ　　p. 201

料理 × カクテル

カクテルは、敷居の高いオーセンティックなバーから飛び立ち、より気軽な新世代のバーのアイコン的な存在になった。今や、カフェやブラッスリー、レストランで、ほかのドリンクと肩を並べている。

まだまだラインアップされているカクテルは少なく、モヒート（Mojito ／ p. 71）やスプリッツ（Spritz ／ p. 342）など、ベーシックなカクテルが中心だが、レストラン業界がカクテルブームの波に乗り、料理とのコラボレーションを意識している証といえるだろう。

食前酒として

イタリアの「アペリティーヴォ」は、本来「食前酒」を意味するが、現在では「ディナーの前に軽食をつまみながらお酒をたのしむ習慣」を意味する言葉として定着した。夕方のカフェのテラスでは、ひと口サイズのピザやフォカッチャを食べながら、スプリッツやネグローニ（Negroni ／ p. 137）、ベリーニ（Bellini ／ p. 73）を飲む光景が見られる。

ワイン文化が根強いフランスでも、食前酒としてカクテルをたのしむ習慣が浸透しはじめている。

さまざまなシーンで

フランスでは、生ハムやチーズの盛りあわせと一緒にカクテルを味わったり、軽めのディナーがわりに軽食と食前酒をたのしむ風潮が見られるようになった。また、カクテルにあわせた創作料理を提供する店も増えている。さらには、カクテルのルーツに立ち戻り、本場の料理にペアリングして提供する店もある。たとえば、ペルー生まれのピスコ・サワー（Pisco Sour ／ p. 181）には郷土料理のセビーチェ、ゾンビ（Zombie ／ p. 273）にはポリネシア料理、ドライ・マティーニ（Dry Martini ／ p. 97）にはニューヨークスタイルで生がき、メキシカンなマルガリータ（Margarita ／ p.173）にはブリトーやワカモレといった具合だ。

フードテイル

カクテルシーンを新たに彩る
キーワードが、「フードテイル」。
フード×カクテルからフード
テイルと名づけられたムーブ
メントで、かつてのヌーヴェル・
キュイジーヌ[*1]ブームに端を発
し、昨今の自然派ワインのブー
ムの流れを受けて誕生した。
「厳選した産地のよい材料」「自
家製」「季節感」は、すぐれた
料理人とバーテンダーに共通す
るこだわり。クオリティに対す
る厳しさと、プロとしての向上
心と好奇心から、いつしか料理
とカクテルのコラボレーション
が生まれ、このふたつの世界は
ノウハウを分かちあいながら新
たな可能性を模索している。

*1 1970年代に生ま
れたフランス料理の新潮
流。濃厚な味つけを控え、
食材そのものの味わいを
生かした料理。

家でたのしむカクテルディナー

家庭でのディナーにカクテルの習慣を持ち込んでみよう。本書のスタ
ンダードなカクテルを選び、相性のよさそうなメニューをいろいろ考
えて実際に試せば、好みのハーモニーが見つかるはずだ。

カクテルにまつわるQ&A

ここでカクテルについての基本的な質問にお答えしよう。

ストローはどう使う？

ストローは氷を入れて飲むカクテルにのみそえる。ハイボールグラス（タンブラー）で提供するカクテルは、ストローがあるほうが飲みやすい。カクテルグラスやクープグラスの場合、ストローは不要。キューブドアイスを満たしたカクテルなら1本、クラッシュドアイスなら2本そえる。

シェークしても卵白があまり泡立たないのはなぜ？

理由は以下のふたつが考えられる。

シェークが不十分：あるいは、事前に氷なしでシェークするドライシェークをしていない。この場合、カクテルをシェーカーに戻し、いったん氷なしでシェークする。こうすることで、氷がとけて薄まる心配なく、卵白を乳化させることができる。

カクテルをゆっくり注ぎすぎ：シェークしおわったらすぐに、それ以上氷がとけてカクテルが薄まらないよう、手早くストレーナーでこしながらグラスに注ぐ。卵白を含むカクテルの場合、このルールはなおさら重要。こすのに時間がかかるほど、泡はグラスや氷の表面に付着して潰れてなくなってしまう。対処できなかった場合、カクテルをシェーカーに戻して再びこそう。

キューブドアイスとクラッシュドアイスの違いは？

カクテルをより早く冷やし、とけるのも早いのが、クラッシュドアイスだ。この性質を生かしたカクテルもあるが、逆にこの点がマイナス要因となるカクテルもある。また、クラッシュドアイスのかわりにキューブドアイスを使った場合、氷がとけるのに時間がかかるので、ステアする時間をのばせばいい。一方で、クラッシュドアイスをキューブドアイスのかわりに使うことはできない。クラッシュドアイスを入れてシェークすると、水っぽいカクテルになってしまう。

カクテル専用の道具がない場合はどうする？

一般的なキッチンアイテムで代用できる。**シェーカー**：フタつきの広口ガラスビンがわりになる。**メジャーカップ（ジガー）**：エッグスタンドか小さなリキュールグラスで基本的な計量ができる。**バースプーン**：小さじ（1杯5ml）で代用可能。ステアには箸が使える。

理想的な氷のとけ具合は？

氷のとけ具合が悪い場合、材料すべてを冷やし、氷なしでステアする。どんなカクテルも氷からとけ出る水量がポイントで、氷1個あたり10〜15%の水量におさえるのが理想だ。冷やす力が高く、ゆっくりとける大きな氷を選ぼう。また、つくるカクテルの量に応じて、氷は十分に用意しておいてほしい。

砂糖はなにを使う？

カクテルによっては、酸味や甘み、アルコール感のほどよいバランスを生み出す必要がある。**グラニュー糖**：グラスの底にとけていない顆粒が残る場合がよくあり、そのため、飲みはじめはあまり甘みを感じず、最後は甘すぎるということが起こる。**サトウキビシロップ**：極めて甘いので、カクテルに配合するのは難しい。**シュガーシロップ**（p.24）：もっとも経済的で配合しやすい。シュガーシロップとレモン果汁は、1対1で完璧なバランスが生まれる。**赤砂糖、白糖**：味わいと色が異なる。**メープルシロップ**：カエデから作られる甘味料で、独特の風味がある。

グラスはどうやって選ぶ？

カクテルにあったグラスを選ぶのがポイント。また、氷を入れるか入れないかによっても選択肢はかわる。基本的には、レシピに記されたグラスのタイプを参考に、手持ちのグラスから最適なものを選ぼう。このルールを無視すると、カクテルのイメージと味わいがそこなわれてしまうこともある。たとえば、氷なしのショートドリンクにハイボールグラス（タンブラー）は絶対に使わない。

市販のレモン果汁を使ってもいい？

生のレモンを絞った果汁は、なにものにもかえがたい風味と酸味がある。市販の果汁はカクテル用につくられたわけではないため、カクテルの風味をそこねてしまうことも。新鮮な柑橘が手に入らない場合、柑橘を使わないレシピを選んだほうがベター。

レシピ通りのアルコールがない場合は？

ジンのかわりにウォッカ、バーボンウイスキーのかわりにスコッチウイスキーというように、同じカテゴリーに該当する別のアルコールで代用できる場合もある。しかし、ジンをほかのもので代用し、あるカクテルがうまくできたからといって、ジンをベースにしたカクテルすべてに通用するわけではない。理論的にはおいしくなるはずでも、実際にはうまくいかない場合もある。
ウォッカ、ジン、ホワイトラム、ゴールドラム、コニャック、ウイスキーの5種は、カクテルの基酒として定番だ。常備しておくことをおすすめする。

LA PRATIQUE

第 **2** 章

ベーシック
カクテル100

この章では……

　本書のカクテルは、ややアルコールが強めとなっている。そのため、味見をしてアルコールが強いと感じたら、アルコールの分量を減らしたり、ステアの回数を増やしたり、クラッシュドアイスをつめたグラスに入れたりと、アルコールを弱めにして自分好みの一杯をつくってほしい。

　バーでオーダーする際も、アルコールが得意でないなら、調整してもらおう。

　「おすすめのタイミング」「おすすめのシチュエーション」についても、日本事情を考えて分類している。

　日本人はアルコールに弱いため、ビジネスでアルコールを飲む場合、大半がミックスドリンクではなく、自分で酔い具合をコントロールしやすいビールやウイスキーの水割り、ハイボールを選ぶ。よって、氷の入らないシェークタイプやステアタイプの、アルコールが3種類以上入るカクテルは、羽目をはずしても許される関係にある恋人や配偶者、親友といった面々と一緒のシチュエーションを想定した。

　本書を参考に、自宅やバーで多くのカクテルに出会い、その魅力を存分に味わいながら、たのしい時間を過ごしてほしい。

この章のレシピの見方

このカクテルのエピソード
カクテル名の由来や誕生秘話、
フレーバーの特徴など
カクテル名の由来や誕生秘話に
は諸説ある。

カクテル名

材料
1人分の材料と分量
同じタイプのグラスで
も容量の異なる場合が
ある。本書の分量は、p.
32〜33で紹介したグラ
スの容量にもとづいてい
るため、本書の配合を参
考に自分のグラスに見あ
うように作ろう。
また、ガーニッシュやデコ
レーションはつくり手
の個性を発揮するところ
だ。自由にアレンジして
いい。

基酒
カクテルに使われて
いるおもなアルコー
ル

アルコールの強さ
強、中、弱、ノンア
ルコールに分類

テイスト
辛口、中辛口、中口、
中甘口、甘口に分類

おすすめのタイミング
食前、食事中、食後、
オールに分類

**おすすめの
シチュエーション**
デート、グループ、
ビジネス、オールに
分類

カクテル言葉
各カクテルの歴史を
もとにつけられた象
徴的な言葉

次に挑戦するなら
タイプの似たカクテル

つくり方
順を追って簡潔に説明
わからないことが出て
きたら、第1章の詳し
い解説を参照しよう。

MEMO
つくり方のコツやアレン
ジ方法、材料の解説など

初級

難易度★
レシピ50

「カクテル初心者でもカクテルのたのしさにどっぷりつかりたい！」
そんなあなたにこの初級編はぴったりだ。

手に入れやすく、使いまわしのきく材料を使った
なじみのあるシンプルなカクテルをセレクトしてみた。

初心者向けの定番、モヒート（Mojito ／ p. 71）や
アペロール・スプリッツ（Aperol Spritz ／ p.91）はもちろん、
カクテルの代名詞ともいえるドライ・マティーニ（Dry Martini ／ p. 97）や
マンハッタン（Manhattan ／ p. 133）も登場する。

まずはこの初級編で、基本のテクニックを実践しながら
味わいのバランスを生むコツをつかんでほしい。

N°1

MOJITO
モヒート

キューバを代表するカクテル

基酒：ホワイトラム

アルコールの強さ：中

テイスト：中口

おすすめのタイミング：食事中

おすすめのシチュエーション：オール

カクテル言葉：心の渇きを癒して

次に挑戦するなら	難易度★★
	オールド・キューバン OLD CUBAN／p. 211

このカクテルのエピソード

フランスで2000年代にモヒートブームが到来し、今ではすっかり夏のドリンクの定番になった。このカクテルの歴史は16世紀末にさかのぼり、イギリス人として初の世界1周をなしとげた航海者フランシス・ドレークが愛飲していたドリンクこそ、モヒートの前身だといわれている。当時はまだ質の悪いラムに、ミント、サトウキビシロップ、ライムを混ぜたドリンクを、ドレークは赤痢や壊血病など病気の予防薬として飲んでいた。

「モヒート＝キューバ」のイメージが確立したのは1920年代のこと。文豪アーネスト・ヘミングウェイをはじめとする著名人に愛され、この国を代表するカクテルとなった。

材料

ミントの葉　8枚
シュガーシロップ　25ml
ライム果汁　25ml
キューバ産ホワイトラム　50ml
アンゴスチュラビターズ　2ダッシュ
炭酸水　25ml

ガーニッシュ：ミントの葉 適量
技法：ビルド
グラス：ハイボールグラス（タンブラー）
氷：キューブドアイス

つくり方

1 │ ミントの葉を両手の間にはさんでたたき、グラスに入れる。

2 │ 氷を加えて残りの材料をすべて注ぎ、グラスに霜がつくぐらい30回前後バースプーンでしっかりステアする。

3 │ ミントを飾る。

MEMO

モヒートのレシピは、クラッシュドアイスのもの、ビターズ（またはビターズなし）、白砂糖（または赤砂糖）でつくるものなど、多数存在する。ここで紹介するレシピは、家庭で再現しやすいシンプルなバージョンだ。いろいろ試してお気に入りを見つけてほしい。クラッシュドアイスの場合、飲みやすいようにストローをそえよう。

N°2

BELLINI
ベリーニ

ヴェネツィア派画家へのオマージュ

基酒：プロセッコ

アルコールの強さ：弱

テイスト：中甘口

おすすめのタイミング：食前

おすすめのシチュエーション：デート

カクテル言葉：歓喜

次に挑戦するなら	難易度★
	トゥインクル TWINKLE／p. 348

このカクテルのエピソード

レシピはいたってシンプルながら、根強い人気を誇るカクテルのひとつ。

ヴェネツィアの老舗バー＆レストラン、ハリーズ・バーのカリスマオーナーであるジュゼッペ・チプリアーニによって、1940年代のおわりに考案され、今ではヴェネツィアの多くの飲食店でたのしめる。

ベリーニという名は、ルネサンス期のヴェネツィア派の画家ジョヴァンニ・ベリーニに由来。ベリーニの名画に見られるあたたかみのあるピンクが、チプリアーニにインスピレーションを与えたのだとか。

材料

モモのピュレ（MEMO参照）　30ml
プロセッコ　100ml

技法：ビルド
グラス：フルート型シャンパーニュグラス

つくり方

1 ｜ グラスにモモのピュレを入れ、プロセッコを注ぐ。

2 ｜ 炭酸がとばないように2〜3回バースプーンでステアして仕上げる。

MEMO

このカクテルでは、より風味を際立たせるために、手づくりのモモのピュレをおすすめしたい。完熟した黄桃3個と好みにあわせてシュガーシロップ50mlを最速のバーブレンダーにかけ、目の細かいザルなどでこしてなめらかな状態（ピュレ状）にすればOK。

N°3

FRENCH MARTINI
フレンチ・マティーニ

1980年代ならではのセンスがただよう

基酒：ウォッカ	
アルコールの強さ：中	
テイスト：中甘口	
おすすめのタイミング：食後	
おすすめのシチュエーション：デート	
カクテル言葉：大人への第一歩	

次に挑戦するなら　難易度★
ジャ=モーラ
JA-MORA／p. 315

このカクテルのエピソード

このとびきりフルーティーなカクテルは、ニューヨークのレストラン王キース・マクナリーが手掛ける店で1980年代に誕生した。マティーニ系とされることが多いものの、名の由来はマティーニグラスで提供することから。それゆえ、ドライ・マティーニ（Dry Martini ／ p.97）の流れを汲んでいるわけではなく、味わいも完全に異なる。フレンチ・マティーニはむしろ、エスプレッソ・マティーニ（Espresso Martini ／ p.213）のようにモダンなアプローチが特徴だ。

材料

ウォッカ　50ml
シャンボールリキュール（MEMO 参照）　15ml
パイナップルジュース　25ml

ガーニッシュ：パイナップルのスライス 1/8 切れ
技法：シェーク
グラス：カクテルグラス
氷：キューブドアイス

つくり方

1｜グラスに氷を数個入れてかき混ぜ、グラスを冷やしておく。
2｜すべての材料をシェーカーに入れ、氷8〜10個を加えて15秒シェークする。
3｜グラスの氷を捨てる。
4｜カクテルをダブルストレインでグラスに注ぎ、パイナップルを飾る。

MEMO

シャンボールリキュールは、本国フランスでもそのルーツはほとんど知られていないが、ルイ14世の時代に考案された由緒正しいフランスの歴史遺産だ。ヴァル・ド・ロワール地方産のラズベリーとブラックベリーを中心に、バニラやはちみつ、そしてかすかなコニャックの風味が特徴。

N°4

GREEN BEAST
グリーン・ビースト

アブサン風味のパンチカクテル

基酒：アブサン	
アルコールの強さ：弱	
テイスト：中甘口	
おすすめのタイミング：食前	
おすすめのシチュエーション：グループ	
カクテル言葉：未知の世界	

次に挑戦するなら | 難易度★★★
デス・イン・ジ・アフタヌーン
DEATH IN THE AFTERNOON / p.245

このカクテルのエピソード

「緑の妖精」と称され、多くの芸術家が愛したアブサンは、その中毒性の高さから長いこと製造が禁止されていた。

グリーン・ビーストは、フランスでアブサンが解禁になった2010年に、ミクソロジストのシャルル・ヴェクセナによって生み出された。アニス＆メントール風味の強烈な個性をベースに、キュウリを加えたこのカクテルは、バーでのアブサン人気のきっかけとなっただけではなく、パンチスタイル（p.12、58）のシェア系カクテルブームの火つけ役ともなった。

材料　6人分

アブサン 100ml
シュガーシロップ 100ml
ライム果汁 100ml
ミネラルウォーター 400ml
キュウリのスライス 30 枚

技法：ビルド
グラス：オールドファッションドグラス
氷：キューブドアイス

つくり方

1｜すべての材料をパンチボウルに入れ、氷を30個ほど加える。

2｜レードルなどでかき混ぜ、グラスによそう。

MEMO

たくさんの量を簡単に仕込めるので、人数の多いパーティにぴったりだ。このカクテルは、パンチボウルで大量につくり、小分けにして提供するタイプなので、技法は厳密にいうと特殊系ビルドになる。

N°5

COSMO POLITAN
コスモポリタン

最高に魅惑的なカクテル

基酒：ウォッカ

アルコールの強さ：弱

テイスト：中甘口

おすすめのタイミング：食後

おすすめのシチュエーション：デート、グループ

カクテル言葉：華麗

次に挑戦するなら	難易度★
	ポーン・スター・マティーニ PORN STAR MARTINI／p. 330

このカクテルのエピソード

1990年代のニューヨークの代名詞ともいえるカクテル。意外にもその歴史は古く、1930年代からカクテルブックにたびたび登場したが、レシピは今のものとは異なる。1970年代にはクランベリージュースが用いられるようになり、1990年代になるとレモン風味のウォッカが使われるようになった。ニューヨークの有名なバーテンダーで、「現代カクテルの父」「カクテル王」などとも呼ばれるデイル・デグロフは、フランベしたオレンジピールを飾る。
このクラシックカクテルは、テレビドラマ『セックス・イン・ザ・シティ』の影響で人気が高まり、世界中で知られるようになった。

材料

レモン風味のウォッカ　30ml
コアントロー　30ml
クランベリージュース　30ml
ライム果汁　15ml

ガーニッシュ：フランベしたオレンジピール1枚
技法：シェーク
グラス：カクテルグラス
氷：キューブドアイス

つくり方

1｜グラスに氷を数個入れてかき混ぜ、グラスを冷やしておく。
2｜すべての材料をシェーカーに入れ、氷8〜10個を加えて15秒シェークする。
3｜グラスの氷を捨てる。
4｜カクテルをダブルストレインでグラスに注ぐ。
5｜オレンジピールをフランベし、カクテルに飾る。

MEMO

コスモポリタンは通常、中程度のアルコールの強さだが、このレシピは、アルコールをかなり控えてあるので、お酒の弱い人でも大丈夫。

N°6

TI PUNCH
ティ・ポンシュ

カリブ海の島々の
伝統的なカクテル

基酒：アグリコールホワイトラム

アルコールの強さ：強

テイスト：中口

おすすめのタイミング：食後

おすすめのシチュエーション：デート、グループ

カクテル言葉：気がねなく

次に 挑戦 するなら	難易度★
	スモール・ディンガー SMALL DINGER／p. 341

このカクテルのエピソード

基酒のホワイトラムは、サトウキビの絞り汁から砂糖を精製せず、絞り汁を直接原料として、醸造酒をつくるアグリコール製法によるもの。その大半は、カリブ海の島々で生産されているので、カリブのマルティニークやグアドループでカクテルといえばティ・ポンシュをいう。「ポンシュ（パンチ）」という名称であっても、いわゆる材料が5つというパンチ（p.12、58）本来の原則からははずれ、むしろキューバの国民的カクテルであるダイキリ（Daiquiri／p. 109）に近い。ダイキリはシェークで、こちらはビルドと、技法は異なるが、ラム、ライム果汁、甘みという点ではまったく同じだ。

材料

ライム　1/2 個
グラニュー糖　小さじ 1
アグリコールホワイトラム　50 ml

技法：ビルド
グラス：オールドファッションドグラス

つくり方

1｜ ライムを5切れくらいにくし形に切り分け、グラスに入れる。

2｜ グラニュー糖を加え、ライムごとペストルで潰す。

3｜ ラムを注ぎ、砂糖がとけるまで、30回前後しっかりバースプーンでステアする。

MEMO

提供する際に氷を加えてもいいだろう。このカクテルはアルコール度数が高いので、氷を加えることで薄まり、飲みやすくなる。砂糖の量も好みで調節してほしい。ライムはカクテルに加えず、仕上げにピールをドリンクの表面に絞って振りかけるだけでも OK。

N°7

PIÑA COLADA
ピニャ・コラーダ

プエルトリコの国民的存在

基酒：ホワイトラム

アルコールの強さ：弱

テイスト：甘口

おすすめのタイミング：食後

おすすめのシチュエーション：デート

カクテル言葉：淡い思い出

次に挑戦するなら	難易度★
	ペインキラー PAINKILLER／p. 326

ピニャ・コラーダと聞くだけで、ホテルのプールサイドやビーチのヤシの木陰でこのカクテルを手にくつろぐ姿が思い浮かぶだろう。

いかにも 1980 年代感が全開のカクテルだが、現在のピニャ・コラーダは、1954 年にカリブ海北東にあるプエルトリコのヒルトン・サン・ファン・ホテルのバーで誕生した。その後、空前のブームを巻き起こし、1974 年にはプエルトリコの「国のドリンク」として宣言された。いくつものレシピが存在するが、なめらかで欲張りなこのカクテルは、スムージーのような口あたりで、見た目はほとんどデザートのようだ。

材料

プエルトリコ産ホワイトラム　50ml
ココナッツクリーム　30ml
パイナップルジュース　60 ml

ガーニッシュ：パイナップルのスライス 1/8 切れ、マラスキーノチェリー 1 個
技法：シェーク
グラス：ハリケーングラス
氷：キューブドアイス

つくり方

1｜ すべての材料をシェーカーに入れ、氷 8 〜 10 個を加えて 10 秒シェークする。

2｜ 氷をつめたグラスにカクテルをこしながら注ぐ。

3｜ パイナップルとチェリーを飾る。

MEMO

提供する際は、ストローをそえて。また、このカクテルはフローズンスタイルでもたのしめる。その場合、すべての材料と氷を氷の粒がなくなるまで最速で 15 〜 30 秒前後かくはんし、シャーベット状に仕上げれば OK。

N°8

CUBA LIBRE
キューバ・リブレ

キューバ産ホワイトラムが決め手

基酒：ホワイトラム	
アルコールの強さ：中	
テイスト：甘口	
おすすめのタイミング：オール	
おすすめのシチュエーション：オール	
カクテル言葉：食欲に	

次に 挑戦 するなら	難易度★
	ドクター・ファンク DOCTOR FUNK／p. 301

このカクテルのエピソード

このカクテルの名は、あるアメリカ兵に由来するといわれている。1895 〜 1898 年のキューバ独立戦争の終結に際し、この兵士はラムをコーラで割ったドリンクをかかげ、「キューバの自由のために（Por Cuba libre）」と叫んで乾杯したのだという。
夜に飲むのにぴったりな、この偉大なるクラシックカクテルのオリジナルバージョンを味わうには、必ずキューバ産ホワイトラムを使い、材料の比率を守ってほしい。

材料

キューバ産ホワイトラム　50 ml
コーラ　100 ml

ガーニッシュ：ライムのスライス１枚
技法：ビルド
グラス：ハイボールグラス（タンブラー）
氷：キューブドアイス

つくり方

1｜グラスに氷をつめ、ラムとコーラを注ぐ。

2｜炭酸がとばないように２〜３回バースプーンでステアして仕上げる。

3｜ライムを飾る。

MEMO

ホワイトラムのかわりにスパイスドラムかゴールドラムを使えば、手軽にアレンジがたのしめる。酸味をもっと強めたい場合は、ガーニッシュのライムを絞っても。クラフト系のコーラを使えば、より繊細な味わいを実現できる。

N°9

CAÏ PIRINHA
カイピリーニャ

メイド・イン・ブラジル

基酒：カシャッサ

アルコールの強さ：強

テイスト：甘口

おすすめのタイミング：食後

おすすめのシチュエーション：グループ

カクテル言葉：素朴

次に挑戦するなら	難易度★
	ハニーサックル HONEYSUCKLE／p. 314

このカクテルのエピソード

ブラジルの国民的なカクテルの地位を誇るカイピリーニャ。そこまでポピュラーになった理由は、3つの材料の絶妙なハーモニーゆえ。

基酒の1つカシャッサは、ブラジルを代表する蒸留酒。いとこ的な存在のモヒート（Mojito／p. 71）とは違い、カイピリーニャは炭酸水で割らないので味わいが力強い。このカクテルは1920年代に誕生し、もともとはスペイン風邪の予防薬として用いられたという。それゆえ当時のレシピには、にんにくとはちみつも入っていた。

材料

ライム　1/2 個
シュガーシロップ　25 ml
カシャッサ　50 ml

技法：ビルド
グラス：オールドファッショングラス
氷：クラッシュドアイス

つくり方

1｜適当な大きさに切ったライムをグラスに入れ、ペストルで潰す。

2｜氷を加え、シロップとカシャッサを注ぐ。

3｜グラスに霜がつくぐらい30回前後しっかりバースプーンでステアする。

MEMO

ライムをくし形にカットして、グラスの端に飾ってもOK。ラズベリーやマンゴー、パッションフルーツなどのフルーツを加えれば、手軽にアレンジがたのしめる。その場合、グラスのなかでフルーツをしっかり潰してから、氷を加えよう。

N°10

MARILOU
マリルー

刺激的な味わいの
ノンアルコールカクテル

基酒：パイナップルジュース

アルコールの強さ：ノンアルコール

テイスト：中甘口

おすすめのタイミング：オール

おすすめのシチュエーション：オール

カクテル言葉：わたしを甘く見ないで

次に 挑戦 するなら	難易度★
	ヴァージン・モヒート VIRGIN MOJITO／p. 105

このカクテルのエピソード

2013年、パリの隠れ家的バー、ル・コックのチーフバーテンダーであるジェレミー・オジェが、シュウェップス社のトニックウォーターのために考案したもの。

「アルコールフリーのカクテルは甘ったるい」というイメージを覆す、個性的なカクテルだ。味わいは甘すぎず、スパイシー。一般的なお酒の入らないカクテルと違い、バランスにこだわっている。

マリルーという名は、かつてマリルーという少女を主人公にした曲を何曲も書いたセルジュ・ゲンズブールへのささやかな皮肉を込めたオマージュかもしれない。

材料

パイナップルジュース　50ml
ジンジャーシロップ　10ml
トニックウォーター　50ml
ライム果汁　5 ml
ピンクペッパー　50g
ライム 適量

ガーニッシュ：くし形にカットしたライム1切れ
デコレーション：ピンクペッパーでスノースタイル
技法：ビルド
グラス：ハイボールグラス（タンブラー）
氷：キューブドアイス

つくり方

1 | ピンクペッパーをすり潰して粉末状にし、ザルでこす。

2 | カットしたライムの表面を、グラスのフチに軽く押しあて、グラスのフチにライム果汁をつける。この部分に、1のピンクペッパーをつけてスノースタイルをほどこす。

3 | 残りの材料のうちトニックウォーター以外の材料を入れて20回前後バースプーンでステアし、最後にトニックウォーターを注ぎ入れて2〜3回バースプーンでステアして仕上げる。

4 | ライムを飾る。

MEMO

ピンクペッパーをグラスのフチにつけることで、飲むたびにスパイシーな香りをもたらす。

N°11

APEROL SPRITZ
アペロール・スプリッツ

イタリアでは食前酒として愛されている

基酒：プロセッコ

アルコールの強さ：中

テイスト：中甘口

おすすめのタイミング：食前、食事中

おすすめのシチュエーション：オール

カクテル言葉：親しき友

次に挑戦するなら　難易度★

ビシクレッタ
BICICLETTA／p. 286

このカクテルのエピソード

単に「スプリッツ」と呼ばれることもあるアペロール・スプリッツは、2000年代までヴェネツィア周辺でしか知られていなかった。簡単につくれ、飲みやすく、ほどよい苦みのあるこのカクテルは、今やアペリティフの定番で、春の訪れとともにテラス席を彩る。

スプリッツは、そもそもこの地で飲まれていたワインを炭酸水で割ったドリンクで、その歴史は19世紀末にさかのぼる。当時、オーストリアの支配下にあったヴェネツィアにはオーストリア兵が多く駐屯しており、イタリアのコクのあるワインのアルコール度数を弱めるために、兵士たちが酒場の主人に炭酸水を「加えてくれ（ドイツ語でシュプリッツェン）」と頼んだことが、スプリッツの語源だという。

材料

アペロール　40 ml
プロセッコ　60 ml
炭酸水　20 ml

ガーニッシュ：オレンジのスライス 1/2 枚
技法：ビルド
グラス：ワイングラス
氷：キューブドアイス

つくり方

1 ｜ グラスに氷をつめ、すべての材料を注ぐ。

2 ｜ 炭酸がとばないように上下に2～3回バースプーンでステアしてグラス内の上下を均等に仕上げる。

3 ｜ オレンジのスライスをグラスのなかにしずめる。

MEMO

オレンジはグラスの端に飾ってもOK。アペロールのかわりにカンパリや、イタリアのほかのビター系リキュールを使うと、おいしさはそのままで、ビター感がやや強くなる。

N°12

TOM
COLLINS
トム・コリンズ

**コリンズファミリーの
お姉さん的存在**

基酒：オールドトムジン

アルコールの強さ：中

テイスト：中甘口

おすすめのタイミング：オール

おすすめのシチュエーション：オール

カクテル言葉：親友

次に
挑戦
するなら｜難易度★★

ジン・フィズ
GIN FIZZ／p. 179

このカクテルのエピソード

「コリンズ」はロングドリンクの一大ファミリー。これに属するカクテルは、いずれもハイボールグラス（タンブラー）を使い、ビルドでつくられる。共通する材料はレモン、砂糖またはシロップ、炭酸水で、ベースの蒸留酒はウォッカやラムなどバラエティーに富んでいる。

ジンが基酒のバージョンは、19世紀後半、アメリカにおけるカクテルの先駆者であるジェリー・トーマスの『バーテンダーズ・ガイド』ではじめて紹介された。トム・コリンズが誕生したのはその数年後のこと。オールドトムジンを使うことからこの名がついたという。

材料

オールドトムジン　50 ml
レモン果汁　25 ml
シュガーシロップ　25 ml
炭酸水　100 ml

ガーニッシュ：レモンのスライス 1/2 枚、
マラスキーノチェリー 1 個
技法：ビルド
グラス：ハイボールグラス（タンブラー）
氷：キューブドアイス

つくり方

1｜氷をつめたグラスに炭酸水以外の材料を注ぎ、20回前後バースプーンでステアする。

2｜炭酸水を満たし、炭酸がとばないように上下に2〜3回バースプーンでステアしてグラス内の上下を均等に仕上げる。

3｜レモンのスライスとチェリーを飾る。

MEMO

18世紀に英国で人気を博したオールドトムジンは、ロンドンドライジンよりも甘め。一時は廃れていたものの、カクテルブームのおかげで人気が復活した。

N°13

GARIBALDI
ガリバルディ

**カンパリの苦み×絞りたてオレンジ
の甘みと酸味が絶妙**

基酒：カンパリ

アルコールの強さ：弱

テイスト：中甘口

おすすめのタイミング：オール

おすすめのシチュエーション：オール

カクテル言葉：初恋

次に挑戦するなら	難易度★
	タンビコ TAMPICO／p. 343

TAMPICO／p. 343

このカクテルのエピソード

イタリアの英雄、ジュゼッペ・ガリバルディ (1807～1882年)の名を冠したこのカクテルは、むしろ「カンパリ・オレンジ」の呼び名で親しまれている。

とはいえ、イタリア南部が産地のオレンジと、イタリア北部生まれのカンパリが出会ったこのカクテルは、イタリアを統一に導いたガリバルディのイメージそのものだ。また、このカクテルの色は、ガリバルディがシチリア王国を滅ぼした際に着ていた赤シャツを思わせる。

材料

カンパリ　50 ml
オレンジ果汁　100 ml

ガーニッシュ：オレンジのスライス 1/2 枚
技法：ビルド
グラス：ハイボールグラス（タンブラー）
氷：キューブドアイス

つくり方

1 ｜ 氷をつめたグラスにカンパリとオレンジ果汁を注ぎ、20回前後バースプーンでステアする。

2 ｜ オレンジのスライスを飾る。

MEMO

このカクテルの決め手は、カンパリと絞りたてオレンジのバランスだ。

N°14

DRY MARTINI
ドライ・マティーニ

ジェームズ・ボンド熱愛の アペリティフ

基酒：ジン

アルコールの強さ：強

テイスト：辛口

おすすめのタイミング：食後

おすすめのシチュエーション：デート

カクテル言葉：知的な愛

次に 挑戦 するなら	難易度★★
	ヴェスパー VESPER／p. 177

ヴェスパー
VESPER／p. 177

このカクテルのエピソード

まさにカクテルのなかのカクテル！ 水のように澄んだ色に、緑のオリーブまたはレモンピールがトレードマーク。ジェームズ・ボンド愛飲のカクテルとして、世界中で人気になった。もっとも、ボンド流のマティーニの飲み方は若干マニアック（p. 17）。

マティーニほど数々の逸話に彩られたカクテルはほかにない。ごく辛口のカクテルだが、使うジンによって味わいがかわる。

材料

ドライベルモット　10 ml
ジン　50 ml

ガーニッシュ：オリーブ1個
（またはレモンピール1枚）
技法：ステア
グラス：カクテルグラス
氷：キューブドアイス

つくり方

1｜ カクテルグラスに氷を数個入れてかき混ぜ、グラスを冷やしておく。

2｜ 氷をつめたミキシンググラスにベルモットとジンを注ぎ、バースプーンで20〜30回ステアする。

3｜ カクテルグラスの氷を捨てる。

4｜ カクテルをこしながらグラスに注ぎ、オリーブをグラスのなかにしずめる。

MEMO

このカクテルは、ステア技術による冷え具合が重要。氷なしで飲むカクテルであるため、温度調節はステアでしかできない。グラスに注ぐ前に味見をして、温度をチェックしよう。必ずキンキンに冷やしたグラスで提供してほしい。

N°15

PLANTER'S PUNCH

プランターズ・パンチ

アメリカ南部
チャールストン発祥のレシピ

基酒：ゴールドラム

アルコールの強さ：弱

テイスト：甘口

おすすめのタイミング：オール

おすすめのシチュエーション：オール

カクテル言葉：癒し

次に 挑戦 するなら	難易度★★ ハリケーン HURRICANE／p. 315

このカクテルのエピソード

パンチ（p.12、58）が生まれたのは 16 世紀の
インド。当時、イギリスの船乗りは、蒸留が荒
削りで、原始的なラムだったタフィアに現地の
スパイス、砂糖、フルーツ、水を混ぜて飲んで
いた。

この 5 つの材料を混ぜたドリンクがパンチと呼
ばれるようになったわけは、サンスクリット語
で「5」を意味する「パンチャ（pancha）」に
由来する名前から。このスタイルは、船乗りた
ちを通して世界中に伝わり、多くのレシピが誕
生した。

材料

ゴールドラム　50 ml
オレンジ果汁　50 ml
パイナップルジュース　50 ml
ライム果汁　15 ml
グレナデンシロップ　15 ml
アンゴスチュラビターズ　2 ダッシュ

ガーニッシュ：オレンジのスライス 1/2 枚、
マラスキーノチェリー 1 個
技法：シェーク
グラス：ハイボールグラス（タンブラー）
氷：キューブドアイス

つくり方

1 ｜ すべての材料をシェーカーに入れ、氷 8 〜 10
　　　個を加えて 10 秒シェークする。

2 ｜ 氷をつめたグラスにカクテルをこしながら注
　　　ぐ。

3 ｜ オレンジとチェリーを飾る。

MEMO

ここでは、アメリカ南部チャールストン発祥のレ
シピを紹介したが、オレンジのかわりにパイナッ
プルのスライス 1/8 切れを飾ったり、ラムの種類
をかえたり、スパイスを少量加えたり、様々にア
レンジしてバリエーションをたのしんでほしい。

N°16

MIMOSA
ミモザ

エレガンスをまとったカクテル

基酒：シャンパーニュ	
アルコールの強さ：弱	
テイスト：中甘口	
おすすめのタイミング：食前	
おすすめのシチュエーション：オール	
カクテル言葉：真心	

次に 挑戦 するなら	難易度★
	バレンシア VALENCIA／p. 349

このカクテルのエピソード

高級ホテルのブランチタイムを彩ってきたエレガントなカクテル。パリのホテル・リッツのバーテンダー、フランク・メイエが1920年代に考案したといわれており、上流階級の優雅なライフスタイルの象徴だった。

バックス・フィズ（Buck's Fizz）もオレンジとシャンパーニュをあわせたカクテルだが、オレンジとシャンパーニュの比率が逆になる。

材料

オレンジ果汁　40 ml
シャンパーニュ（辛口）　80 ml

技法：ビルド
グラス：フルート型シャンパーニュグラス

つくり方

1｜オレンジ果汁をグラスに注ぎ、シャンパーニュを満たす。

MEMO

シャンパーニュはキンキンに冷やしておき、加える際にはそっと注ぐこと。絞りたて果汁と混ざると、泡立ってこぼれることがある。

N°17

TOMMY'S MARGARITA
トミーズ・
マルガリータ

「トミーズ」の愛称で
親しまれる

基酒：テキーラ

アルコールの強さ：中

テイスト：中甘口

おすすめのタイミング：食後

おすすめのシチュエーション：デート、ビジネス

カクテル言葉：一夜限りの恋

次に 挑戦 するなら	難易度★★
	マリガリータ MARGARITA／p. 173

このカクテルのエピソード

このカクテルは、メキシコが誇るマルガリータ の派生形。

1990年代のおわりに、サンフランシスコのメ キシコ料理レストラン、トミーズ・メキシカン・ レストランのオーナーであるフリオ・ベルメホ により創作された。

コアントローのかわりにアガベシロップを使う ので、伝統的なマルガリータより甘いテイスト に仕上がる。

材料

テキーラ　50 ml
ライム果汁　25 ml
アガベシロップ　15 ml

ガーニッシュ：くし形にカットしたライム1切れ
技法：シェーク
グラス：オールドファッションドグラス
氷：キューブドアイス

つくり方

1 ｜ すべての材料をシェーカーに入れ、氷8〜10 個を加えて10秒シェークする。

2 ｜ 氷をつめたグラスにカクテルをこしながら注 ぐ。

3 ｜ ライムを飾る。

N°18

VIRGIN MOJITO
ヴァージン・モヒート

**オリジナルに劣らず
イカしたカクテル**

ベース：リンゴジュース

アルコールの強さ：ノンアルコール

テイスト：中甘口

おすすめのタイミング：オール

おすすめのシチュエーション：オール

カクテル言葉：わたしの渇きを癒して

次に挑戦するなら	難易度★
	ヴァージン・コラーダ VIRGIN COLADA／p. 113

このカクテルのエピソード

モヒート (Mojito ／ p. 71) のノンアルコールバージョン。ラムのかわりにリンゴジュースを使い、見た目を本家風に仕上げている。
混濁したリンゴジュースならではの自然な甘みと、リンゴを砂糖で煮つめたような風味がもたらされ、レモンとミントのハーモニーもパーフェクト。思いがけない味わいのカクテル。

材料

ミントの葉　8 枚
シュガーシロップ　15 ml
ライム果汁　25 ml
リンゴジュース（混濁のあるもの）　60 ml
炭酸水　30 ml

ガーニッシュ：ミントの葉 適量
技法：ビルド
グラス：ハイボールグラス（タンブラー）
氷：キューブドアイス

つくり方

1 ｜ ミントの葉を両手の間にはさんでたたき、香りを立たせたら、グラスに入れる。

2 ｜ グラスに氷をつめ、炭酸水以外の材料を注いで20 回前後バースプーンでステアする。

3 ｜ 炭酸水を注ぎ、炭酸がとばないように上下に2〜3 回バースプーンでステアしてグラス内の上下を均等に仕上げる。

4 ｜ ミントを飾る。

MEMO

ストローはなくても、2 本そえても OK。リンゴジュースのかわりに、ブドウやパイナップルのジュースでつくってもおいしい。

N°19

MAI TAI
マイ・タイ

トロピカルカクテルの象徴

基酒：ゴールドラム

アルコールの強さ：強

テイスト：中口

おすすめのタイミング：食後

おすすめのシチュエーション：デート

カクテル言葉：賞賛

次に 挑戦 するなら	難易度★
	ドクター・ファンク DOCTOR FUNK／p. 301

このカクテルのエピソード

トレーダー・ヴィックとドン・ザ・ビーチコマーは、ポリネシアンスタイルのティキカルチャー（p.17、33）をアメリカで広めた立役者。タヒチの言葉で「最高」を意味するマイ・タイも、このカルチャーから生まれたカクテルだ。

両名とも自分がマイ・タイの生みの親だと譲らないが、ふたりのレシピに共通する材料は、ラムとコアントロー、ライムだけ。

ここでは家庭でもつくりやすい、トレーダー・ヴィックのバージョンを紹介する。フルーティな味わいに、デコレーションが印象的なトロピカルカクテルだ。

材料

ジャマイカ産ゴールドラム　25 ml
アグリコールゴールドラム　25 ml
コアントロー　10 ml
ライム果汁　25 ml
アーモンドシロップ　15 ml

ガーニッシュ：くし形にカットしたライム 1 切れ、ミントの葉 適量
技法：シェーク
グラス：オールドファッショングラス
氷：キューブドアイス

つくり方

1 ｜ すべての材料をシェーカーに入れ、氷 8 〜 10 個を加えて 10 秒シェークする。

2 ｜ 氷をつめたグラスにカクテルをこしながら注ぐ。

3 ｜ ライムとミントを飾る。

MEMO

トロピカルカクテルは、おもにホワイトスピリッツをベースにフルーツ果汁を加えてつくり、大振りなグラスにフルーツをデコレーションして提供するカクテル。ここではドン・ザ・ビーチコマーのレシピも紹介しよう。ジャマイカ産ゴールドラム 40 ml、キューバ産ホワイトラム 20 ml、ピンクグレープフルーツ果汁 25 ml、ライム果汁 20 ml、コアントロー 15 ml、ベルベットファレルナム 10 ml、アブサン 6 滴（0.3ml）、アンゴスチュラビターズ 2 ダッシュ。ちなみに、アグリコールゴールドラムは、アグリコール製法（p.81）のゴールドラム。ベルベットファレルナムは、柑橘系の甘いリキュールだ。

N°20

DAIQUIRI
ダイキリ

キューバのレジェンド

基酒：ホワイトラム

アルコールの強さ：中

テイスト：中甘口

おすすめのタイミング：食後

おすすめのシチュエーション：デート、ビジネス

カクテル言葉：希望

次に 挑戦 するなら	難易度★★
	ヘミングウェイ・ダイキリ HEMINGWAY DAIQUIRI／ p. 197

p. 197

このカクテルのエピソード

文豪ヘミングウェイが熱愛したカクテルとしてあまりにも有名なダイキリ。その名はキューバのビーチにちなんでいる。

キューバでダイキリ人気をけん引したのは、ハバナのフロリディータ。このバーは、ダイキリを早々と看板メニューに掲げ、1919〜1933年のアメリカの禁酒法時代に大繁盛した。

「ダイキリのゆりかご」を意味するクーナ・デル・ダイキリの異名をもつこの店は、島を訪れるアメリカ人にとって聖地になった。

材料

ライム果汁　25 ml
シュガーシロップ　25 ml
キューバ産ホワイトラム　50 ml

ガーニッシュ：くし形にカットしたライム1切れ
技法：シェーク
グラス：カクテルグラス
氷：キューブドアイス

つくり方

1｜グラスに氷を数個入れてかき混ぜ、グラスを冷やしておく。

2｜すべての材料をシェーカーに入れ、氷を8〜10個加えて20秒シェークする。

3｜グラスの氷を捨てる。

4｜カクテルをダブルストレインでグラスに注ぎ、ライムを飾る。

MEMO

比較的アルコール度数が高いが、20秒シェークすることにより、カクテルが強く冷やされ、細かな気泡が含まれて、まろやかな口あたりに仕上がる。

N°21

DEATH IN VENICE
デス・イン・ヴェニス

苦味の扱いが秀逸

基酒：プロセッコ

アルコールの強さ：中

テイスト：中辛口

おすすめのタイミング：食前、食事中

おすすめのシチュエーション：オール

カクテル言葉：高嶺の花

次に挑戦するなら	難易度★
	トンネル TUNNEL／p. 348

このカクテルのエピソード

イタリアの食前酒のカクテルを思わせる、フルーティーなプロセッコの発泡感とほろ苦さが折りあうカクテル。繊細さと苦味の表現が秀逸で、飲んだときにうれしいサプライズも味わえる。グレープフルーツビターズがささやかに主張し、このカクテルの優雅さを確実なものにしている。「ベニスに死す」という意味をもつこのカクテルは、アルコールの強さでいうと、アペロール・スプリッツ（Aperol Spritz／p.91）とネグローニ・ズバリアート（Negroni Sbagliato／p.338）の間に位置するカクテルだ。

材料

カンバリ　15 ml
グレープフルーツビターズ　5 滴（0.25ml）
プロセッコ　125 ml

ガーニッシュ：オレンジピール 1 枚
技法：ビルド
グラス：フルート型シャンパーニュグラス

つくり方

1｜すべての材料をグラスに注ぎ、オレンジピールを飾る。

MEMO

フランス産スパークリングワインのクレマンやシャンパーニュではなく、イタリア産スパークリングワインのプロセッコで割ることで、よりフルーティーな風味に仕上がり、完璧なバランスを生み出す。

N°22

VIRGIN COLADA
ヴァージン・コラーダ

おいしすぎる
トロピカルカクテル

基酒：パイナップルジュース

アルコールの強さ：ノンアルコール

テイスト：甘口

おすすめのタイミング：食後

おすすめのシチュエーション：オール

カクテル言葉：心を解き放つ

次に挑戦するなら	難易度★
	ヴァージン・パープル・ヘイズ VIRGIN PURPLE HAZE／p. 123

このカクテルのエピソード

このカクテルは、ピニャ・コラーダ（Piña Colada／p.83）のラムなしバージョン。「ヴァージン」とは、クラシックカクテルをノンアルコールに仕立てたという意味あいから。
スムージー風の甘いドリンクながら、本家には入らないライムを使うことで、ちょっとパンチをきかせている。

材料

パイナップルジュース　90 ml
ココナッツクリーム　45 ml
ライム果汁　15 ml

ガーニッシュ：パイナップルのスライス 1/8 切れ、マラスキーノチェリー 1 個
技法：シェーク
グラス：ハイボールグラス（タンブラー）
氷：キューブドアイス

つくり方

1 ｜ すべての材料をシェーカーに入れ、氷 8 〜 10 個を加えて 10 秒シェークする。

2 ｜ 氷をつめたグラスにカクテルをこしながら注ぐ。

3 ｜ パイナップルとチェリーを飾る。

MEMO

ココナッツクリームとココナッツミルクは間違えやすいので注意しよう。ココナッツクリームはねっとりとして濃厚なペースト状だ。ココナッツクリームを使うことで、このカクテルならではの、とろっとした質感が生まれる。

N°23

PERFECT LADY

パーフェクト・レディ

ホワイト・レディの完全版

基酒：ジン

アルコールの強さ：中

テイスト：中甘口

おすすめのタイミング：食後

おすすめのシチュエーション：デート

カクテル言葉：小悪魔

次に
挑戦
するなら

難易度 ★★

ホワイト・レディ
WHITE LADY／p. 187

このカクテルのエピソード

パーフェクト・レディは 1936 年、ロンドンのホテル、グロブナーハウスのバーテンダーであるシドニー・コックスがコンクール用に考案し、見事 1 位に輝いたカクテル。

それに先駆けハリー・マッケルホーンが発表した、ホワイト・レディにツイストをきかせたバージョンでもある。

コアントローのかわりにクレーム・ド・ペッシュを使うので、モモの甘さとフルーティーな味わいが特徴だ。

材料

ジン　40 ml
クレーム・ド・ペッシュ（モモ）　10 ml
レモン果汁　25 ml
シュガーシロップ　15 ml
卵白　15 ml

技法：シェーク
グラス：カクテルグラス
氷：キューブドアイス

つくり方

1 ｜ グラスに氷を数個入れてかき混ぜ、グラスを冷やしておく。

2 ｜ すべての材料をシェーカーに入れ、まずは氷なしで 10 秒シェークする。

3 ｜ 氷 8 〜 10 個を加え、さらに 15 秒シェークする。

4 ｜ グラスの氷を捨てる。

5 ｜ カクテルをこしながらグラスに注ぐ。

MEMO

クレーム・ド・ペッシュのかわりに、アプリコットやラズベリーなどのフルーツリキュールを使い、オリジナルのアレンジをたのしもう。

N°24

AMERICANO
アメリカーノ

喉の渇きをいやすのに
ぴったり

基酒：スイートベルモット

アルコールの強さ：中

テイスト：中辛口

おすすめのタイミング：食前、食事中

おすすめのシチュエーション：オール

カクテル言葉：届かぬ思い

次に 挑戦 するなら	難易度★
	ネグローニ・ズバリアート NEGRONI SBAGLIATO ／p. 338

／p. 338

このカクテルのエピソード

クラッシクのなかのクラッシクといえるアメリカーノはアメリカ人に人気の高いカクテル。1861 年、ミラノのバーテンダーであるガスパーレ・カンパリによって考案された。このカンパリこそ、あの「カンパリ」の生みの親だ。

アメリカーノはミラノ生まれのカンパリと、トリノ発祥のベルモットを使うので、当初は「ミラノ＝トリノ」と名づけられた。

やがて、アメリカ人が頻繁にイタリアを訪れるようになり、このカクテルの虜になったことから、1910 年代末に、現在の名に改められたという。

材料

スイートベルモット　40 ml
カンパリ　40 ml
炭酸水　60 ml

ガーニッシュ：オレンジのスライス 1/2 枚、
レモンのスライス 1/2 枚
技法：ビルド
グラス：ハイボールグラス（タンブラー）
氷：キューブドアイス

つくり方

1 ｜ グラスに氷をつめ、炭酸水以外の材料を注いで
　　　20 回前後バースプーンでステアする。

2 ｜ 炭酸水を注いで、炭酸がとばないように上下に
　　　2 〜 3 回バースプーンでステアしてグラス内の
　　　上下を均等に仕上げる。

3 ｜ オレンジとレモンのスライスを飾る。

MEMO

アルコールが軽めなので食前酒におすすめだ。ステアしすぎると炭酸が飛び、氷がとけて水っぽくなるので、気をつけよう。

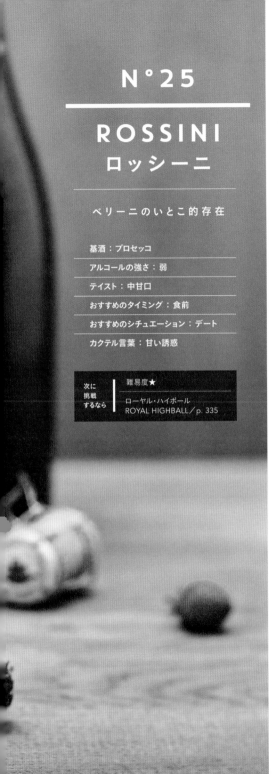

N°25

ROSSINI
ロッシーニ

ベリーニのいとこ的存在

基酒：プロセッコ

アルコールの強さ：弱

テイスト：中甘口

おすすめのタイミング：食前

おすすめのシチュエーション：デート

カクテル言葉：甘い誘惑

次に挑戦するなら｜難易度★
ローヤル・ハイボール
ROYAL HIGHBALL／p. 335

このカクテルのエピソード

ヴェネツィアゆかりのイタリア人作曲家、ジョアキーノ・ロッシーニにオマージュを捧げたカクテル。ベリーニ（Bellini ／ p. 73）のいとこ的存在で、フルーツのピュレとプロセッコを組みあわせる。

どちらのカクテルも、1940年代にヴェネツィアのハリーズ・バーのジュゼッペ・チプリアーニが創作し、今ではヴェネツィアの多くの店で提供されている。

材料

イチゴのピュレ　30 ml
プロセッコ　100 ml

技法：ビルド
グラス：フルート型シャンパーニュグラス

つくり方

1 ｜ イチゴのピュレをグラスに入れ、プロセッコを満たす。

2 ｜ 炭酸がとばないように上下に2～3回バースプーンでステアしてグラス内の上下を均等に仕上げる。

MEMO

イチゴのピュレは簡単につくれる。熟したイチゴ20個と好みにあわせてシュガーシロップ 50 ml を最速のバーブレンダーにかけ、目の細かいザルなどでこしてなめらかな状態（ピュレ状）にすればOK。使うイチゴは、さわやかな酸味が特徴のものがおすすめだ。イチゴのシーズンにつくれば風味が際立つ。

N°26

PIMM'S CUP
ピムス・カップ

超ブリティッシュな
軽い苦味が心地よい

基酒：ピムス

アルコールの強さ：弱

テイスト：中口

おすすめのタイミング：食前、食事中

おすすめのシチュエーション：グループ

カクテル言葉：歩み寄り

次に挑戦するなら	難易度★
	スロージン・フィズ SLOE GIN FIZZ／p. 340

このカクテルのエピソード

イギリスの夏を彩るカクテルの精髄！ イギリス人は、ピクニックでも、ウィンブルドンやロイヤル・アスコット競馬などの野外スポーツイベントでも、このカクテルをよく飲む。

源流は、1840年に誕生した薬用酒「ピムスNo.1」といわれ、そもそもロンドンでオイスターバーを営んでいたジェームズ・ピムが店で提供していたオリジナルカクテルだ。ジンをベースに、柑橘系のフルーツエキスやハーブ、リキュールなどを配合したこのカクテルは評判を呼び、ピムは商品化したのだった。

これにフレッシュなフルーツとレモン炭酸飲料を加えれば、ピムス・カップができる。

材料

キュウリのスライス　3枚
オレンジのスライス　1枚
レモンのスライス　1枚
イチゴのスライス　1個分
ピムス No.1　60 ml
レモン炭酸飲料（有糖）100 ml

ガーニッシュ：ミントの葉 適量
技法：ビルド
グラス：ハイボールグラス（タンブラー）
氷：キューブドアイス

つくり方

1 ｜ キュウリとフルーツをグラスに入れ、氷をつめる。

2 ｜ ピムスを注いで、20回前後バースプーンでステアする。

3 ｜ レモン炭酸飲料を注いで、炭酸がとばないように上下に2～3回バースプーンでステアしてグラス内の上下を均等に仕上げる。

4 ｜ ミントを飾る。

MEMO

軽い苦味は、アペロール・スプリッツ（Aperol Spritz／p. 91）を思わせる。写真のようにピッチャーでつくれば、パーティなどシェアするシーンにぴったりだ。

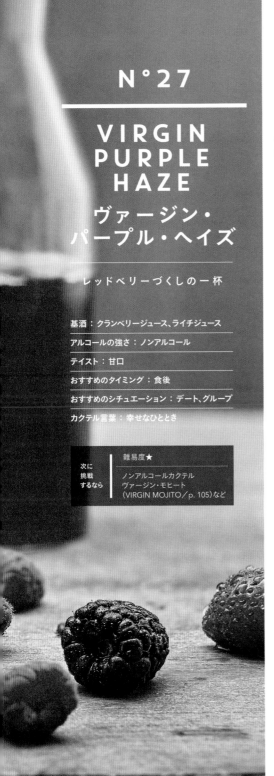

N°27

VIRGIN PURPLE HAZE

ヴァージン・パープル・ヘイズ

レッドベリーづくしの一杯

基酒：クランベリージュース、ライチジュース

アルコールの強さ：ノンアルコール

テイスト：甘口

おすすめのタイミング：食後

おすすめのシチュエーション：デート、グループ

カクテル言葉：幸せなひととき

次に挑戦するなら	難易度★
	ノンアルコールカクテル ヴァージン・モヒート (VIRGIN MOJITO／p. 105) など

このカクテルのエピソード

フレッシュなフルーツが豊富な夏は、ノンアルコールドリンクをつくるのに最適なシーズン。レッドベリーがおいしさを高め、クランベリージュースとライチジュースが絶妙のバランスを生み、甘さおさえめのカクテルに仕上がる。比較的簡単につくれるのも魅力のひとつだ。

材料

ラズベリー　2個
ブラックベリー　2個
イチゴ　2個
クランベリージュース　80 ml
ライチジュース　80 ml

技法：ビルド
グラス：ハイボールグラス（タンブラー）
氷：クラッシュドアイス

つくり方

1 ｜ ベリー類をグラスに入れ、ペストルで潰す。

2 ｜ グラスに氷をつめ、クランベリージュースとライチジュースを注ぐ。

3 ｜ 下にたまっている潰したベリーが全体に混ざりあうように、上下に 30 回前後バースプーンでしっかりステアして仕上げる。

MEMO

ブラックベリー 1 個をグラスのフチに飾りつけても OK。バーブレンダーに、すべての材料と氷を入れ、氷の粒がなくなるまで最速で 15 〜 30 秒前後かくはんすれば、フローズンカクテルになり、スムージー風の口あたりなめらかなドリンクに仕上がる。

N°28
CAÏPIROSKA
カイピロスカ

カイピリーニャの
ウォッカバージョン

基酒：ウォッカ

アルコールの強さ：中

テイスト：甘口

おすすめのタイミング：食後

おすすめのシチュエーション：デート、グループ

カクテル言葉：明日への期待

次に挑戦するなら	難易度★
	フォールン・エンジェル FALLEN ANGEL／p. 305

フォールン・エンジェル
FALLEN ANGEL／p. 305

このカクテルのエピソード

ブラジルの国民的カクテル、カイピリーニャ（Caïpirinha ／ p.87）のウォッカバージョンといえるカクテル。今ではオリジナルと同じくらい人気がある。

ブラジルでもロシア産やポーランド産のウォッカのブームがバーに押し寄せ、こちらのバージョンが堂々とメニューに名を連ねていることもある。

カイピリーニャに使うカシャッサとウォッカは香味の特徴がまったく違うので、ほかの材料は同じでも、まったく違う風味のカクテルに仕上がる。

材料

ライム　1/2 個
シュガーシロップ　25 ml
ウォッカ　50 ml

技法：ビルド
グラス：オールドファッショングラス
氷：クラッシュドアイス

つくり方

1 ｜ 適当な大きさに切ったライムをグラスに入れ、ペストルで潰す。

2 ｜ グラスに氷をつめ、シロップとウォッカを注ぐ。

3 ｜ グラスに霜がつくぐらい 30 回前後バースプーンでしっかりステアする。

MEMO

ウォッカの原料が小麦なら繊細な風味に、ライ麦なら個性的なカクテルに仕上がる。くし形にカットしたライム 1 切れをグラスの端に飾りつけても。

N°29

PALOMA
パロマ

テキーラをベースにした
真のロングドリンク

基酒：テキーラ・ブランコ（シルバー）

アルコールの強さ：中

テイスト：中口

おすすめのタイミング：オール

おすすめのシチュエーション：オール

カクテル言葉：仕切り直し

次に挑戦するなら｜難易度★
ブラッド・オレンジ・マルガリータ
BLOOD ORANGE MARGARITA
／p. 289

このカクテルのエピソード

ヨーロッパではあまりなじみがないが、パロマはメキシコではポピュラーなカクテル。ベースの蒸留酒を炭酸で割るというベーシックなアプローチは、キューバ・リブレ（Cuba Libre ／ p. 85）などを思わせる。しかし、テキーラの風味と、グレープフルーツの強い酸味の結びつきが絶妙で、このカクテルならではの個性を発揮している。

材料

テキーラ・ブランコ（シルバー）50 ml
グレープフルーツ風味の炭酸水　100 ml

ガーニッシュ：グレープフルーツのスライス
1/6 枚または 1/8 枚
技法：ビルド
グラス：ハイボールグラス（タンブラー）
氷：キューブドアイス

つくり方

1 ｜ グラスに氷をつめ、テキーラと炭酸水を注ぎ、炭酸がとばないように上下に 2 〜 3 回バースプーンでステアして仕上げる。

2 ｜ ストローをそえ、グレープフルーツのスライスを飾る。

MEMO

グレープフルーツ風味の炭酸水が手に入らない場合、グレープフルーツ果汁 60 ml、ライム果汁 10 ml、炭酸水 30 ml を混ぜればつくれる。フルール・ド・セル（天然塩）でスノースタイルをほどこしてもいい。

N°30

MOSCOW MULE
モスコー・ミュール

ウォッカを広めた立役者

基酒：ウォッカ

アルコールの強さ：弱

テイスト：中甘口

おすすめのタイミング：食事中、食後

おすすめのシチュエーション：オール

カクテル言葉：ケンカをしたら
その日のうちに仲直りする

次に 挑戦 するなら	難易度★★ イングリッシュ・カントリー・クーラー ENGLISH COUNTRY COOLER ／p. 305

ENGLISH COUNTRY COOLER ／p. 305

このカクテルのエピソード

名のモスコーは「モスクワ」を意味するが、ロシアではなく、1919～1933年の禁酒法時代後のアメリカで誕生した。

このころ、ウォッカが自由に手に入る蒸留酒の仲間入りをした。しかし、バーボンウイスキーとライウイスキーの人気に押され、ウォッカの市場はなかなか広がらず、1940年代初頭、ニューヨークのバーで、ウォッカの輸入業者とジンジャービアの生産者が出会い、互いのプロモーションになるカクテルをと生み出されたのが、このカクテルだったという。

材料

ウォッカ　50 ml
ジンジャービア　100 ml
ライム果汁　15 ml

ガーニッシュ：くし形にカットしたライム1切れ
技法：ビルド
グラス：銅製マグカップ
氷：キューブドアイス

つくり方

1 ｜ マグカップに氷をつめ、すべての材料を注ぐ。

2 ｜ 炭酸がとばないように上下に2～3回バースプーンでステアして仕上げる。

3 ｜ ライムを飾る。

MEMO

このカクテルは銅製マグカップで提供するのが定番だが、ハイボールグラス（タンブラー）でもOK。

N°31

BLACK RUSSIAN
ブラック・ルシアン

コーヒーとウォッカの出会い

基酒：ウォッカ

アルコールの強さ：強

テイスト：甘口

おすすめのタイミング：食後

おすすめのシチュエーション：デート

カクテル言葉：強敵

次に 挑戦 するなら	難易度★
	ホワイト・ルシアン WHITE RUSSIAN／p. 149

このカクテルのエピソード

「黒いロシア人」を意味するブラック・ルシアンは、ウォッカとコーヒーリキュールの組みあわせが見事。

ブリュッセルのホテル・メトロポールのチーフバーテンダー、グスタフ・トップスが、1949年に駐ルクセンブルグのアメリカ大使だったペルル・メスタ女史のために捧げたものだという。

材料

ウォッカ　40 ml
コーヒーリキュール　40 ml

技法：ビルド
グラス：オールドファッションドグラス
氷：キューブドアイス

つくり方

1｜グラスに氷をつめる。

2｜ウォッカとリキュールを注ぎ、20回前後バースプーンでステアする。

MEMO

ウォッカがコーヒーリキュールの風味を覆ってしまうことはない。むしろリキュールの甘さをやわらげてくれる。このカクテルは、比較的つくりやすく、食後酒におすすめだ。

N°32

MANHATTAN
マンハッタン

アメリカの
カクテル文化のスター

基酒：バーボンウイスキー	
アルコールの強さ：強	
テイスト：中甘口	
おすすめのタイミング：食後	
おすすめのシチュエーション：デート	
カクテル言葉：切ない恋心	

難易度★★

次に挑戦するなら	リメンバー・ザ・メイン REMEMBER THE MAINE ／p. 225

このカクテルのエピソード

ドライ・マティーニ（Dry Martini ／ p. 97）がイギリスにおけるカクテル文化の代表だとすれば、アメリカのそれは間違いなくマンハッタンだ。アメリカ人ならだれもが、これぞ真のマンハッタンだという自分好みのレシピをあげるだろう。

このカクテルはマンハッタンで誕生し、カクテルとしてひとつのジャンルを確立した。材料の比重が違うものや、別の蒸留酒をさらに加えるものなど、数多くのバリエーションが存在する。

材料

バーボンウイスキー　50 ml
スイートベルモット　25 ml
アンゴスチュラビターズ　2ダッシュ

ガーニッシュ：マラスキーノチェリー1個
技法：ステア
グラス：カクテルグラス
氷：キューブドアイス

つくり方

1 ｜ カクテルグラスに氷を数個入れてかき混ぜ、冷やしておく。

2 ｜ ミキシンググラスに氷をつめ、すべての材料を注ぐ。

3 ｜ バースプーンで 20 〜 30 回ステアする。

4 ｜ カクテルグラスの氷を捨てる。

5 ｜ カクテルをグラスにこしながら注ぐ。

6 ｜ チェリーをグラスのなかにしずめる。

MEMO

ライウイスキーでつくるレシピをはじめ、このカクテルから派生したバリエーションは無限にある。なかでも、スコッチウイスキーを使ったイギリスバージョンのロブ・ロイ（Rob Roy ／ p. 165）、アブサンのアクセントをきかせたリメンバー・ザ・メイン、アメール・ピコンを加えたブルックリン（Brooklyn ／ p. 265）などが知られている。

N°33

SINGAPORE SLING
シンガポール・スリング

ラッフルズ・ホテルの代名詞

基酒：ジン	

アルコールの強さ：中

テイスト：中甘口

おすすめのタイミング：食後

おすすめのシチュエーション：デート

カクテル言葉：秘密

次に 挑戦 するなら	難易度 ★★★
	アイリッシュ・マーメイド IRISH MERMAID／p. 315

もっとも古典的なカクテルのうちのひとつ。
1910年代にシンガポールにあるラッフルズ・
ホテルのロング・バーのニャン・トン・ブーン
が創作したカクテル。ブーンはピンク色のカク
テルに、かわいらしい女性のイメージを重ねた
という。
シンガポール・スリングは、19世紀に人気が
あった「スリング」の流れを汲んでいる。この
カクテルが、ラッフルズ・ホテルのクラシック
カクテルの仲間入りをしたのは1930年代の半
ばになってから。それ以来、万人に愛されてい
る。

材料

ジン　50 ml
レモン果汁　25 ml
コアントロー　10 ml
チェリーリキュール　10 ml
ベネディクティン　10 ml
パイナップルジュース　50 ml
グレナデンシロップ　10 ml
アンゴスチュラビターズ　2ダッシュ

**ガーニッシュ：パイナップルのスライス1/8切れ、
マラスキーノチェリー1個**
技法：シェーク
グラス：ハリケーングラス
氷：キューブドアイス

つくり方

1 ｜ すべての材料をシェーカーに入れ、氷8〜10
個を加えて10秒シェークする。

2 ｜ 氷をつめたグラスにカクテルをこしながら注
ぐ。

3 ｜ ストローをそえ、パイナップルとチェリーを飾
る。

MEMO
スリングは、蒸留酒と砂糖、水を混ぜたカクテル
のこと。

N°34

NEGRONI
ネグローニ

主張するビターテイスト

基酒：ジン

アルコールの強さ：強

テイスト：中甘口

おすすめのタイミング：食後

おすすめのシチュエーション：デート

カクテル言葉：初恋

次に 挑戦 するなら	難易度 ★★
	ホワイト・ネグローニ WHITE NEGRONI／p. 195

このカクテルのエピソード

ネグローニが誕生したのは 1919 年のこと。
カミーロ・ネグローニ伯爵は、フィレンツェの
カフェ・カソーニの常連で、食前酒（アペリティ
フ）にアメリカーノ（Americano ／ p.117）を
愛飲していた。しかし、訪れたイギリスでジン
の味にハマった伯爵は、店のバーテンダーであ
るフォスコ・スカルセッリに、いつものカクテ
ルを、炭酸水のかわりにイギリスから持ち帰っ
たジンで割ってほしいと頼んだという。
このカクテルはたちまち評判を呼び、伯爵に敬
意を表してネグローニと名づけられた。

材料

スイートベルモット　30 ml
カンパリ　30 ml
ジン　30 ml

ガーニッシュ：オレンジのスライス 1/2 枚
技法：ビルド
グラス：オールドファッションドグラス
氷：キューブドアイス

つくり方

1 ｜ 氷をつめたグラスにすべての材料を注ぎ、20
回前後バースプーンでステアする。

2 ｜ オレンジを飾る。

MEMO

フィレンツェのホテル・サヴォイのネグローニは、
グラスにキュウリのスライス 2 〜 3 枚を入れて提
供するスタイル。このカクテルは多くのバリエー
ションがあるので、オリジナルをつくってみてほ
しい。

N°35

BLOODY MARY

ブラッディ・マリー

スパイシーなブランチと一緒に

基酒：ウォッカ

アルコールの強さ：弱

テイスト：中口

おすすめのタイミング：食前、食事中

おすすめのシチュエーション：オール

カクテル言葉：わたしの心は燃えている、断固として勝つ

次に挑戦するなら	難易度★
	レッド・スナッパー RED SNAPPER／p. 333

このカクテルのエピソード

誕生地をめぐっては、パリのホテル・リッツとそこから少し離れたハリーズ・ニューヨーク・バーの説が存在する。どちらもうちがオリジナルだと主張して譲らないが、いずれにせよ、フランス発祥のカクテルだ。
トマトジュースを使うこの個性派カクテルは、休日の遅めの朝食のおともにぴったりだろう。

材料

レモン果汁　10 ml
ウスターソース　3ダッシュ
タバスコ　1ダッシュ
挽きこしょう　ミル3まわし分
セロリソルト　3g
トマトジュース　100 ml
ウォッカ　50 ml

ガーニッシュ：レモンのスライス1枚、セロリスティック1本
技法：ビルド
グラス：ハイボールグラス（タンブラー）
氷：キューブドアイス

つくり方

1｜氷をつめたグラスにトマトジュースとウォッカ以外の材料を入れる。

2｜トマトジュースとウォッカを注ぎ、20回前後バースプーンでステアする。

3｜必要であれば味を調整する。

4｜レモンをグラスのなかにしずめ、セロリを飾る。

MEMO

このレシピの材料をかえて、いろいろアレンジしてみよう。たとえば、基酒をジンにかえればレッド・スナッパー（Red Snapper／p.333）になる。ガーニッシュもにんじんやオリーブ、ケッパーなど、いろいろ試してほしい。

N°36

HORSE'S NECK
ホーセズ・ネック

コニャックがベースの
ロングドリンク

基酒：コニャック

アルコールの強さ：中

テイスト：甘口

おすすめのタイミング：食後

おすすめのシチュエーション：デート、ビジネス

カクテル言葉：運命

次に 挑戦 するなら	難易度★
	ラム・バック RUM BUCK／p. 343

このカクテルのエピソード

19世紀の末、とあるノンアルコールドリンク
が注目を浴びた。ジンジャエールのようなショ
ウガ風味の炭酸水を氷入りのグラスに注ぎ、長
くむいたレモンピールを飾ったドリンクだ。
それから数年後、このドリンクにアルコールを
加えて刺激をきかせたカクテルが登場。長いレ
モンピールをグラスのフチからかはみ出すよう
に飾るスタイルはそのまま生かされ、そのカク
テルの伝統的な演出として定着した。
それが「馬の首」のように見えることから、ホー
セズ・ネックという名前がつけられた。

材料

コニャック　50 ml
ジンジャーエール　100 ml

ガーニッシュ：長めにむいたレモンピール1枚
技法：ビルド
グラス：ハイボールグラス（タンブラー）
氷：キューブドアイス

つくり方

1 ｜ 氷をつめたグラスにすべての材料を注ぎ、炭酸
がとばないように2〜3回バースプーンでステ
アして仕上げる。

2 ｜ レモンピールを飾る。

MEMO

このレシピをバーボンウイスキーでつくれば、ア
メリカンなバージョンに。カナダでは、カナディ
アンライウイスキーをジンジャーエールで割っ
た一杯をライ・アンド・ジンジャー（Rye and
Ginger）と呼ぶ。

N°37

OLD FASHIONED
オールド・
ファッションド

古くて新しいカクテル

基酒：バーボンウイスキー

アルコールの強さ：強

テイスト：中甘口

おすすめのタイミング：食後

おすすめのシチュエーション：デート

カクテル言葉：我が道を行く

次に
挑戦
するなら | 難易度 ★★
SAZERAC／p. 215
サゼラック

このカクテルのエピソード

蒸留酒、ビターズ、砂糖、水をグラスのなかで直接混ぜる……、まさに、カクテルという言葉の由緒正しい意味を体現するのがこのカクテル。氷を入れて飲むようになったのは、製氷機が登場して以降、カクテルが新しい様式の時代を迎えてから。

この上なく「古風な（old fashioned）」このカクテルは、一時は廃れていたが、『マッドメン』シリーズのヒーロー、ドン・ドレイパー熱愛のカクテルというふれこみが大きなプロモーションとなり、この10年で飛躍的に人気を挽回した。

材料

角砂糖　1個
アンゴスチュラビターズ　2ダッシュ
炭酸水　5ml
バーボンウイスキー　50ml

ガーニッシュ：オレンジピール1枚
技法：ビルド
グラス：オールドファッショングラス
氷：キューブドアイス

つくり方

1 ｜ グラスに角砂糖を入れ、アンゴスチュラビターズを振って浸み込ませる。

2 ｜ 炭酸水を注ぎ、ペストルで角砂糖がとけるまで完全に潰す。

3 ｜ 氷2個を加え、バーボンウイスキーの半量を注ぎ、バースプーンでまずは20〜30回ステアする。

4 ｜ 氷をつめて残りのバーボンウイスキーを注ぎ、さらに20〜30回ステアする。

5 ｜ オレンジピールを飾る。

MEMO

アルコール感が強くなりすぎたり、水っぽくなりすぎたりしないよう、希釈具合を調節しながらつくろう。

N°38

CLASSIC CHAMPAGNE COCKTAIL

クラシック・シャンパーニュ・カクテル

気高さの象徴

基酒：シャンパーニュ

アルコールの強さ：中

テイスト：中甘口

おすすめのタイミング：食前、食後

おすすめのシチュエーション：デート、ビジネス

カクテル言葉：天使が舞い降りた

次に
挑戦
するなら

難易度★★

アルフォンソ
ALFONSO／p. 279

このカクテルのエピソード

蒸留酒、ビターズ、砂糖、水を混ぜたドリンクという、カクテルのお手本に立ち戻るようなレシピ。ただしここでは、水のかわりにシャンパーニュを使う。

気品を感じさせる材料の組みあわせゆえ、このカクテルはクラシックカクテルのなかでも最高峰。

アメリカにおけるカクテルの先駆者であるジェリー・トーマスの1862年の『バーテンダーズ・ガイド』には、シャンパーニュカクテルがすでに登場しているが、コニャックの入らないバージョンだ。

材料

角砂糖　1個
アンゴスチュラビターズ　2ダッシュ
コニャック　15 ml
シャンパーニュ（辛口）100 ml
オレンジピール　1枚

ガーニッシュ：オレンジピール 1 枚
技法：ビルド
グラス：フルート型シャンパーニュグラス

つくり方

1 ｜ グラスに角砂糖を入れ、アンゴスチュラビターズを振って浸み込ませる。

2 ｜ コニャックを注ぎ、シャンパーニュを満たす。

3 ｜ 2 の表面にオレンジピールを絞る。

4 ｜ オレンジピールを飾る。

MEMO

アンゴスチュラビターズは、服につくと落ちにくいので、角砂糖に浸み込ませる際には注意しよう。グラスや小皿に角砂糖を入れてビターズを振るといい。シャンパーニュは、キンキンに冷えた状態で飲むものなので、使う直前まで冷蔵庫で冷やしておくこと。

N°39

MINT JULEP
ミント・ジュレップ

ケンタッキー州のレジェンド

基酒：バーボンウイスキー

アルコールの強さ：強

テイスト：中甘口

おすすめのタイミング：食後

おすすめのシチュエーション：グループ、ビジネス

カクテル言葉：明日への希望

次に 挑戦 するなら	難易度★
	ジョージア・ミント・ジュレップ GEORGIA MINT JULEP ／p. 309

このカクテルのエピソード

18世紀にアメリカで生まれ、20世紀初頭にケンタッキーダービーで提供されて、一躍ポピュラーになったカクテル。現在は、この競馬レースのオフィシャルドリンクになっている。
モヒート（Mojito／p. 71）と共通する点が多いものの、ミント・ジュレップはジュレップカップと呼ばれる専用のカップで飲むのが伝統。このカップはシルバーかすず製なので、グラスで飲むよりカクテルの冷たさが持続する。

材料

ミント　1本
シュガーシロップ　10 ml
バーボンウイスキー　50 ml

ガーニッシュ：ミントの葉 適量
技法：ビルド
グラス：ジュレップカップ
氷：クラッシュドアイス

つくり方

1｜ ミントの葉を手の間に挟んでたたき、カップに入れる。

2｜ シロップとバーボンウイスキーを注ぎ、氷をつめる。

3｜ カップに霜がつくぐらい30回前後バースプーンでステアする。

4｜ ストロー2本をそえ、ミントを飾る。

MEMO

ミントは手でたたくだけで十分に香りが立つ。ペストルで潰すと苦味が出てしまうことがあるので注意しよう。写真ではストローは1本だが、クラッシュドアイスがストローにつまりやすいため、2本そえるのが基本だ。

N°40

WHITE RUSSIAN

ホワイト・ルシアン

リッチな味わい

基酒：ウォッカ

アルコールの強さ：強

テイスト：甘口

おすすめのタイミング：食後

おすすめのシチュエーション：デート

カクテル言葉：愛しさ

次に挑戦するなら	難易度★★
	エスプレッソ・マティーニ ESPRESSO MARTINI／p. 213

このカクテルのエピソード

このカクテルを一躍有名にしたのは、なにによりもコーエン兄弟の1998年の映画『ビッグ・リボウスキ』。主人公デュードが偏愛するカクテルで、劇中を通して通常の倍以上の量を少なくとも9回は飲んでいる。
ブラック・ルシアン（Black Russian ／ p.131）の兄弟分にあたり、登場したのは1950年代。生クリームが入ることでシルキーかつまろやかな質感が生まれ、とてもリッチな味わいとなる。

材料

ウォッカ　50 ml
コーヒーリキュール　30 ml
生クリーム　30 ml

技法：ビルド
グラス：オールドファッションドグラス
氷：キューブドアイス

つくり方

1 ｜ グラスに氷をつめ、ウォッカ、リキュール、生クリームの順に注ぐ。

2 ｜ グラスに霜がつくぐらい30回前後バースプーンでステアし、生クリームをしっかり混ぜる。

MEMO

生クリームをフロートさせるレシピもあるが、ここで紹介するレシピでは飲んだときに完璧なバランスが生まれるよう、3つの材料をしっかり混ぜあわせている。

N°41

KIR
キール

フランスを代表するカクテル

基酒：ブルゴーニュ・アリゴテ	
アルコールの強さ：中	
テイスト：中甘口	
おすすめのタイミング：食前	
おすすめのシチュエーション：オール	
カクテル言葉：最高の出会い、陶酔	

次に 挑戦 するなら	難易度★★
	ルシアン・スプリング・パンチ RUSSIAN SPRING PUNCH ／p. 201

このカクテルのエピソード

このカクテルの名前は、フランス中部ディジョンの市長だったフェリックス・キールに由来する。市長は自ら主催するセレモニーの折に、必ずこのカクテルを提供していたとか。

キールはフランスでもっとも飲まれているカクテルのひとつで、つい飲んでしまうほどフランス人の生活にとけ込んでいる。

材料はワインとクレーム・ド・カシスのふたつだけ。さらに、氷も入らずステアもしないという、やや例外的なカクテルだ。

材料

クレーム・ド・カシス　15 ml
ブルゴーニュ・アリゴテ（白ワイン）　100 ml

技法：ビルド
グラス：ワイングラス

つくり方

1 ｜ グラスにクレーム・ド・カシスを注ぎ、ブルゴーニュ・アリゴテを満たす。

MEMO

キールから派生したカクテルはいくつかある。シャンパーニュにかえればキール・ロワイヤル（Kir Royal ／ p.318）、赤ワインを使えばキール・カーディナル（Kir Cardinal）、シードルで割ればキール・ノルマン（Kir Normand）。また、クレーム・ド・カシスのかわりにクレーム・ド・ペッシュ（モモ）やクレーム・ダブリコ（アプリコット）など、ほかのフルーツリキュールを使ってもよいだろう。

N°42

DARK & STORMY
ダーク・アンド・ストーミー

夏のトロピカルテイスト

基酒：ゴールドラム

アルコールの強さ：中

テイスト：中甘口

おすすめのタイミング：オール

おすすめのシチュエーション：オール

カクテル言葉：勝負に出る

次に挑戦するなら	難易度★
	フレンチ・メイド FRENCH MAID／p. 308

このカクテルのエピソード

このカクテルは、バミューダ諸島をはじめ英国連邦で公式カクテルとして認定されている。
オリジナルレシピは、バミューダ諸島を代表するラム酒ブランド、ゴスリング社のブラックシールラムを使うが、ゴールドラムならなにを使ってもいい。

材料

ゴールドラム　50 ml
ジンジャービア　100 ml

ガーニッシュ：くし形にカットしたライム1切れ
技法：ビルド
グラス：ハイボールグラス（タンブラー）
氷：キューブドアイス

つくり方

1｜氷をつめたグラスにラムとジンジャービアを注ぐ。

2｜炭酸がとばないように上下に2〜3回バースプーンでステアしてグラス内の上下を均等に仕上げる。

3｜ライムをそえる。

MEMO

アンゴスチュラビターズを2ダッシュ加えると、余韻が長く続く。ライムはグラスの端に飾っても。

N° 43

WHISKY SOUR
ウイスキー・サワー

もっとも有名なサワー系カクテル

基酒：バーボンウイスキー

アルコールの強さ：中

テイスト：中甘口

おすすめのタイミング：食後

おすすめのシチュエーション：デート、ビジネス

カクテル言葉：堅実

次に 挑戦 するなら	難易度 ★★
	ピスコ・サワー PISCO SOUR／p. 181

このカクテルのエピソード

ボストン・サワー（Boston Sour）の名でも知られるこのカクテルは、間違いなくもっともポピュラーなサワーカクテルだ。
ウイスキー・サワーについてはじめて言及したのは、1870年のアメリカ中西部ウィスコンシン州の地方紙だったが、それ以来、このカクテルは、映画や文学、音楽などポップカルチャーを彩ってきた。
このカクテルがアメリカ発祥だという証は、なによりもライウイスキーかバーボンウイスキーのアメリカ産ウイスキーを使う点にある。

材料

バーボンウイスキー　50 ml
レモン果汁　25 ml
シュガーシロップ　25 ml
卵白　15 ml
アンゴスチュラビターズ　3ダッシュ

ガーニッシュ：レモンのスライス 1/2 枚
技法：シェーク
グラス：カクテルグラス
氷：キューブドアイス

つくり方

1 ｜ グラスに氷を数個入れてかき混ぜ、グラスを冷やしておく。

2 ｜ すべての材料をシェーカーに入れ、まずは氷なしで10秒シェークする。

3 ｜ 氷を8～10個加え、さらに15秒シェークする。

4 ｜ グラスの氷を捨てる。

5 ｜ カクテルをこしながらグラスに注ぎ、レモンを飾る。

MEMO

ほかの多くのサワー系カクテルと同じく、このカクテルも氷を入れて飲んでもたのしめる。卵白が入るレシピと入らないレシピがあるが、卵白はなめらかな質感をもたらし、材料をつなぐ役割を果たしてくれる。

N°44

STONE
FENCE
ストーン・フェンス

シードルファンに贈る

基酒：シードル

アルコールの強さ：強

テイスト：中辛口

おすすめのタイミング：オール

おすすめのシチュエーション：オール

カクテル言葉：油断大敵

次に 挑戦 するなら	難易度★
	ジャージー JERSEY／p. 317

このカクテルの起源は、19 世紀のはじめにさかのぼり、その長い歴史は、シードル入りカクテルが受け入れられてきたことを十分に物語っている。

考案者がだれなのかは定かではないが、アメリカの酒場では、このタイプのドリンクがよく飲まれていた。バーボンウイスキーのバニラを思わせる香りと、シードルのリンゴの風味が完璧に調和し、このカクテルならではのテイストを生み出す。

バーボンのかわりにラムを使うバージョンもあるので、ぜひ試してみてほしい。

材料

バーボンウイスキー　50 ml
シードル（辛口）　100 ml

技法：ビルド
グラス：ハイボールグラス（タンブラー）
氷：キューブドアイス

つくり方

1 ｜ 氷をつめたグラスにウイスキーとシードルを注ぎ、炭酸がとばないように 2 〜 3 回バースプーンでステアして仕上げる。

2 ｜ ストローをそえる。

MEMO

レモン果汁 25 ml とシュガーシロップ 25 ml を加えると、より複雑な味わいになる。

N°45

STINGER
スティンガー

まろやかさと清涼感の
マリアージュ

基酒：コニャック

アルコールの強さ：強

テイスト：中甘口

おすすめのタイミング：食後

おすすめのシチュエーション：デート

カクテル言葉：危険な香り

次に 挑戦 するなら	難易度★★
	ビー・アンド・ビー B&B／p. 207

このカクテルのエピソード

食後酒（ディジェスティフ）として飲むことが多いこのカクテルは、コニャックとミントリキュールの融合が清涼感あふれるテイストを実現している。

詳しい経緯は定かではないが、1910年代の半ばに登場し、数々の映画や小説を通して知られるようになった。就寝前の一杯、いわゆるナイト・キャップとしてもよく飲まれている。

ミントリキュールを主役に据えたカクテルとして異色扱いされることもあるが、実はこのリキュールはあらゆるタイプの蒸留酒と相性がいい。

材料

コニャック　50 ml
ホワイトミントリキュール　20 ml

技法：ステア
グラス：カクテルグラス
氷：キューブドアイス

つくり方

1 ｜ カクテルグラスに氷を数個入れてかき混ぜ、グラスを冷やしておく。

2 ｜ 氷をつめたミキシンググラスにすべての材料を注ぎ、バースプーンで20〜30回ステアする。

3 ｜ カクテルグラスの氷を捨てる。

4 ｜ カクテルをグラスにこしながら注ぐ。

MEMO

キューブドアイスではなくクラッシュドアイスを使い、ビルドで仕上げることもある。ミントリキュールは、クレーム・ド・マントという名でも出まわっている。

N°46

BRAMBLE
ブランブル

**ブラックベリーの
さわやかな酸味が決め手**

基酒：ジン

アルコールの強さ：強

テイスト：甘口

おすすめのタイミング：食後

おすすめのシチュエーション：デート

カクテル言葉：初恋

次に挑戦するなら	難易度★★
	ビーズ・ニーズ BEE'S KNEES／p. 199

このカクテルのエピソード

モダンクラッシクに分類されるこのカクテルは、1980年代半ばにロンドンで誕生した。作者はソーホー地区のフレッズ・クラブの名物バーテンダー、ディック・ブラッドセル。
ブランブル（ブラックベリー）の名のとおり、ブラックベリーの風味がおいしいこのカクテルは、そのつくりやすさとあいまって、たちまち人気カクテルの仲間入りを果たした。
エジンバラには、ブランブルを店名とするこだわりのカクテルで評判のバーもある。

材料

ジン　50 ml
レモン果汁　25 ml
シュガーシロップ　15 ml
クレーム・ド・ミュール（ブラックベリー）10 ml

ガーニッシュ：ブラックベリー1個
技法：シェーク
グラス：オールドファッショングラス
氷：キューブドアイス、クラッシュドアイス

つくり方

1 ｜ クレーム・ド・ミュール以外の材料をシェーカーに入れる。

2 ｜ キューブドアイスを8〜10個加え、10秒シェークする。

3 ｜ クラッシュドアイスをつめたグラスに、カクテルをこしながら注ぐ。

4 ｜ ブラックベリーを飾る。

5 ｜ クレーム・ド・ミュールをカクテルの表面に注ぐ。

MEMO

クレーム・ド・ミュールを最後に注ぐことで、見た目の美しさを演出してくれる。レモンのスライス1枚を飾っても、ストローを2本そえてもいい。

N°47

EL DIABLO
エル・ディアブロ

テキーラがベースの
ティキカクテル

基酒：テキーラ・レポサド（ゴールド）

アルコールの強さ：中

テイスト：甘口

おすすめのタイミング：食後

おすすめのシチュエーション：デート

カクテル言葉：気をつけて

次に 挑戦 するなら	難易度★★
	メキシカン55 MEXICAN 55／p. 321

このカクテルのエピソード

このカクテルは 1940 年代半ば、トレーダー・ヴィックことヴィクター・ジュール・バージェロンによって考案された。

バージェロンは、ポリネシアン・スタイルのティキカルチャー（p.17、33）をカリフォルニアに流行らせた仕掛人でもある。エル・ディアブロは、基酒にテキーラを使い、ティキの枠組みを超えたカクテル。

テキーラを使っていることを強調すべく、当初はメキシカン・エル・ディアブロ（Mexican El Diablo）と名づけられていた。

材料

テキーラ・レポサド（ゴールド）50 ml
ライム果汁　25 ml
シュガーシロップ　15 ml
クレーム・ド・カシス　10 ml
ジンジャービア　90 ml

ガーニッシュ：くし形にカットしたライム 1 切れ
技法：ビルド
グラス：ハイボールグラス（タンブラー）
氷：キューブドアイス

つくり方

1｜ 氷をつめたグラスにジンジャービア以外の材料を注ぎ、バースプーンで 15 〜 20 回ステアする。

2｜ ジンジャービアを注ぎ、上下に 2 〜 3 回バースプーンでステアしてグラス内の上下を均等に仕上げる。

3｜ ライムを飾る。

MEMO

クレーム・ド・カシスのかわりに、洋ナシやブラックベリーなど、ほかのフルーツリキュールを使えば、簡単にバリエーションがたのしめる。つくりやすく味わいも万人ウケするこのカクテルは、同じくテキーラがベースのマルガリータ（Margarita／p.173）とは違ったテキーラの魅力を発見できるだろう。

N°48

ROB ROY
ロブ・ロイ

**スコットランドの
英雄の名とともに**

基酒：スコッチウイスキー

アルコールの強さ：強

テイスト：中甘口

おすすめのタイミング：食後

おすすめのシチュエーション：デート

カクテル言葉：あなたの心を奪いたい

次に
挑戦
するなら

難易度★★

ボビー・バーンズ
BOBBY BURNS／p. 217

このカクテルのエピソード

マンハッタン (Manhattan ／ p.133) の英国バージョンと称される理由は、バーボンウイスキーやライウイスキーのかわりにスコッチウイスキーを使うことから。ところが、このカクテル誕生の地はニューヨークのマンハッタンだ。

スコットランドの英雄、通称ロブ・ロイことロバート・ロイ・マグレガーの生涯を描いたオペレッタの上演を記念して、1984年にウォルドルフ＝アストリア・ホテルのバーテンダーが創作したといわれている。

マンハッタンもロブ・ロイも、好みでウイスキーとベルモットの比率をかえ、甘さを控えたり、やや甘めにしたりして飲んでもいいだろう。

材料

スコッチウイスキー　50 ml
スイートベルモット　25 ml
アンゴスチュラビターズ　2 ダッシュ

ガーニッシュ：マラスキーノチェリー1個
技法：ステア
グラス：カクテルグラス
氷：キューブドアイス

つくり方

1｜ カクテルグラスに氷を数個入れてかき混ぜ、グラスを冷やしておく。

2｜ 氷をつめたミキシンググラスにすべての材料を注ぎ、バースプーンで20 〜 30 回ステアする。

3｜ カクテルグラスの氷を捨てる。

4｜ グラスにカクテルをこしながら注ぎ、チェリーをグラスのなかにしずめる。

MEMO
チェリーのかわりに、オレンジピールを絞っても。

N°49

VIRGIN MARY

ヴァージン・マリー

トマトの味わいをより高める

基酒：トマトジュース

アルコールの強さ：ノンアルコール

テイスト：中口

おすすめのタイミング：食前、食事中

おすすめのシチュエーション：オール

カクテル言葉：冷静な心

次に挑戦するなら	難易度★
	ヴァージン・パープル・ヘイズ (VIRGIN PURPLE HAZE ／p. 123)など

このカクテルのエピソード

ブラッディ・マリー（Bloody Mary ／ p.139）のノンアルコールバージョン。ウォッカを抜く以外は、材料の構成も比率もアルコール入りのものとまるで同じだ。刺激が足りない場合は、好みでスパイスの量を調整してほしい。
ブラッディ・マリーの分身ともいえるこのカクテルは、遅めの朝食のおともにぴったりだ。

材料

トマトジュース　100 ml
レモン果汁　10 ml
ウスターソース　3ダッシュ
タバスコ　1ダッシュ
挽きこしょう　ミル3まわし分
セロリソルト　3つまみ

技法：ビルド
グラス：ハイボールグラス（タンブラー）
氷：キューブドアイス

つくり方

1 ｜ 氷をつめたグラスにすべての材料を入れ、バースプーンで20回前後ステアして仕上げる。

MEMO

ウスターソースが入ることで、このカクテルの風味が高まる。ちなみにイギリスのウスターソースはアンチョビ、ビネガー、にんにく、スパイスなどを主原料とした甘酸っぱい味わいが特徴だ。また、材料にリンクしたレモンのスライス1枚とセロリスティック1本を飾ってもいい。レモンはトマトジュースの生ぐささをおさえる効果がある。

N°50

AMARETTO SOUR
アマレット・サワー

うっとりさせる
アーモンドの風味

基酒：アマレット

アルコールの強さ：中

テイスト：甘口

おすすめのタイミング：食後

おすすめのシチュエーション：デート

カクテル言葉：天使の口づけ

次に 挑戦 するなら	難易度 ★★★
	アラバマ・スラマー ALABAMA SLAMMER／p. 279

このカクテルのエピソード

アマレットは独特なアーモンドの風味とほのかな苦味が特徴で、イタリアで定番の食後酒だ。アマレット・サワーは、このほろ苦いリキュールを使った軽めの甘口カクテル。1950 年代にイタリアで誕生したといわれているが、広く知られるようになったのは、その 10 年ほどあとにアメリカでバーのメニューにのるようになってから。

レモンのスライスの酸味とリキュールの甘み、乳化してクリーム状になった卵白があいまって、うっとりするような飲み心地へと誘われる。

材料

アマレット　50 ml
レモン　25 ml
卵白　15 ml
アンゴスチュラビターズ　3 ダッシュ

ガーニッシュ：オレンジのスライス 1/3 枚
技法：シェーク
グラス：カクテルグラス
氷：キューブドアイス

つくり方

1 ｜ グラスに氷を数個入れてかき混ぜ、グラスを冷やしておく。

2 ｜ すべての材料をシェーカーに入れ、まずは氷なしで 10 秒シェークする。

3 ｜ 氷 8 〜 10 個を加え、さらに 15 秒シェークする。

4 ｜ グラスの氷を捨てる。

5 ｜ カクテルをこしながらグラスに注ぎ、オレンジを飾る。

MEMO

ドライシェークは卵白を使うカクテルに用いられる。10 秒ほど氷なしでシェークすると卵白が乳化し、きれいなムース状の泡ができる。

NIVEAU 2

中級

難易度★★
レシピ30

すでにいくつかのカクテルをつくり
完璧に仕上げるコツがつかめたことだろう。
好きな味の傾向や
どんなカクテルや材料に惹かれるか
かなりわかってきたはずだ。

中級は、材料の幅も広げ
テクニックのいるレシピをセレクトしているため
少し難易度があがる。
シェーカーやバースプーン、ミキシンググラス、ジガーなど
そろえた専門道具を使う機会も増えるだろう。

N°51

MARGARITA
マルガリータ

テキーラのためのカクテル

基酒：テキーラ

アルコールの強さ：強

テイスト：中口

おすすめのタイミング：食後

おすすめのシチュエーション：デート

カクテル言葉：無言の愛

次に挑戦するなら	難易度★
	アガベ・パンチ AGAVE PUNCH／p. 278

このカクテルのエピソード

テキーラベースでもっとも有名なカクテルのひとつ。メキシコでは、国民的カクテルとして不動の地位を築いており、マルガリータ発祥を名乗るバーが多数ある。実際にいつどこで生まれたか定かではないが、スペイン語で「デイジー」を意味するマルガリータという名の女性に捧げられたという説もある。ちなみに、カクテルの世界で「デイジー」とは、蒸留酒とリキュール、レモン果汁をあわせたスタイルのカクテルを指す。

マルガリータにはさまざまなバリエーションが存在し、アガベシロップを使ったトミーズ・マルガリータ（Tommy's Margarita／p.103）はもっとも甘口なテイストだ。

材料

テキーラ　40 ml
コアントロー　20 ml
ライム果汁　20 ml
ライム　適量
ガーニッシュ：くし形にカットしたライム1切れ
デコレーション：フルール・ド・セル（天然塩）でスノースタイル
技法：シェーク
グラス：カクテルグラス
氷：キューブドアイス

つくり方

1 ｜ カットしたライムの表面を、グラスのフチに軽く押しあて、グラスのフチの半周分にライム果汁をつける。この部分に、フルール・ド・セルをつけてスノースタイルをほどこす。

2 ｜ グラスに氷を数個入れてかき混ぜ、グラスを冷やしておく。

3 ｜ 残りの材料をシェーカーに注ぎ、氷8〜10個を加えて15秒シェークする。

4 ｜ グラスの氷を捨てる。

5 ｜ カクテルをダブルストレインでグラスに注ぎ、ライムを飾る。

MEMO

このカクテルをフローズンスタイルでつくれば、より爽快感あふれるものになる。その場合、すべての材料と氷をバーブレンダーに入れ、氷の粒がなくなるまで最速で15〜30秒前後かくはんし、シャーベット状に仕上げればOK。

N°52

SHERRY COBBLER
シェリー・コブラー

**シェリーベースの
カクテルの元祖**

基酒：アモンティリャード

アルコールの強さ：中

テイスト：中甘口

おすすめのタイミング：食前

おすすめのシチュエーション：グループ

カクテル言葉：古きよきもの

次に挑戦するなら	難易度★
	シャンパーニュ・コブラー CHAMPAGNE COBBLER ／p. 295

CHAMPAGNE COBBLER ／p. 295

このカクテルのエピソード

かのシェイクスピアがその名を何度も高らかにうたいあげたように、シェリーはイギリスでこよなく愛されてきた。

シェリー・コブラーは、スペイン原産のシェリーに対するイギリス人の熱愛ぶりを物語っている。コブラーは基酒のアルコールに砂糖、柑橘類などのフルーツをあわせた、きわめて古いカクテルのスタイルのひとつで、元祖カクテルといえる。

まさにクラシックのなかのクラシック！

材料

アモンティリャード（シェリー）80 ml
シュガーシロップ　10 ml

ガーニッシュ：オレンジのスライス 1/2 枚、レモンのスライス 1/2 枚
技法：ビルド
グラス：ワイングラス
氷：クラッシュドアイス

つくり方

1｜グラスに氷をつめ、シェリーとシロップを注ぎ、バースプーンで 20 〜 30 回ステアする。

2｜オレンジとレモンのスライスを飾る。

MEMO

シェリーは蒸留酒を添加してつくる酒精強化ワインで、アルコール度数は 15.5 〜 18％。タイプ別に数種類に分類され、アモンティリャードもそのひとつだ。クルミのような力強い香りが特徴の熟成期間が長い古酒で、味わいはフランスのジュラ地方のヴァン・ジョーヌ（黄ワイン）に似ている。ミントの葉を適量飾っても、飲みやすくストローをそえても OK。

N°53

VESPER
ヴェスパー

ジェームズ・ボンド流マティーニ

基酒：ジン

アルコールの強さ：強

テイスト：辛口

おすすめのタイミング：食後

おすすめのシチュエーション：デート

カクテル言葉：かけがえのない

次に
挑戦
するなら

難易度★★★

タキシード
TUXEDO／p. 243

このカクテルのエピソード

マーティン・キャンベル監督、2006年公開の『007 カジノ・ロワイヤル』に登場し、話題を集めたカクテル。劇中、いつものようにドライ・マティーニ（Dry Martini／p. 97）を頼んだジェームズ・ボンドが、その注文を撤回し、自らレシピを伝え、オーダーしたもの。
ヴェスパーは、そのときの恋人の名前。「一度味わったら、これしか飲みたくなくなる」という意味をこめて命名された。

材料

ジン　30 ml
ウォッカ　10 ml
リレ・ブラン（MEMO 参照）　5 ml

ガーニッシュ：レモンピール1枚
技法：シェーク
グラス：カクテルグラス
氷：キューブドアイス

つくり方

1 ｜ グラスに氷を数個入れてかき混ぜ、グラスを冷やしておく。

2 ｜ すべての材料をシェーカーに入れ、氷8〜10個を加えて15秒シェークする。

3 ｜ グラスの氷を捨てる。

4 ｜ カクテルをダブルストレインでグラスに注ぎ、レモンピールを飾る。

MEMO

リレ・ブランは、フランスのボルドー産のアペリティフワイン。このカクテルはとてもアルコールが強いので、ほかのクラシックなショートドリンクに比べ、意図的に分量を減らしてある。理想的な希釈具合になるよう、比率を守ってほしい。

N°54

GIN FIZZ
ジン・フィズ

フィズのなかで一番有名

基酒：ジン

アルコールの強さ：弱

テイスト：中甘口

おすすめのタイミング：食事中、食後

おすすめのシチュエーション：オール

カクテル言葉：あるがままに

次に
挑戦
するなら

難易度 ★★★

ラモス・ジン・フィズ
RAMOS GIN FIZZ／p. 237

このカクテルのエピソード

トム・コリンズ（Tom Collins ／ p. 93）の兄弟分のような存在だが、ビルドではなくシェークしてつくる。また、このレシピのように、卵白を加えて乳化させるバージョンもある。

20世紀初頭から広く知れわたり、とくにニューオーリンズでは名物のひとつになった。

材料

ジン　50 ml
レモン果汁　25 ml
シュガーシロップ　25 ml
卵白　15 ml
炭酸水　50 ml

ガーニッシュ：レモンのスライス 1/2 枚
技法：シェーク
グラス：ハイボールグラス（タンブラー）
氷：キューブドアイス

つくり方

1 ｜ 炭酸水以外の材料をシェーカーに入れ、まずは
　　氷なしで 10 秒シェークする。

2 ｜ 氷 8 〜 10 個を加え、さらに 15 秒シェークする。

3 ｜ カクテルをグラス（氷なし）にこしながら注ぎ、
　　炭酸水を満たす。

4 ｜ ストローをそえ、レモンを飾る。

MEMO

このカクテルは氷を入れずに提供するので、それを考慮した容量のグラスを選ぶこと。炭酸水はキンキンに冷やしておこう。

N°55

PISCO SOUR
ピスコ・サワー

サワースタイルの
ペルー代表

基酒：ピスコ

アルコールの強さ：中

テイスト：甘口

おすすめのタイミング：食後

おすすめのシチュエーション：デート

カクテル言葉：大人の魅力

次に挑戦するなら	難易度 ★★★
	シカゴ・フィズ CHICAGO FIZZ／p. 253

このカクテルのエピソード

ピスコの起源をめぐっては、チリとペルーがそれぞれ発祥の地だと主張しているが、このカクテルは紛れもなくペルー生まれ。1916年、アメリカのヴィクター・ヴォーン・モリスがリマにバーをオープンさせ、1920年代初頭に、この店で働くバーテンダーが、現在のレシピを完成させたという。

ピスコとライムというペルーの名産をベースにしたこのカクテルは、表面に浮かぶ濃厚でなめらかなムース状の卵白に、数滴振りかけるアンゴスチュラビターズが決め手だ。

材料

ピスコ　50 ml
ライム果汁　25 ml
シュガーシロップ　25 ml
卵白　15 ml

ガーニッシュ：アンゴスチュラビターズ 3 ダッシュ
技法：シェーク
グラス：カクテルグラス
氷：キューブドアイス

つくり方

1 ｜ グラスに氷を数個入れてかき混ぜ、グラスを冷やしておく。

2 ｜ すべての材料をシェーカーに入れ、まずは氷なしで 10 秒シェークする。

3 ｜ 氷 8 〜 10 個を加え、さらに 15 秒シェークする。

4 ｜ グラスの氷を捨てる。

5 ｜ カクテルをこしながらグラスに注ぎ、表面にビターズを振る。

MEMO

ピスコはライムと相性抜群。このカクテルは、ピスコをたのしむベストな方法のひとつだ。

N°56

FRENCH 75
フレンチ75

**シャンパーニュがベースの
古典的名作**

基酒：シャンパーニュ

アルコールの強さ：強

テイスト：中甘口

おすすめのタイミング：食後

おすすめのシチュエーション：デート

カクテル言葉：祝砲

次に挑戦するなら	難易度★★
	メキシカン55 MEXICAN 55／p. 321

このカクテルのエピソード

コリンズ（p.9）の流れを汲んだカクテルだが、炭酸水のかわりにシャンパーニュを使う。
このカクテルには様々な説があるが、1922年、パリのハリーズ・ニューヨーク・バーのハリー・マッケルホーンが考案したともいわれている。
名前の75は、フランス製の口径75mmの大砲に由来し、その大砲と並ぶ衝撃を与えるカクテルということから名づけられた。
当初はコリンズ流にハイボールグラス（タンブラー）が使われていたが、今ではシャンパーニュ用のフルート型グラスを使うのが一般的だ。

材料

ジン　30 ml
レモン果汁　15 ml
シュガーシロップ　15 ml
シャンパーニュ（辛口）　70 ml

ガーニッシュ：レモンピール1枚、マラスキーノチェリー1個
技法：シェーク
グラス：フルート型シャンパーニュグラス
氷：キューブドアイス

つくり方

1｜シャンパーニュ以外の材料をシェーカーに入れ、氷8～10個を加えて5秒シェークする。

2｜カクテルをダブルストレインでグラスに注ぎ、シャンパーニュを満たす。

3｜チェリーをグラスのなかにしずめ、レモンピールを飾る。

MEMO

シャンパーニュがベースのカクテル全般についていえることだが、シャンパーニュはキンキンに冷えた状態で使うこと。

N°57

MONKEY GLAND
モンキー・グランド

若返りの特効薬とも
噂される

基酒：ジン

アルコールの強さ：中

テイスト：中甘口

おすすめのタイミング：食後

おすすめのシチュエーション：デート、ビジネス

カクテル言葉：最盛期

次に挑戦するなら	難易度★★
	ブロンクス
	BRONX／p. 223

このカクテルのエピソード

風がわりな名前のついたカクテルはいくつもあるが、これはその最たるものだろう。「サルの生殖腺」を意味する、モンキー・グランドが誕生したのは1920年代のこと。パリのハリーズ・ニューヨーク・バーのハリー・マッケルホーンが、外科医セルジュ・ヴォロノフを称え、このカクテルをつくったという。

当時この医師は、男性機能回復を目的にサルのこう丸組織を人間に移植する研究で名声を得ていたのだ。このカクテルも、今でいうバイアグラのような効果があると信じられていたとかいないとか……。

材料

ジン　40 ml
オレンジ果汁　40 ml
グレナデンシロップ　5 ml
アブサン　2.5 ml

技法：シェーク
グラス：カクテルグラス
氷：キューブドアイス

つくり方

1 ｜ グラスに氷を数個入れてかき混ぜ、グラスを冷やしておく。

2 ｜ すべての材料をシェーカーに入れ、氷8〜10個を加えて15秒シェークする。

3 ｜ グラスの氷を捨てる。

4 ｜ カクテルをダブルストレインでグラスに注ぐ。

MEMO

バースプーン1杯は約5 mlなので、アブサンはスプーン半分の量を目安に。オレンジピールを飾っても。

N°58

WHITE LADY
ホワイト・レディ

ハリーズ・ニューヨーク・バーの
代名詞

基酒：ジン

アルコールの強さ：強

テイスト：中甘口

おすすめのタイミング：食後

おすすめのシチュエーション：デート、ビジネス

カクテル言葉：純心

次に 挑戦 するなら	難易度★★
	クローバー・クラブ CLOVER CLUB／p. 191

このカクテルのエピソード

パリのハリーズ・ニューヨーク・バーのオーナーバーテンダー、ハリー・マッケルホーンは、1923 年にこのバーを所有して以来、店をスターダムに押しあげたカリスマだ。

このカクテルは、かつて考案したホワイト・レディをバージョンアップさせたもので、ハリーの代表作のひとつにあげられる。

ミントリキュールのかわりにジンを使い、コアントローとレモン果汁の比率を調整したこの改良版レシピは、現在のホワイト・レディのスタンダードとなっている。

材料

ジン　40 ml
コアントロー　15 ml
レモン果汁　25 ml
シュガーシロップ　10 ml
卵白　15 ml

技法：シェーク
グラス：カクテルグラス
氷：キューブドアイス

つくり方

1 ｜ グラスに氷を数個入れてかき混ぜ、グラスを冷やしておく。

2 ｜ すべての材料をシェーカーに入れ、まずは氷なしで 10 秒シェークする。

3 ｜ 氷 8 〜 10 個を加え、さらに 15 秒シェークする。

4 ｜ グラスの氷を捨てる。

5 ｜ カクテルをグラスにこしながら注ぐ。

N°59

GIN BASIL SMASH

ジン・バジル・
スマッシュ

カクテルの新定番

このカクテルのエピソード

ドイツのバーテンダー、ヨルグ・マイヤーが
2008年に発表した新時代のカクテル。
レモンといえばミントという常識を覆し、バジ
ルを使って繊細な風味を生み出した。この斬新
なカクテルは瞬く間に新定番となり、世界中で
ブームを巻き起こした。

基酒：ジン

アルコールの強さ：中

テイスト：中甘口

おすすめのタイミング：食後

おすすめのシチュエーション：オール

カクテル言葉：常識を打ち破る

次に挑戦するなら	難易度★★
	ポーリッシュ・カンパニオン POLISH KUMPANION／p. 329

材料

ジン　50 ml
レモン果汁　25 ml
シュガーシロップ　25 ml
バジルの葉　4枚

ガーニッシュ：バジルの葉 適量
技法：シェーク
グラス：オールドファッショングラス
氷：キューブドアイス

つくり方

1 ｜ シェーカーに、レモン果汁、シロップ、バジル
の葉を入れてペストルで潰す。

2 ｜ ジンと氷を8〜10個加えて10秒シェークし、
氷をつめたグラスにダブルストレインで注ぐ。

3 ｜ バジルを飾る。

MEMO

1 で潰したバジルの細かい葉がカクテルに入らな
いよう、カクテルを注ぐ際には、グラスにメッシュ
ストレーナーを据え、ダブルストレインで注ぐと
いい。

N°60

CLOVER CLUB
クローバー・クラブ

ジェントルマン限定

基酒：ジン

アルコールの強さ：強

テイスト：甘口

おすすめのタイミング：食後

おすすめのシチュエーション：デート

カクテル言葉：約束

次に挑戦するなら

難易度★★★

ペンデニス・カクテル
PENDENNIS COCKTAIL
／p. 251

このカクテルのエピソード

クローバー・クラブは、フィラデルフィアにあった紳士クラブの名称。19世紀末に創設され、町の名士の社交場だった。

このカクテルのレシピを最初に紹介したのは、1917年出版のトム・ブックの『ジ・アイディアル・バーテンダー』で、現在と類似したレシピが記載されている。以来、このカクテルは古典のひとつとなった。

ちなみに、アメリカのカリスマ女性バーテンダー、ジュリー・レイナーは、ブルックリンの自分の店にこの名をつけている。

材料

ジン　40 ml
ドライベルモット　15 ml
レモン果汁　25 ml
卵白　15 ml
ラズベリーシロップ　15 ml

ガーニッシュ：ラズベリー3個
技法：シェーク
グラス：カクテルグラス
氷：キューブドアイス

つくり方

1 | グラスに氷を数個入れてかき混ぜ、グラスを冷やしておく。

2 | すべての材料をシェーカーに入れ、まずは氷なしで10秒シェークする。

3 | 氷8～10個を加え、さらに15秒シェークする。

4 | グラスの氷を捨てる。

5 | カクテルをこしながらグラスに注ぎ、ラズベリーを飾る。

MEMO

このカクテルのベストシーズンは、新鮮でもっともおいしいラズベリーが手に入る夏だ。

N°61

AVIATION
アビエーション

青い空へ高く飛翔する

基酒：ジン

アルコールの強さ：強

テイスト：中口

おすすめのタイミング：食後

おすすめのシチュエーション：デート、ビジネス

カクテル言葉：そよ風に吹かれて

次に挑戦するなら	難易度★
	トウェンティス・センチュリー・カクテル TWENTIETH-CENTURY COCKTAIL／p. 348

このカクテルのエピソード

このカクテルがはじめて紹介されたのは、ニューヨークのワリック・ホテルのバーテンダー、ヒューゴ・エンスリンが1916年に著したレシピブック。空の青さを想わせる印象的な色あいから、アビエーション（飛行）と名づけられた。

その後、1930年に出版されたハリー・クラドックの『サヴォイ・カクテルブック』で、このカクテルのバリエーションが掲載されたが、その当時、スミレが原料のバイオレットリキュールが入手しにくかったことから使われず、アビエーションの個性である色彩は失われてしまったようだ。

材料

ジン　50 ml
レモン果汁　25 ml
マラスキーノ　5 ml
バイオレットリキュール（スミレ）
5 ml

ガーニッシュ：マラスキーノチェリー1個
技法：シェーク
グラス：カクテルグラス
氷：キューブドアイス

つくり方

1 | グラスに氷を数個入れてかき混ぜ、グラスを冷やしておく。

2 | すべての材料をシェーカーに入れ、氷8〜10個を加えて15秒シェークする。

3 | グラスの氷を捨てる。

4 | カクテルをダブルストレインでグラスに注ぐ。

5 | チェリーをグラスのなかにしずめる。

MEMO

バイオレットリキュールがない場合は、マラスキーノを倍量使うといい。

N°62

WHITE NEGRONI

ホワイト・ネグローニ

フランス版ネグローニ

基酒：ジン

アルコールの強さ：強

テイスト：中甘口

おすすめのタイミング：食後

おすすめのシチュエーション：デート、ビジネス

カクテル言葉：届かぬ想い

次に挑戦するなら	難易度 ★★★
	ブールヴァルディエ BOULEVARDIER／p. 259

このカクテルのエピソード

イタリア生まれの堂々たる古典、ネグローニ（Negroni ／ p.137）の真の変奏曲がこれだ。2001年に誕生したこの新時代のネグローニは、ベルモットがリレ・ブランに、ビターズがスーズに置き換えられている。リレの淡いこはく色とスーズの黄金色が、澄み切ったジンと混じりあい、「ホワイト」の名にふさわしい色味を実現している。

フランス原産のフレーバードワインとリキュールを主役に据え、まさにフランスのネグローニだ。

材料

リレ・ブラン（p.177）　30 ml
スーズ　30 ml
ジン　30 ml

ガーニッシュ：レモンのスライス 1/2 枚
技法：ビルド
グラス：オールドファッショングラス
氷：キューブドアイス

つくり方

1 ｜ グラスに氷をつめ、すべての材料を注ぎ、バースプーンで15 〜 20 回ステアする。

2 ｜ レモンのスライスを飾る。

MEMO

スーズは、ゲンチアナの根を主原料にしたフランス原産のハーブリキュール。ベルモットとビターズはたくさん種類がある。いろいろ使い分けてネグローニのバリエーションをたのしんでほしい。

N°63

HEMINGWAY DAIQUIRI
ヘミングウェイ・ダイキリ

文豪ヘミングウェイに
捧げる

基酒：ホワイトラム

アルコールの強さ：中

テイスト：中口

おすすめのタイミング：食後

おすすめのシチュエーション：デート、ビジネス

カクテル言葉：野望

次に挑戦するなら	難易度 ★★★
	エアメール AIR MAIL／p. 235

このカクテルのエピソード

ダイキリ（Daiquiri ／ p.109）といえばアーネスト・ヘミングウェイというほど、この作家はダイキリをこよなく愛した。オーソドックスなカクテルに飽き足らず、自分好みのレシピを追求していたともいわれる。そんな文豪に敬意を表してつくられたのが、このカクテルだ。
オリジナルのダイキリの比率をかえ、グレープフルーツ果汁とマラスキーノを加えたことで、より複雑な風味を実現している。

材料

キューバ産ホワイトラム　50 ml
グレープフルーツ果汁　25 ml
ライム果汁　15 ml
シュガーシロップ　5 ml
マラスキーノ　5 ml

ガーニッシュ：マラスキーノチェリー1個
製法：シェーク
グラス：カクテルグラス
氷：キューブドアイス

つくり方

1｜グラスに氷を数個入れてかき混ぜ、グラスを冷やしておく。

2｜すべての材料をシェーカーに入れ、氷8〜10個を加えて15秒シェークする。

3｜グラスの氷を捨てる。

4｜カクテルをダブルストレインでグラスに注ぐ。

5｜チェリーをグラスのなかにしずめる。

MEMO

フローズンスタイルで提供されることもあるが、その場合、すべての材料と氷をバーブレンダーに入れ、氷の粒がなくなるまで最速で15〜30秒前後かくはんし、シャーベット状に仕上げればOK。

N°64

BEE'S KNEES
ビーズ・ニーズ

はちみつが引き立て役

基酒：ジン

アルコールの強さ：中

テイスト：甘口

おすすめのタイミング：食後

おすすめのシチュエーション：デート

カクテル言葉：創造性

次に 挑戦 するなら	難易度★★
	サウス・サイド SOUTH SIDE／p. 203

このカクテルのエピソード

1919 〜 1933 年のアメリカの禁酒法時代、人々は蒸留の粗い密輸酒を少しでもおいしく飲むために、レモン果汁とはちみつを加えて飲んでいた。そのドリンクが独自の道を進み、このカクテルの前身となった。

ビーズ・ニーズは、直訳すれば「ハチの膝」だが、スラングで「最高のもの」という意味もある。はちみつを使うことにかけた、しゃれた言葉遊びになっている。

材料

ジン　50 ml
レモン果汁　25 ml
ハニーシロップ　25 ml

ガーニッシュ：レモンピール 1 枚
技法：シェーク
グラス：カクテルグラス
氷：キューブドアイス

つくり方

1 | グラスに氷を数個入れてかき混ぜ、グラスを冷やしておく。

2 | すべての材料をシェーカーに入れ、氷 8 〜 10 個を加えて 15 秒シェークする。

3 | グラスの氷を捨てる。

4 | カクテルをダブルストレインでグラスに注ぎ、レモンピールを飾る。

MEMO

ハニーシロップもシュガーシロップと同様に簡単につくれる。はちみつを同量のぬるま湯と混ぜ、はちみつがとければOK。必ず冷蔵庫で保存しよう。

N°65

RUSSIAN
SPRING
PUNCH

ルシアン・
スプリング・パンチ

1980年代のロンドンを
彷彿とさせる

基酒：ウォッカ

アルコールの強さ：強

テイスト：甘口

おすすめのタイミング：食後

おすすめのシチュエーション：デート

カクテル言葉：雅やかな美女

次に
挑戦
するなら | 難易度★
フレンチ・スプリング・パンチ
FRENCH SPRING PUNCH
／p. 308

このカクテルのエピソード

フルーティーさが印象的なこのカクテルは、まさに1980年代のロンドンを象徴している。バーテンダーのディック・ブラッドセルによって創作された。

パーティ用にオリジナルのカクテルを求めていた友人をイメージしたというが、このカクテルの名はレシピの構成そのもので、「ルシアン（ロシア）」はウォッカを、「スプリング（春）」はレッドベリーの味わいを、そして「パンチ」は5つの材料を使っていることを表している。

材料

ウォッカ　50 ml
レモン果汁　25 ml
シュガーシロップ　25 ml
クレーム・ド・カシス　10 ml
シャンパーニュ　50 ml

ガーニッシュ：レモンのスライス 1/2 枚、
ラズベリー 1 個
技法：シェーク
グラス：ハイボールグラス（タンブラー）
氷：キューブドアイス、クラッシュドアイス

つくり方

1 ｜ シャンパーニュ以外の材料をシェーカーに入れ、キューブドアイス 8 〜 10 個を加えて 5 秒シェークする。

2 ｜ クラッシュドアイスをつめたグラスに、カクテルをこしながら注ぐ。

3 ｜ シャンパーニュを満たし、バースプーンで 15 〜 30 回ステアする。

4 ｜ レモンとラズベリーを飾る。

MEMO

シャンパーニュのかわりに、クレマン・ブリュット（辛口スパークリングワイン）を使ってもおいしい。飲みやすいようにストロー 2 本をそえても。

N°66

SOUTH SIDE
サウス・サイド

ミントとライムの風味が
心地よい夏の一杯

基酒：ジン

アルコールの強さ：中

テイスト：中甘口

おすすめのタイミング：食後

おすすめのシチュエーション：デート、ビジネス

カクテル言葉：親友

次に挑戦するなら	難易度★★★
	コープス・リバイバー#2
	CORPSE REVIVER#2／p. 247

このカクテルのエピソード

このショートドリンクの発祥地をめぐっては、ニューヨークの 21 クラブや、ロングアイランドのサウス・サイド・スポーツマンズ・クラブなど諸説ある。

またシカゴという説もあり、シカゴでは 1919 〜 1933 年の禁酒法時代、サウス・サイドと呼ばれる地域のギャングが、このカクテルのロングドリンク版を飲んでいたことで知られている。対立するノースサイドのアウトサイダーが飲むカクテルと区別すべく、この名前がついた可能性はある。

材料

ジン　50 ml
ライム果汁　25 ml
シュガーシロップ　25 ml
ミントの葉　6 枚

ガーニッシュ：ミントの葉 1 枚
技法：シェーク
グラス：カクテルグラス
氷：キューブドアイス

つくり方

1 | グラスに氷を数個入れてかき混ぜ、グラスを冷やしておく。

2 | すべての材料をシェーカーに入れ、氷 8 〜 10 個を加えて 15 秒シェークする。

3 | グラスの氷を捨てる。

4 | カクテルをダブルストレインでグラスに注ぎ、ミントを飾る。

MEMO

このカクテルは、ジンがベースのモヒート（Mojito／p. 71）といえる。

N°67

SIDECAR
サイドカー

コニャックの定番スタイル

基酒：コニャック

アルコールの強さ：強

テイスト：中甘口

おすすめのタイミング：食後

おすすめのシチュエーション：デート、ビジネス

カクテル言葉：いつもふたりで

次に
挑戦
するなら

難易度★★★

ブランデー・クラスタ
BRANDY CRUSTA／p. 241

ブランデー・クラスタ
BRANDY CRUSTA／p. 241

このカクテルのエピソード

このクラシックカクテルも、その起源について
はロンドンやパリをはじめ諸説ある。またパリ
でも、ホテル・リッツのバーとも、ハリーズ・
ニューヨーク・バーともいわれ、はっきりとし
たことはわかっていない。

いずれにしても、パリのハリーズ・ニューヨー
ク・バーのハリー・マッケルホーンは、このカ
クテルのプロモーションにもっとも貢献した
バーテンダーだろう。

サイドカー（側車付二輪自動車）との関係もはっ
きりしないが、19世紀にニューオーリンズの
バーテンダーたちが使っていた隠語と関係があ
るともいわれている。

材料

コニャック　40 ml
コアントロー　20 ml
レモン果汁　20 ml
レモン 適量

ガーニッシュ：レモンのスライス 1/3 枚
デコレーション：砂糖でスノースタイル
技法：シェーク
グラス：カクテルグラス
氷：キューブドアイス

つくり方

1｜ カットしたレモンの表面を、グラスのフチに軽
く押しあて、グラスのフチの半周分にレモン果
汁をつける。この部分に、砂糖をつけてスノー
スタイルをほどこす。

2 ｜ グラスに氷を数個入れてかき混ぜ、グラスを冷
やしておく。

3 ｜ 残りの材料をシェーカーに入れ、氷8〜10個
を加えて15秒シェークする。

4 ｜ グラスの氷を捨てる。

5 ｜ カクテルをダブルストレインでグラスに注ぎ、
レモンを飾る。

MEMO

比較的アルコールの強いカクテルだが、風味のハー
モニーがしっかり出るよう、適切な希釈具合を心
がけてほしい。

N°68

B&B
ビー・アンド・ビー

独特の風味で食後酒にぴったり

基酒：コニャック

アルコールの強さ：強

テイスト：甘口

おすすめのタイミング：食後

おすすめのシチュエーション：デート

カクテル言葉：激しい恋

次に挑戦するなら	難易度★★★
	ジャパニーズ JAPANESE／p. 257

このカクテルのエピソード

20世紀初頭、ニューヨークの21クラブで誕生したカクテル。ブランデーとベネディクティンの頭文字からつけられた名前の通り、このふたつの材料を同じ比率で混ぜてつくる。

特徴的なのは、ベネディクティンを使うこと。ベネディクティンは、1863年からフランスのノルマンディー地方のフェカンでつくられている薬草系リキュールだ。詳しい製法は秘密とされているが、16世紀にベネディクト派修道院でつくられていた薬草酒を、創業者のアレクサンドル・ル・グランが復元したもの。27種ものハーブとスパイスを調合してつくられる。

材料

コニャック　40 ml
ベネディクティン　40 ml

技法：ステア
グラス：カクテルグラス
氷：キューブドアイス

つくり方

1 ｜ カクテルグラスに氷を数個入れてかき混ぜ、グラスを冷やしておく。

2 ｜ 氷をつめたミキシンググラスにコニャックとベネディクティンを注ぎ、バースプーンで20〜30回ステアする。

3 ｜ カクテルグラスの氷を捨てる。

4 ｜ カクテルをグラスにこしながら注ぐ。

MEMO

コニャックのかわりにアルマニャックでつくってもおいしい。

N°69

PENICILLIN
ペニシリン

モダンクラシックの一杯

基酒：スコッチウイスキー

アルコールの強さ：強

テイスト：中甘口

おすすめのタイミング：食後

おすすめのシチュエーション：デート、ビジネス

カクテル言葉：気を引き締める

次に挑戦するなら	難易度★
	ウイスキー・スナッパー WHISKY SNAPPER／p. 351

WHISKY SNAPPER／p. 351

このカクテルのエピソード

薬を思わせるネーミングのこのカクテルは、2005 年に誕生した。作者はニューヨークのこだわり系バー、ミルク・アンド・ハニーのサム・ロス。2000 年代のニューヨークのカクテルシーンを塗りかえた「モダンクラシック」のひとつだ。

オリジナルのレシピでは、ショウガ風味のハニーシロップをつくって使うが、ここではショウガを潰してはちみつを加える手軽なレシピで紹介している。

材料

ショウガの薄切り　1 枚（皮をむく）
スコッチウイスキー　40 ml
ハニーシロップ　15 ml
レモン果汁　25 ml
アイラウイスキー　10 ml

ガーニッシュ：レモンのスライス 1/2 枚
技法：シェーク
グラス：オールドファッショングラス
氷：キューブドアイス

つくり方

1 ｜ ショウガをシェーカーに入れ、ペストルで潰す。

2 ｜ ウイスキー以外の残りの材料を注ぎ、氷 8 〜10 個を加えて 10 秒シェークする。

3 ｜ 氷をつめたグラスに、カクテルをダブルストレインで注ぐ。

4 ｜ ストローをそえ、レモンを飾る。

5 ｜ ウイスキーをカクテルの表面に注ぎ、フロートさせる。

MEMO

ウイスキーをフロートさせることで、このカクテルに繊細なタッチをもたらす。飲むたびに、ウイスキーの香りを感じるというのがコンセプトだ。

N°70

OLD CUBAN
オールド・
キューバン

ニュータイプのモヒート

基酒：ゴールドラム

アルコールの強さ：強

テイスト：中甘口

おすすめのタイミング：食後

おすすめのシチュエーション：デート

カクテル言葉：新たな旅立ち

次に
挑戦
するなら | 難易度 ★★★

ゾンビ
ZOMBIE／p. 273

このカクテルのエピソード

このモダンクラシックなカクテルは、マンハッタンのカーライル・ホテルで 2004 年に誕生した。

作者のオードリー・サンダースは、ニューヨークのカリスマ女性バーテンダー。このカクテルは、モヒート（Mojito ／ p. 71）を再構築し、より都会的かつスマートに仕上げたものだ。シャンパーニュ入りの乾杯用ショートドリンクに進化させている。

材料

プエルトリコ産ゴールドラム 40 ml
ライム果汁 20 ml
シュガーシロップ 20 ml
アンゴスチュラビターズ 2 ダッシュ
ミントの葉 6 枚
シャンパーニュ 30 ml

ガーニッシュ：ミントの葉 適量
技法：シェーク
グラス：カクテルグラス
氷：キューブドアイス

つくり方

1 ｜ グラスに氷を数個入れてかき混ぜ、グラスを冷やしておく。

2 ｜ シャンパーニュ以外の材料をシェーカーに入れ、氷 8 〜 10 個を加えて 10 秒シェークする。

3 ｜ グラスの氷を捨てる。

4 ｜ カクテルをダブルストレインでグラスに注ぎ、シャンパーニュを加える。

5 ｜ ミントを飾る。

MEMO

このカクテルは、シャンパーニュがベースのカクテルというわけではない。あくまでもラムとミントの風味が主役。シャンパーニュは主張せず、ほんの少し発泡感をプラスするというのがねらいだ。

N°71

ESPRESSO MARTINI
エスプレッソ・マティーニ

コーヒーの香りと
ウォッカが出会う

基酒：ウォッカ

アルコールの強さ：強

テイスト：甘口

おすすめのタイミング：食後

おすすめのシチュエーション：デート、ビジネス

カクテル言葉：心の変化

次に挑戦するなら	難易度★
	ブレイブ・ブル BRAVE BULL／p. 291

BRAVE BULL／p. 291

このカクテルのエピソード

1983 年に、ロンドンのバー、ソーホー・ブラッセリーのディック・ブラッドセルが生み出したこのカクテルは、1980 年代に誕生したマティーニの派生形カクテルのなかでも象徴的な存在だ。

バーカウンターの裏にエスプレッソマシンがあり、常にコーヒーの香りが立ち込めていたので、マティーニにエスプレッソを加えてみたのだという。

材料

ウォッカ　40 ml
コーヒーリキュール　15 ml
シュガーシロップ　15 ml
エスプレッソ　1 杯

ガーニッシュ：コーヒー豆 3 粒
技法：シェーク
グラス：カクテルグラス
氷：キューブドアイス

つくり方

1 ｜ グラスに氷を数個入れてかき混ぜ、グラスを冷やしておく。

2 ｜ すべての材料をシェーカーに入れ、氷 8 〜 10 個を加えて 15 秒シェークする。

3 ｜ グラスの氷を捨てる。

4 ｜ カクテルをダブルストレインでグラスに注ぎ、コーヒー豆を飾る。

MEMO

熱いエスプレッソを氷と一緒にシェークすると熱衝撃が生じ、シェーカー内部の圧が少し上昇する場合もある。シェーカーを開けるときは注意しよう。

N°72

SAZERAC
サゼラック

禁酒法時代以前を彩った
金字塔

基酒：コニャック（またはライウイスキー）

アルコールの強さ：強

テイスト：中甘口

おすすめのタイミング：食後

おすすめのシチュエーション：デート、ビジネス

カクテル言葉：起源

次に 挑戦 するなら	難易度★★ ヴュー・カレ VIEUX CARRÉ／p. 221

このカクテルのエピソード

サゼラックは、オールド・ファッションド（Old Fashioned／p. 143）のいとこ的カクテルで、ニューオーリンズにおけるカクテル史を知るうえでの足がかりともなる。

当初はフランスのサゼラック・ド・フォルジュ・エ・フィス社のコニャックと、ペイショーズビターズをベースに、薬用酒としてつくられていた。やがてライウイスキーとアブサンが加わり、この偉大なるクラシックカクテルのレシピは時代とともに進化していった。

材料

アブサン（リンス用）　15 ml
コニャック（またはライウイスキー）50 ml
シュガーシロップ　10 ml
ペイショーズビターズ　2ダッシュ

ガーニッシュ：レモンピール 1 枚
技法：ステア
グラス：オールドファッションドグラス
氷：キューブドアイス

つくり方

1｜アブサンと氷 3 個をオールドファッションドグラスに入れてまわし、グラスを冷やしながらアブサンの風味をつける。

2｜氷をつめたミキシンググラスに残りの材料すべてを入れ、バースプーンで 20 〜 30 回ステアする。

3｜オールドファッションドグラスのアブサンと氷を捨てる。

4｜カクテルをこしながらグラスに注ぎ、レモンピールを飾る。

MEMO

1 のテクニックはリンスという。グラスにアルコールを少し入れ、グラス全体にアルコールをまわしつけるようにしてアルコールをコーティングし、香りと風味だけをつけるテクニックだ。

N°73

BOBBY BURNS

ボビー・バーンズ

スコットランドの詩聖によせて

基酒：スコッチウイスキー

アルコールの強さ：強

テイスト：中甘口

おすすめのタイミング：食後

おすすめのシチュエーション：デート

カクテル言葉：言葉が見つからない

次に挑戦するなら	難易度 ★★★
	ホット・トディ HOT TODDY／p. 263

このカクテルのエピソード

ボビー・バーンズという名は、18世紀のスコットランドの詩人、ロバート・バーンズに由来する。ロブ・ロイ（Rob Roy／p.165）のアンゴスチュラビターズを、ベネディクティンに変更したアレンジ版のカクテルだ。ちなみにロブ・ロイという名前もまた、スコットランドの英雄に由来している。

ボビー・バーンズは、1925年にロンドンのサヴォイ・ホテルのハリー・クラドックにより考案されたといわれ、その後、1930年に出版された『サヴォイ・カクテルブック』にも紹介された。

材料

スコッチウイスキー　40 ml
スイートベルモット　40 ml
ベネディクティン　5 ml

ガーニッシュ：レモンピール1枚
技法：ステア
グラス：カクテルグラス
氷：キューブドアイス

つくり方

1 ｜ カクテルグラスに氷を数個入れてかき混ぜ、グラスを冷やしておく。

2 ｜ 氷をつめたミキシンググラスにすべての材料を入れ、バースプーンで20〜30回ステアする。

3 ｜ カクテルグラスの氷を捨てる。

4 ｜ カクテルをこしながらグラスに注ぎ、レモンピールを飾る。

MEMO

このカクテルは配合違いでいくつかバリエーションが存在する。ウイスキーをベースにしたはちみつ風味のリキュール、ドランブイをベネディクティンのかわりに使うレシピはそのひとつだ。ぜひとも試してほしい。

N°74

BLOOD AND SAND

ブラッド・アンド・サンド

気分は闘牛士

基酒：スコッチウイスキー

アルコールの強さ：強

テイスト：中甘口

おすすめのタイミング：食後

おすすめのシチュエーション：デート、ビジネス

カクテル言葉：切なさがとまらない

次に挑戦するなら	難易度★★
	ウェディング・ベルズ WEDDING BELLS／p. 351

このカクテルのエピソード

クラシックカクテルにしては珍しく、スコッチウイスキーを使用するのが特徴。フルーティーな風味と軽いスモーキーな風味が織りなす繊細なテイストに、飲んだ瞬間、ハッとすることだろう。

フレッド・ニブロ監督、ルドルフ・ヴァレンティノ主演のアメリカ映画『血と砂』をイメージして、ロンドンのサヴォイ・ホテルのハリー・クラドックが創作した。レシピはその後、1930年に出版されたクラドックの『サヴォイ・カクテルブック』で紹介された。

材料

スコッチウイスキー　40 ml
スイートベルモット　20 ml
オレンジ果汁　20 ml
チェリーリキュール　10 ml

技法：シェーク
グラス：カクテルグラス
氷：キューブドアイス

つくり方

1 ｜ グラスに氷を数個入れてかき混ぜ、グラスを冷やしておく。

2 ｜ すべての材料をシェーカーに入れ、氷8〜10個を加えて15秒シェークする。

3 ｜ グラスの氷を捨てる。

4 ｜ カクテルをダブルストレインでグラスに注ぐ。

MEMO

オレンジ果汁のかわりに果肉の赤味が強いビターオレンジ果汁を使えば、より「bloody（血まみれ）」な見た目が演出できる。

N°75

VIEUX CARRÉ
ヴュー・カレ

フランスの古きよき思い出

基酒：コニャック、バーボンウイスキー

アルコールの強さ：強

テイスト：中口

おすすめのタイミング：食後

おすすめのシチュエーション：デート

カクテル言葉：深く考えるとき

次に 挑戦 するなら	難易度★★★
	グリーン・ポイント GREENPOINT／p. 271

このカクテルのエピソード

ニューオーリンズのホテル・モンテレオーネのバーテンダー、ワルター・ベルジュロンが、1930 年代後半に創作したカクテル。瞬く間にクラシックカクテルの仲間入りをし、ニューオーリンズのカクテル史にその名を刻んだ。とりわけ、この町で生まれたペイショーズビターズを使っているのが特徴。名前のヴュー・カレとは、ニューオーリンズの地区のひとつ。入植者だったフランスの雰囲気を感じさせるこの地区には、多くのカクテルバーが誕生した。

材料

コニャック　25 ml
バーボンウイスキー　25 ml
スイートベルモット　25 ml
ベネディクティン　10 ml
アンゴスチュラビターズ　2 ダッシュ
ペイショーズビターズ　2 ダッシュ

ガーニッシュ：レモンピール 1 枚
技法：ステア
グラス：オールドファッショングラス
氷：キューブドアイス

つくり方

1 | ミキシンググラスに氷をつめ、すべての材料を入れ、バースプーンで 20 〜 30 回ステアする。

2 | 氷をつめたオールドファッショングラスにカクテルをこしながら注ぐ。

3 | レモンピールを飾る。

MEMO

サゼラック（Sazerac ／ p. 215）のいとこ的存在のカクテルだが、よりまろやかで、ビターズとベネディクティンのスパイシーなアクセントが特徴。

N°76

BRONX
ブロンクス

**禁酒法時代以前の
ニューヨークを味わう**

基酒：ジン

アルコールの強さ：強

テイスト：中甘口

おすすめのタイミング：食後

おすすめのシチュエーション：デート

カクテル言葉：まやかし

次に
挑戦
するなら ｜ 難易度★

サタンズ・ウイスカーズ
SATAN'S WHISKERS／p. 337

このカクテルのエピソード

ジンに2種のベルモットでつくるカクテル、パーフェクト・マティーニ（Perfect Martini）にオレンジ果汁を加えたレシピ。アメリカの禁酒法時代以前に誕生した多くのカクテルと同じく、このブロンクスの生い立ちについてもいくつか説がある。

考案者として名前があがっているのはふたりのバーテンダーだ。高級ホテルとして名高いウォルドーフ・アストリアのジョニー・ソランと、ブロンクス地区のレストランオーナーであるジョセフ・ソルマーニ。どちらが生みの親にせよ、ニューヨーク市の行政区の名を冠したこのカクテルは、偉大なるクラシックカクテルの座に君臨している。

材料

ジン　40 ml
ドライベルモット　15 ml
スイートベルモット　15 ml
オレンジ果汁　15 ml

ガーニッシュ：オレンジピール1枚
技法：シェーク
グラス：カクテルグラス
氷：キューブドアイス

つくり方

1 ｜ グラスに氷を数個入れてかき混ぜ、グラスを冷やしておく。

2 ｜ すべての材料をシェーカーに入れ、氷8～10個を加えて15秒シェークする。

3 ｜ グラスの氷を捨てる。

4 ｜ カクテルをダブルストレインでグラスに注ぎ、オレンジピールを飾る。

MEMO

ベルモットは白ワインに香草やスパイスで香りをつけた食前酒。その複雑なフレーバーを逃さないよう、いったん開栓したら必ず冷蔵庫で保存すること。

N°77

REMEMBER THE MAINE

リメンバー・
ザ・メイン

ハバナの年代記を刻む

基酒：バーボンウイスキー

アルコールの強さ：強

テイスト：中甘口

おすすめのタイミング：食後

おすすめのシチュエーション：デート

カクテル言葉：復讐

次に 挑戦 するなら	難易度 ★★★
	ブルックリン BROOKLYN／p. 265

このカクテルのエピソード

マンハッタン（Manhattan ／ p.133）から派生したこの美しいカクテルは、甘口のテイストが特徴。

メインという名は、アメリカ海軍の戦艦メインに由来する。1898 年 2 月 15 日、この戦艦がハバナ湾で爆破されると、アメリカ合衆国議会の前ではスペインへの報復を求めて「リメンバー・ザ・メイン（メイン号事件を忘れるな）」というスローガンが叫ばれた。

その数年後、アメリカ人ジャーナリストのチャールズ・H・ベーカーは、自著のカクテルブックで、キューバの 1933 年革命のときに、このカクテルを飲んだ思い出を綴っている。

材料

バーボンウイスキー　50 ml
スイートベルモット　25 ml
チェリーリキュール　10 ml
アブサン　6 滴（0.3ml）

ガーニッシュ：マラスキーノチェリー 1 個
技法：ステア
グラス：カクテルグラス
氷：キューブドアイス

つくり方

1｜カクテルグラスに氷を数個入れてかき混ぜ、グラスを冷やしておく。

2｜氷をつめたミキシンググラスにすべての材料を入れ、バースプーンで 20 〜 30 回ステアする。

3｜カクテルグラスの氷を捨てる。

4｜カクテルをこしながらグラスに注ぎ、チェリーを飾る。

MEMO

マンハッタンに比べ、アブサンの薬草風味が複雑さをもたらしている。また、チェリーリキュールが入ることでよい香りがただよう。

N°78

IRISH COFFEE
アイリッシュ・コーヒー

アイルランド風コーヒー

基酒：アイリッシュウイスキー

アルコールの強さ：中

テイスト：中甘口

おすすめのタイミング：食後

おすすめのシチュエーション：デート

カクテル言葉：あたためて

次に
挑戦
するなら

難易度★★★

メキシカン・コーヒー
MEXICAN COFFEE／p. 321

このカクテルのエピソード

アイリッシュ・コーヒーはもっとも有名なホットドリンク。寒い季節にぴったりで、活力を与えてくれる。

このカクテルは 1930 年代にアイルランドで誕生した。大西洋横断の乗り継ぎ便を待つ間、寒さに震える乗客のために、フォインズ空港で提供されたのがはじまりだといわれている。それゆえ、このカクテルにはアイリッシュウイスキーが欠かせない。

材料

アイリッシュウイスキー　50 ml
シュガーシロップ　15 ml
アメリカンコーヒー（MEMO 参照）　80 ml
生クリーム　80 ml
熱湯 適量

技法：ビルド、シェーク
グラス：ワイングラス（250ml 程度、耐熱性のもの）

つくり方

1｜ワイングラスに熱湯を入れてあたためておく。この間にコーヒーをいれる。

2｜グラスの湯を捨て、ウイスキーとシロップを注ぎ、さらにコーヒーを注ぐ。バースプーンで 7 回前後ステアする。

3｜生クリームをシェーカーに入れてふたをし、氷なしで力強く 20 秒シェークする。

4｜3 のシェークした生クリームを、バースプーンの背を伝わせてカクテルの表面にフロートする。

MEMO

アメリカンコーヒーは、浅煎りで焙煎したコーヒー豆でいれたコーヒー。生クリームは、すでにホイップされた市販品ではなく、その場で泡立てたものを使いたい。味わいに差が出る。

N°79

EL PRESIDENTE
エル・プレジデンテ

大統領の名を戴く

基酒：ゴールドラム	
アルコールの強さ：強	
テイスト：中甘口	
おすすめのタイミング：食後	
おすすめのシチュエーション：デート	
カクテル言葉：プライド	

次に挑戦するなら	難易度★★
	フロリディータ FLORIDITA／p. 307

このカクテルのエピソード

1919〜1933年のアメリカの禁酒法時代、ハバナ各地のバーではいくつもカクテルが誕生したが、エル・プレジデンテもその時代に生まれたクラシックカクテルのひとつ。当時主流だったモヒート (Mojito ／ p. 71) やダイキリ (Daiquiri ／ p. 109) などのラムがベースのカクテルではなく、マンハッタン (Manhattan ／ p.133) やドライ・マティーニ（Dry Martini ／ p. 97）の流れを汲んでいる。

エル・プレジデンテ（大統領）という名は、1933年革命までキューバの政権を握っていた、ヘラルド・マチャド大統領に由来する。

材料

キューバ産ゴールドラム　40 ml
ドライベルモット　15 ml
コアントロー　10 ml
グレナデンシロップ　5 ml

ガーニッシュ：オレンジピール1枚
技法：ステア
グラス：カクテルグラス
氷：キューブドアイス

つくり方

1 ｜ カクテルグラスに氷を数個入れてかき混ぜ、グラスを冷やしておく。

2 ｜ 氷をつめたミキシンググラスにすべての材料を入れ、バースプーンで20〜30回ステアする。

3 ｜ カクテルグラスの氷を捨てる。

4 ｜ カクテルをこしながらグラスに注ぎ、オレンジピールを飾る。

MEMO

このカクテルもバリエーションが多く存在し、なかでもスイートベルモットを使ったものが有名。もっとまろやかで、このカクテルとは味わいの表現が異なる。

N°80

LAST WORD
ラスト・ワード

思いがけない感動をもたらす

基酒：ジン

アルコールの強さ：強

テイスト：中甘口

おすすめのタイミング：食後

おすすめのシチュエーション：デート

カクテル言葉：淑女の微笑み

次に挑戦するなら	難易度★★
	ニュークリア・ダイキリ NUCLEAR DAIQUIRI／p. 325

このカクテルのエピソード

1925 年に、デトロイト・アスレチック・クラブで誕生したこのカクテルは、1919 〜 1933 年の禁酒法時代の最中にあったため、考案者の名は伏せられた。時を経て、シアトルのジグザグ・カフェのバーテンダー、マレー・ステンソンが、1951 年に刊行されたテッド・ソーシエのカクテルブック『ボトムズ・アップ』でこのカクテルのレシピを見つけ、現代によみがえらせた。

4 つの材料を同量で配合し、ライムのやさしい酸味、シャルトリューズの薬草風味、マラスキーノのチェリーの香味、ジンの力強さがハーモニーを織りなす。

材料

ジン　20 ml
シャルトリューズ・ヴェール（グリーン）　20 ml
ライム果汁　20 ml
マラスキーノ　20 ml

ガーニッシュ：マラスキーノチェリー 1 個
技法：シェーク
グラス：カクテルグラス
氷：キューブドアイス

つくり方

1 ｜ グラスに氷を数個入れてかき混ぜ、グラスを冷やしておく。

2 ｜ すべての材料をシェーカーに入れ、氷 8 〜 10 個を加えて 20 秒シェークする。

3 ｜ グラスの氷を捨てる。

4 ｜ カクテルをダブルストレインで注ぎ、チェリーを飾る。

MEMO

このカクテルはアルコール感も甘さも強すぎないのが理想なので、シェークによりとけ出る水分量をおそれず、大胆にシェークして OK。

NIVEAU 3

上級

難易度★★★

レシピ20

中級編までをおえ
ほとんどのテクニックと風味の組みあわせにも慣れたはずだ。
はじめての材料や新たな経験にチャレンジしたいのではないだろうか。

ここではより味わい深いレシピを紹介している。
アルコール度数も高めのカクテルが多い。
スタンダードな 100 レシピを制覇した暁には
自分だけのカクテルへのこだわりが生まれていることだろう。

N°81

AIR MAIL
エアメール

フレンチ75の
カリブバージョン

基酒：ゴールドラム

アルコールの強さ：強

テイスト：中甘口

おすすめのタイミング：食後

おすすめのシチュエーション：デート、グループ

カクテル言葉：国境を越えた愛、異文化の融合

次に
挑戦
するなら
難易度★
バナナ・ダイキリ
BANANA DAIQUIRI／p. 284

エアメールは1950年代末、アメリカのバーやレストランのメニューにはじめて登場した。しかし、このカクテルの具体的な誕生の経緯や考案者についてはほとんど知られていない。

とはいえ、フレンチ75（French 75／p.183）のジンとシュガーシロップを、ラムとハニーシロップに置きかえ、カリブ風にアレンジしたのは確かだ。

材料

キューバ産ゴールドラム　40 ml
ライム果汁　20 ml
ハニーシロップ　20 ml
シャンパーニュ　60 ml

ガーニッシュ：くし形にカットしたライム1切れ
技法：シェーク
グラス：カクテルグラス
氷：キューブドアイス

つくり方

1 ｜ グラスに氷を数個入れてかき混ぜ、グラスを冷やしておく。

2 ｜ シャンパーニュ以外の材料をシェーカーに入れ、氷8〜10個を加えて10秒シェークする。

3 ｜ グラスの氷を捨てる。

4 ｜ カクテルをこしながらグラスに注ぎ、シャンパーニュを満たす。

5 ｜ ライムを飾る。

MEMO

ミントの葉を飾ってもOK。ハニーシロップもシュガーシロップと同様に簡単につくれる（p. 199）ので、つくってみてほしい。

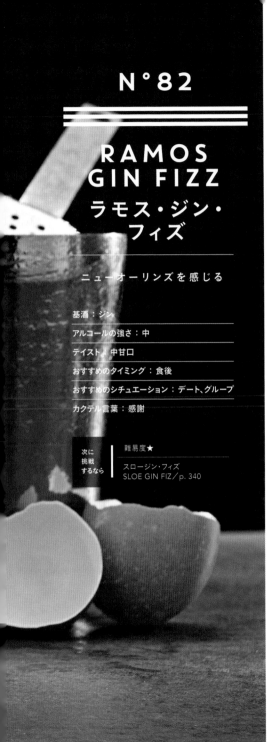

N°82

RAMOS GIN FIZZ
ラモス・ジン・フィズ

ニューオーリンズを感じる

基酒：ジン

アルコールの強さ：中

テイスト♪ 中甘口

おすすめのタイミング：食後

おすすめのシチュエーション：デート、グループ

カクテル言葉：感謝

次に挑戦するなら	難易度★
	スロージン・フィズ SLOE GIN FIZ／p. 340

このカクテルのエピソード

まさに、バーテンダー泣かせのカクテル！この偉大なクラシックカクテルは、1880年代にヘンリー・C・ラモスがニューオーリンズで考案したもの。シェークに12分も要するため、数名のバーテンダーが交替でシェークしたという。やがて、このカクテルがニューオーリンズのスタンダードになると、手まわしハンドルつきのシェークマシンまで開発された。

もうひとつの特徴は、材料がかなり独特で、このカクテルならではの風味と質感をもたらしていることだ。

材料

ジン　50 ml
ライム果汁　15 ml
レモン果汁　15 ml
卵白　15 ml
シュガーシロップ　25 ml
生クリーム　25 ml
オレンジフラワーウォーター（MEMO 参照）　5 ml
炭酸水　30 ml

技法：シェーク
グラス：ハイボールグラス（タンブラー）
氷：キューブドアイス

つくり方

1 ｜ 炭酸水以外の材料をシェーカーに入れ、氷8〜10個を加えて3分シェークする。

2 ｜ カクテルをグラス（氷なし）にこしながら注ぐ。

3 ｜ 炭酸水を満たす。

MEMO

このレシピではシェーク時間は3分だが、もっと長く振って、味わいの違いをたのしむのもいいだろう。このカクテルは氷を入れずに提供するので、それを考慮した容量のグラスを選び、炭酸水はキンキンに冷やしておくこと。オレンジフラワーウォーターは、ダイダイの花びらを水蒸気蒸留して風味をつけたものだ。

N°83

ALASKA
アラスカ

マティーニ系カクテル

基酒：ジン

アルコールの強さ：強

テイスト：中甘口

おすすめのタイミング：食後

おすすめのシチュエーション：デート、ビジネス

カクテル言葉：偽りなき心

次に 挑戦 するなら	難易度★★
	ザ・スタンダード THE STANDARD／p. 345

このカクテルのエピソード

マティーニの一種であるこのレシピが最初に登場したのは、1930年刊行の『サヴォイ・カクテルブック』。

著者のハリー・クラドックは、「アラスカという名ではあるが、このカクテルはアラスカ先住民の愛飲酒というわけではない」と記している。

材料

ジン　50 ml
シャルトリューズ・ジョーヌ（イエロー）　10 ml
オレンジビターズ　1ダッシュ

技法：シェーク
グラス：カクテルグラス
氷：キューブドアイス

つくり方

1 ｜ グラスに氷を数個入れてかき混ぜ、グラスを冷やしておく。

2 ｜ すべての材料をシェーカーに入れ、氷8〜10個を加えて15秒シェークする。

3 ｜ グラスの氷を捨てる。

4 ｜ カクテルをダブルストレインでグラスに注ぐ。

MEMO

オリジナルレシピには、オレンジビターズは入っていないが、オレンジビターズを加えることで、より繊細な風味に仕上がる。

N°84

BRANDY CRUSTA
ブランデー・クラスタ

サイドカーの前身

基酒：コニャック

アルコールの強さ：強

テイスト：中甘口

おすすめのタイミング：食後

おすすめのシチュエーション：デート、ビジネス

カクテル言葉：時間よ、とまれ

次に 挑戦 するなら	難易度★★
	ビトゥイーン・ザ・シーツ BETWEEN THE SHEETS ／p. 286

このカクテルのエピソード

このカクテルが日の目を見たのは、19世紀中ごろのニューオーリンズ。イタリアのバーテンダー、ジョゼフ・サンティーニによって創作された。非常にまろやかで、食後酒として理想的なカクテルだ。

「皮」を意味するクラスタという名の由来は、グラスのフチに砂糖でスノースタイルをほどこすことから。やがて「クラスタ」はカクテルのスタイルとなった。

原則はスノースタイルで、レモン果汁とピールを使うこと。このブランデー・クラスタは、サイドカー（Sidecar ／ p. 205）の誕生に影響を与えたといわれている。

材料

コニャック　50 ml
コアントロー　15 ml
レモン果汁　15 ml
マラスキーノ　5 ml
アンゴスチュラビターズ　2 ダッシュ
レモン　適量

ガーニッシュ：長くむいたレモンピール 1 枚
デコレーション：砂糖でスノースタイル
技法：シェーク
グラス：ワイングラス
氷：キューブドアイス

つくり方

1｜ カットしたレモンの表面を、グラスのフチに軽く押しあて、グラスのフチにレモン果汁をつける。この部分に、砂糖をつけてスノースタイルをほどこす。

2｜ 残りの材料をシェーカーに入れ、氷 8 〜 10 個を加えて 15 秒シェークする。

3｜ カクテルをこしながらグラスに注ぎ、レモンピールを飾る。

MEMO

長くむいたレモンピールは、グラスの内側にそわせるようにし、飲んだときに口に触れるように飾ること。

N°85

TUXEDO
タキシード

ドライ・マティーニの直系

基酒：ジン

アルコールの強さ：強

テイスト：中辛口

おすすめのタイミング：食後

おすすめのシチュエーション：デート、ビジネス

カクテル言葉：神秘な輝き

次に挑戦するなら	難易度 ★★★
	マルティネス MARTINEZ／p. 261

このカクテルのエピソード

このカクテルは、ドライ・マティーニ（Dry Martini ／ p. 97）の派生形のなかでも直系のバリエーション。本家よりアルコールは軽めだが、香味はより主張する。マラスキーノ、オレンジビターズ、アブサンの存在が秀逸で、ドライなジンとベルモットのベースにまろやかさをもたらす。

このレシピをはじめて紹介したのは、1862年に出版されたジェリー・トーマスの『バーテンダーズ・ガイド』。それゆえ、1886年にオープンしたニューヨークのタキシード・クラブは発祥の地というわけではないが、タキシードの名はこのクラブにちなんでいる。

材料

ジン　40 ml
ドライベルモット　40 ml
マラスキーノ　5 ml
オレンジビターズ　1 ダッシュ
アブサン　6 滴（0.3ml）

ガーニッシュ：レモンピール 1 枚
技法：ステア
グラス：カクテルグラス
氷：キューブドアイス

つくり方

1 ｜ カクテルグラスに氷を数個入れてかき混ぜ、グラスを冷やしておく。

2 ｜ 氷をつめたミキシンググラスにすべての材料を入れ、バースプーンで 20 〜 30 回ステアする。

3 ｜ カクテルグラスの氷を捨てる。

4 ｜ カクテルをこしながらグラスに注ぎ、レモンピールを飾る。

MEMO

このカクテルには、アブサンの入らないバージョンもある。

N°86

DEATH IN
THE AFTER-
NOON
デス・イン・ジ・アフタヌーン

ヘミングウェイの
作品をしのぶ

基酒：シャンパーニュ

アルコールの強さ：強

テイスト：中口

おすすめのタイミング：食後

おすすめのシチュエーション：デート

カクテル言葉：非情な心

次に
挑戦
するなら │ 難易度★★

アブサン・カクテル
ABSINTHE COCKTAIL／p. 278

このカクテルのエピソード

1932 年刊行の「デス・イン・ジ・アフタヌーン（午後の死）」は、著者アーネスト・ヘミングウェイの闘牛への情熱を物語るノンフィクション。作品名は、闘牛の最後に雄牛が死ぬことを暗示している。

ヘミングウェイは、このカクテルのアルコール度数の高さを闘牛になぞらえ、「3 杯も飲めば、死の淵にいる雄牛の苦しみを味わえる」と語った。

このカクテルは 1945 年に出版された、著名人 30 名によるカクテルブックに登場している。

材料

アブサン　15 ml
シュガーシロップ　10 ml
シャンパーニュ　100 ml

技法：ビルド
グラス：フルート型シャンパーニュグラス

つくり方

1 │ アブサン、シロップ、シャンパーニュの順でグラスに注ぐ。

MEMO

シュガーシロップの量は好みで調整してもいいだろう。

N°87

CORPSE REVIVER#2
コープス・リバイバー#2

ジンとリレ・ブランで死者も蘇る

基酒：ジン

アルコールの強さ：強

テイスト：甘口

おすすめのタイミング：食後

おすすめのシチュエーション：デート

カクテル言葉：死んでもあなたと

次に挑戦するなら	難易度★
	セブンス・ヘブン SEVENTH HEAVEN／p. 339

このカクテルのエピソード

コープス・リバイバーには、「死者を蘇らせる」という意味がある。

このカクテルには4つのバージョンが存在し、テイストの好みと飲むシーンによってそれぞれ親しまれていたが、ブランデーをベースにしたほかのバージョンはすたれ、軽く飲みやすいジンベースの#2だけが残った。

この#2は、1930年に刊行されたハリー・クラドックの『サヴォイ・カクテル・ブック』にも登場している。

材料

ジン　20 ml
リレ・ブラン（p.177）　20 ml
コアントロー　20 ml
レモン果汁　20 ml
アブサン　6滴（0.3ml）

ガーニッシュ：レモンピール1枚
技法：シェーク
グラス：カクテルグラス
氷：キューブドアイス

つくり方

1｜ グラスに氷を数個入れてかき混ぜ、グラスを冷やしておく。

2｜ すべての材料をシェーカーに入れ、氷8〜10個を加えて15秒シェークする。

3｜ グラスの氷を捨てる。

4｜ カクテルをダブルストレインでグラスに注ぎ、レモンピールを飾る。

MEMO

ヴェスパー（Vesper／p.177）もそうだが、このカクテルもオリジナルレシピでは、リレ・ブランではなくキナ・リレを使用している。キナ・リレはその名が示すとおり、キナの樹脂から取れるキニーネを含んでいる。

N°88

WHISKY FLIP
ウイスキー・フリップ

フリップにトライ！

基酒：スコッチウイスキー

アルコールの強さ：強

テイスト：甘口

おすすめのタイミング：食後

おすすめのシチュエーション：デート

カクテル言葉：活力がみなぎる

次に挑戦するなら	難易度★★
	ボストン・フリップ BOSTON FLIP／p. 290

このカクテルのエピソード

卵黄をカクテルに使うというと驚くかもしれないが、卵を丸ごと使うことでこのカクテル特有のシルキーな質感が生まれる。
フリップ（p.11）は、1862年に出版されたジェリー・トーマスの『バーテンダーズ・ガイド』に登場して以来、卵を使うカクテルとしてジャンルを確立した。このウイスキー・フリップはデザートのようで、クリーム系リキュールを思わせる味わいだ。

材料

スコッチウイスキー　50 ml
シュガーシロップ　15 ml
アンゴスチュラビターズ　2 ダッシュ
卵　1 個

ガーニッシュ：ナツメグ（すりおろす）適量
技法：シェーク
グラス：ワイングラス
氷：キューブドアイス

つくり方

1 ｜ グラスに氷を数個入れてかき混ぜ、グラスを冷やしておく。

2 ｜ すべての材料をシェーカーに入れ、まずは氷なしで10秒シェークする。

3 ｜ 氷8〜10個を加え、さらに15秒シェークする。

4 ｜ グラスの氷を捨てる。

5 ｜ カクテルをこしながらグラスに注ぎ、ナツメグをすりおろす。

MEMO

このレシピのウイスキーをバーボンウイスキーやライウイスキー、ラム、コニャックなどの蒸留酒にかえれば、オリジナルのフリップがたのしめる。

N°89

PENDENNIS
COCKTAIL
ペンデニス・
カクテル

ケンタッキー州ルイビル発

基酒：ジン

アルコールの強さ：強

テイスト：甘口

おすすめのタイミング：食後

おすすめのシチュエーション：デート

カクテル言葉：心地よいひととき

次に 挑戦 するなら	難易度★★
	サタン SATURN／p. 338

このカクテルのエピソード

ケンタッキー州ルイビルの社交クラブ、ペンデニス・クラブの名を冠したこのカクテルは、このクラブで 1930 年代に誕生した。それに先立つこと数十年前には、オールド・ファッションド（Old Fashioned／p. 143）が、やはりこのクラブで誕生したといわれている。

ペンデニス・カクテルは、アプリコットとライムの出会いがかつてない味わいのハーモニーを生み出し、一度飲んだら確実にハマるおいしさだ。

材料

ジン　40 ml
クレーム・ダブリコ（アプリコット）　10 ml
ライム果汁　25 ml
シュガーシロップ　15 ml
ベイショーズビターズ　2 ダッシュ

ガーニッシュ：くし形にカットしたライム 1 切れ
技法：シェーク
グラス：カクテルグラス
氷：キューブドアイス

つくり方

1 ｜ グラスに氷を数個入れてかき混ぜ、グラスを冷やしておく。

2 ｜ すべての材料をシェーカーに入れ、氷 8 〜 10 個を加えて 15 秒シェークする。

3 ｜ グラスの氷を捨てる。

4 ｜ カクテルをダブルストレインでグラスに注ぎ、ライムを飾る。

MEMO

フルーツがベースのリキュールとクレームの違いは、砂糖の含有量による。EU 諸国でリキュールは 1 ℓ あたり 100g 以上、クレームは 250g 以上と定められている。

N°90

CHICAGO FIZZ
シカゴ・フィズ

20世紀初頭、アメリカで
人気を集めたカクテル

基酒：ゴールドラム

アルコールの強さ：強

テイスト：甘口

おすすめのタイミング：食後

おすすめのシチュエーション：デート

カクテル言葉：陰の立て役者

次に
挑戦
するなら
難易度★
コンチネンタル・サワー
CONTINENTAL SOUR／p. 298

このカクテルのエピソード

このカクテルは、1914 年、ジャック・スト
ローブ著『ドリンクス』においてはじめて登場
し、1919 ～ 1933 年の禁酒法時代以前にもて
はやされ、ニューヨークのホテル、ウォルドー
フ・アストリアの名物カクテルとして知られた。
ポートワインを使うのが特徴で、ゴールドラム
がベースのこのカクテルに深みをもたらしてい
る。

材料

ゴールドラム　40 ml
レモン果汁　20 ml
シュガーシロップ　20 ml
卵白　15 ml
炭酸水　40 ml
ルビーポートワイン　20 ml

技法：シェーク
グラス：ハイボールグラス（タンブラー）
氷：キューブドアイス

つくり方

1｜ラム、レモン果汁、シロップ、卵白をシェーカー
に入れる。

2｜まずは氷なしで 10 秒シェークする。

3｜氷 8 ～ 10 個を加え、さらに 10 秒シェークする。

4｜氷をつめたグラスにカクテルをこしながら注
ぐ。

5｜炭酸水を満たし、ポートワインを注ぐ。

MEMO

ジン・フィズ（Gin Fizz ／ p. 179）とつくり方の
手順は同じだが、このカクテルは氷を入れて提供
するので、その分、かさが増す。

N°91

ADONIS
アドニス

ブロードウェイの夕暮れ

基酒：アモンティリャード、スイートベルモット

アルコールの強さ ： 強

テイスト ： 中甘口

おすすめのタイミング ： 食後

おすすめのシチュエーション ： デート、ビジネス

カクテル言葉 ： 謙虚

次に挑戦するなら	難易度★★
	バンブー BAMBOO／p. 283

バンブー BAMBOO／p. 283

このカクテルのエピソード

飲み心地が軽いので、食前酒にぴったりだ。このカクテル誕生の舞台は、1880年代のニューヨーク。『アドニス』というミュージカルの上演回数がブロードウェイ史上初の500回を超えたのを祝して、ウォルドーフ・アストリア・ホテルのバーで考案された。

材料

アモンティリャード（シェリー）　40 ml
スイートベルモット　40 ml
オレンジビターズ　1ダッシュ

ガーニッシュ：オレンジピール1枚
技法：ステア
グラス：カクテルグラス
氷：キューブドアイス

つくり方

1 ｜ カクテルグラスに氷を数個入れてかき混ぜ、グラスを冷やしておく。

2 ｜ 氷をつめたミキシンググラスにすべての材料を入れ、バースプーンで20〜30回ステアする。

3 ｜ カクテルグラスの氷を捨てる。

4 ｜ カクテルをこしながらグラスに注ぎ、オレンジピールを飾る。

MEMO

ベルモットやシェリーといった酒精強化ワインは劣化しやすいので、香りや味わいの変化を防ぐために、一度開栓したら必ず冷蔵庫で保存すること。

N°92

JAPANESE
ジャパニーズ

未知の味わい

基酒：コニャック

アルコールの強さ：強

テイスト：甘口

おすすめのタイミング：食後

おすすめのシチュエーション：デート

カクテル言葉：至福のひととき

次に挑戦するなら　難易度★★

ヤング・マン
YOUNG MAN／p. 353

このカクテルのエピソード

食後酒におすすめしたいこのカクテルは、意表をついた材料の組みあわせが特徴。スイートアーモンドが主原料のアーモンドシロップが、コニャックのナッツを思わせる風味とあいまって、ビターズの余韻が長く続く。

このレシピがはじめてお目見えしたのは、ニューヨーク伝説のバーテンダー、ジェリー・トーマスが 1862 年に著した『バーテンダーズ・ガイド』。ちなみに、日本とはまったく関係がない。

材料

コニャック　60 ml
アーモンドシロップ　15 ml
アンゴスチュラビターズ　2 ダッシュ

ガーニッシュ：レモンピール 1 枚
技法：ステア
グラス：カクテルグラス
氷：キューブドアイス

つくり方

1｜ カクテルグラスに氷を数個入れてかき混ぜ、グラスを冷やしておく。

2｜ 氷をつめたミキシンググラスにすべての材料を入れ、バースプーンで 20 〜 30 回ステアする。

3｜ カクテルグラスの氷を捨てる。

4｜ カクテルをこしながらグラスに注ぎ、レモンピールを飾る。

MEMO

コニャックのかわりに、樽熟成のほかのブランデーを使っても。とくにアルマニャックは、コニャックと似た風味をカクテルにもたらしてくれる。

N°93

BOULE
VARDIER
ブールヴァルディエ

アメリカ出身のネグローニ

基酒：バーボンウイスキー

アルコールの強さ：強

テイスト：中口

おすすめのタイミング：食後

おすすめのシチュエーション：デート、ビジネス

カクテル言葉：尊敬

次に挑戦するなら	難易度★
	ロジータ ROSITA／p. 334

ロジータ
ROSITA／p. 334

このカクテルのエピソード

このクラシックカクテルは、イタリア生まれのネグローニ（Negroni ／ p.137）の親戚といったところだろう。パリで 1927 〜 1932 年に刊行された月刊誌『Boulevardier（ブールヴァルディエ、伊達男)』のジャーナリスト、アースキン・グィンが創案したといわれている。ネグローニのジンをバーボンウイスキーにかえることで、より複雑な香味がもたらされ、このカクテルの味わいを特徴づけている。材料のハーモニーが、本家よりもさらにまろやかでウッディなテイストを生み出す。

材料

バーボンウイスキー　30 ml
カンパリ　30 ml
スイートベルモット　30 ml

ガーニッシュ：オレンジのスライス 1/2 枚
技法：ビルド
グラス：オールドファッションドグラス
氷：キューブドアイス

つくり方

1 ｜ 氷をつめたグラスにすべての材料を注ぎ、バースプーンで 20 回前後ステアする。

2 ｜ オレンジを飾る。

MEMO

バーボンウイスキーのかわりにライウイスキーを使ってもいい。

N°94

MARTINEZ
マルティネス

マティーニの原型

基酒：ジン

アルコールの強さ：強

テイスト：中口

おすすめのタイミング：食後

おすすめのシチュエーション：デート、ビジネス

カクテル言葉：革命、勇敢

次に挑戦するなら	難易度★
	スモーキー・マティーニ SMOKY MARTINI／p. 341

このカクテルのエピソード

マルティネスは、禁酒法時代以前にもてはやされたカクテルのひとつで、ドライ・マティーニ (Dry Martini ／ p. 97) の原型といわれるが、マンハッタン (Manhattan ／ p.133) ともよく似ている。1884 年出版の O. H. ブリオンの『ザ・モダン・バーテンダーズ・ガイド』にはじめて登場し、ふたつのバージョンのレシピが紹介されている。ここで取りあげるのはよりポピュラーなほうで、1887 年に再版されたジェリー・トーマスの『バーテンダーズ・ガイド』にも掲載されている。

マティーニやマンハッタンと同じく、愛好家たちはさまざまな銘柄のジンやスイートベルモットの個性を使い分け、このカクテルの可能性をたのしんでいる。

材料

ジン　50 ml
スイートベルモット　25 ml
マラスキーノ　5 ml
アンゴスチュラビターズ　2 ダッシュ

ガーニッシュ：オレンジピール 1 枚
技法：ステア
グラス：カクテルグラス
氷：キューブドアイス

つくり方

1 ｜ カクテルグラスに氷を数個入れてかき混ぜ、グラスを冷やしておく。

2 ｜ 氷をつめたミキシンググラスにすべての材料を入れ、バースプーンで 20 ～ 30 回ステアする。

3 ｜ カクテルグラスの氷を捨てる。

4 ｜ カクテルをこしながらグラスに注ぎ、オレンジピールを飾る。

MEMO

マルティネスのもうひとつのバージョンは、スイートベルモットのほか、コアントローとドライベルモットを使う。

N°95

HOT TODDY
ホット・トディ

かつて西洋の風邪薬
といわれたカクテル

基酒：スコッチウイスキー

アルコールの強さ：中

テイスト：甘口

おすすめのタイミング：食後

おすすめのシチュエーション：オール

カクテル言葉：静寂

次に挑戦するなら	難易度★
	ラスティ・ネイル RUSTY NAIL／p. 335

ラスティ・ネイル
RUSTY NAIL／p. 335

このカクテルのエピソード

このカクテルは、基酒にスコッチウイスキーやバーボンウイスキー、あるいはブランデーが使われ、材料の構成を見ると簡単につくれるパンチ（p. 12、58）スタイルのカクテルを思わせる。このカクテルの源流は 19 世紀にさかのぼり、アイルランドの内科医ロバート・ベントレー・トッドが健康のために推奨していた、ブランデーにシナモンと砂糖を加え、湯で割ったドリンクが先祖だという。

材料

ミネラルウォーター　80 ml
スコッチウイスキー　50 ml
レモン果汁　15 ml
はちみつ　15 ml

ガーニッシュ：レモンピール 1 枚、クローブ 4 個
技法：ビルド
グラス：マグカップ

つくり方

1｜ガーニッシュ用のレモンピールにクローブ 4 個を刺す。ミネラルウォーターは沸とうさせておく。

2｜すべての材料をマグカップに注ぎ、バースプーンで 20 回前後ステアする。

3｜**1** のガーニッシュのレモンピールをカクテルに加え、そのまま 1 分おいて香りを移してから提供する。

MEMO

ホットドリンクなので、グラスではなくマグカップを使おう。

N°96

BROOKLYN
ブルックリン

辛辣なニューヨーカー

基酒：バーボンウイスキー

アルコールの強さ：強

テイスト：中口

おすすめのタイミング：食後

おすすめのシチュエーション：デート、ビジネス

カクテル言葉：切ない思いを抱いて

次に
挑戦
するなら

難易度★★★

コブル・ヒル
COBBLE HILL／p. 297

このカクテルのエピソード

ブルックリンをはじめて紹介したのは、1908年に出版されたジェイコブ・エイブラハム・グロウスコの『ジャックズ・マニュアル』。

しかし、マンハッタン（Manhattan ／ p.133）のかわらぬ人気に押され、地味な存在のまま忘れ去られてしまった。当時、ベースの材料に使うアメール・ピコンが入手しづらかったことも、ブルックリンが流行しなかった理由のひとつだろう。

しかし2000年代、新世代のバーテンダーの出現により、カクテル界にモダンクラシックの波が押し寄せると、時代にあわせた味わいにアレンジされて復活をとげた。

材料

バーボンウイスキー　50 ml
スイートベルモット　25 ml
アメール・ピコン　10 ml
マラスキーノ　5 ml

ガーニッシュ：マラスキーノチェリー1個
技法：ステア
グラス：カクテルグラス
氷：キューブドアイス

つくり方

1 ｜ カクテルグラスに氷を数個を入れてかき混ぜ、グラスを冷やしておく。

2 ｜ 氷をつめたミキシンググラスにすべての材料を入れ、バースプーンで20〜30回ステアする。

3 ｜ カクテルグラスの氷を捨てる。

4 ｜ カクテルをこしながらグラスに注ぐ。

5 ｜ チェリーをグラスのなかにしずめる。

MEMO

フランス生まれのビター系リキュール、アメール・ピコンをマンハッタンに加えたこのカクテルは、アメリカの若い世代のバーテンダーが好んでアレンジしている。

N°97

HANKY PANKY
ハンキー・パンキー

サヴォイ・ホテルの
グランクラシック

基酒：ジン

アルコールの強さ：強

テイスト：中口

おすすめのタイミング：食後

おすすめのシチュエーション：デート、ビジネス

カクテル言葉：神秘の媚薬

次に 挑戦 するなら	難易度 ★★
	トロント TORONTO／p. 346

このカクテルのエピソード

このハンキー・パンキーが誕生したのは 20 世紀初頭。ジンとスイートベルモットの組みあわせがマルティネス（Martinez ／ p. 261）を思わせる。ロンドンのサヴォイ・ホテルの女性バーテンダー、エイダ・コールマンによって考案された。

女性がバーテンダーを務めるだけで物議をかもした時代に、チーフバーテンダーの地位までのぼりつめたコールマンは、カクテルの歴史においてもっともすぐれた女性バーテンダーのひとりだろう。

フェルネット・ブランカの薬草風味が深みを与えている。

材料

ジン　40 ml
スイートベルモット　40 ml
フェルネット・ブランカ　5 ml

技法：ステア
グラス：カクテルグラス
氷：キューブドアイス

つくり方

1｜カクテルグラスに氷を数個入れてかき混ぜ、グラスを冷やしておく。

2｜氷をつめたミキシンググラスにすべての材料を入れ、バースプーンで 20 〜 30 回ステアする。

3｜カクテルグラスの氷を捨てる。

4｜カクテルをこしながらグラスに注ぐ。

MEMO

オレンジピールを飾っても OK。イタリア生まれのビター系リキュール、フェルネット・ブランカは、かなり苦味の強いリキュールなので、控えめに使うことをおすすめする。

N°98

BLUE BLAZER

ブルー・ブレイザー

青く燃え立つ炎

基酒：スコッチウイスキー

アルコールの強さ：中

テイスト：中甘口

おすすめのタイミング：食後

おすすめのシチュエーション：オール

カクテル言葉：衝撃

次に 挑戦 するなら	難易度★★★
	ホット・バタード・ラム HOT BUTTERED RUM／p. 314

このカクテルのエピソード

ブルー・ブレイザーは、19 世紀の伝説のバーテンダーであるジェリー・トーマスの代表作のひとつ。トーマスは、ボトルを使ったパフォーマンスなど、フレアバーテンディングという見せる演出にこだわったカクテルを得意とし、「フレアバーテンディングの父」と呼ばれた。

このカクテルは、フランベするスタイルのカクテル。材料の構成は比較的シンプルだが、非常にショー的な要素が高い。「青く燃え立つもの」を意味するブルー・ブレイザーという名は、まさしくスローイングの技法の際にカップからカップへと移る青く燃えさかる炎をイメージしている。

材料

スコッチウイスキー　50 ml
シュガーシロップ　10 ml
熱湯　80 ml

技法：スローイング（金属製のマグカップ 2 個使用）
グラス：マグカップ

つくり方

1 ｜ 63 ～ 65℃にあたためたウイスキーとシロップをマグカップに入れ、火をつける。

2 ｜ 熱湯をゆっくり注ぐ。

3 ｜ なるべく高いところから、燃えているカップの中身をふたつ目のカップに向けて注ぎはじめる。

4 ｜ 手がさがりきるまで徐々にふたつ目のカップの位置をさげていく。

5 ｜ 3 ～ 4 を 5 ～ 6 回繰り返し、からのカップをカクテルの入ったカップにかぶせて火を消す。

6 ｜ カクテルをマグカップに注ぐ。

MEMO

レモンピールを飾ってもいい。火のついた液体は非常に危険なので、この技法はプロのトレーニングを要する。安全上の問題から家庭でつくるのは避け、フレアバーテンディングがたのしめるバーでオーダーしてみよう。

N°99

GREEN POINT
グリーン・ポイント

モダンクラシックの代表

基酒：ライウイスキー	
アルコールの強さ：強	
テイスト：中甘口	
おすすめのタイミング：食後	
おすすめのシチュエーション：デート	
カクテル言葉：発展	

次に挑戦するなら	難易度★
	ケンタッキー・カーネル KENTUCKY COLONEL／ p. 318

このカクテルのエピソード

2005 年に誕生したグリーン・ポイントは、ニューヨークのバー、ミルク・アンド・ハニーのマイケル・マキロイのオリジナル。グリーン・ポイントという名は、ブルックリン区内のエリアの名称に由来する。

まさにモダンクラシックを代表するこのカクテルは、マンハッタン（Manhattan ／ p.133）の派生形で、より正確にはブルックリン（Brooklyn ／ p. 265）のバリエーションといえるだろう。シャルトリューズ・ジョーヌの薬草風味が印象的で、複雑なテイストをかもしている。

材料

ライウイスキー　50 ml
スイートベルモット　15 ml
シャルトリューズ・ジョーヌ（イエロー）10 ml
アンゴスチュラビターズ　2 ダッシュ
オレンジビターズ　1 ダッシュ

ガーニッシュ：レモンピール 1 枚
技法：ステア
グラス：カクテルグラス
氷：キューブドアイス

つくり方

1 ｜ カクテルグラスに氷を数個入れてかき混ぜ、グラスを冷やしておく。

2 ｜ 氷をつめたミキシンググラスにすべての材料を入れ、バースプーンで 20 〜 30 回ステアする。

3 ｜ カクテルグラスの氷を捨てる。

4 ｜ カクテルをこしながらグラスに注ぎ、レモンピールを飾る。

N°100

ZOMBIE
ゾンビ

ヒーロー限定！

基酒：ゴールドラム

アルコールの強さ：強

テイスト：中甘口

おすすめのタイミング：食後

おすすめのシチュエーション：デート、グループ

カクテル言葉：天国と地獄

次に挑戦するなら	難易度★★★
	ネイビー・グロッグ NAVY GROG／P. 324

このカクテルのエピソード

ゾンビはトロピカルカクテル（p.107）で、ティキカルチャー（p.17、33）を象徴するアイコンのひとつ。ティキカルチャーをアメリカでムーブメントに押しあげた、ドン・ザ・ビーチコマーが1939年に生み出した。アルコールがかなり強いので、3杯以上はおすすめしない。

材料

キューバ産ゴールドラム　25 ml
ジャマイカ産ゴールドラム　25 ml
ゴールドラム（オーバープルーフ、**MEMO** 参照）15 ml
ライム果汁　25 ml
グレープフルーツ果汁　10 ml
シナモンシロップ　5 ml
グレナデンシロップ　5 ml
ベルベットファレルナム（p.107）　15 ml
アブサン　6 滴（0.3ml）
アンゴスチュラビターズ　2 ダッシュ

ガーニッシュ：ミントの葉 適量
技法：シェーク
グラス：ティキマグ
氷：キューブドアイス

つくり方

1｜すべての材料をシェーカーに入れ、氷8〜10個を加えて10秒シェークする。

2｜氷をつめたティキマグにカクテルをこしながら注ぐ。

3｜ストローをそえ、ミントを飾る。

MEMO

アルコールプルーフはアルコールの強さを示す指標で、「オーバープルーフ」とはアルコール度数が57度以上を示す。ティキマグは、ポリネシアの精霊をモチーフにした、ティキカクテル専用の陶器製カップだが、ハイボールグラス（タンブラー）でも代用できる。

第 **3** 章

カクテル
レシピ図鑑
300

この章では……

　ここまでくれば、完成写真を見たり説明を読んだりしなくても、カクテルをつくれるようになっているだろう。シェーカーやミキシンググラスを使って、家族や友人に食前酒をふるまうのが、日常の光景になっているかもしれない。

　第1章の基本とテクニック、そして味わいのバランスを生むしくみは、カクテルと呼ぶにふさわしい一杯をつくるうえで非常に重要なポイントだ。それを踏まえ、この章では、300のレシピを紹介する。

　シンプルな図で材料をわかりやすく見せ、技法や用いる氷はアイコンで紹介し、つくり方は簡単に説明している。つくりたいカクテルが探しやすいはずだ。それぞれ難易度を3段階で記してあるので、選ぶ際の参考にしてほしい。

この章のレシピの見方

同じタイプのグラスでも容量の異なる場合があるため、
本書の配合を参考に自分のグラスに見あうようにつくろう。

分量

10

人物のアイコンがあるもの以外、この章のレシピはすべて1人分。
人物のアイコンの横の数字は、そのレシピの対応人数を示す。

技法・道具

 ビルド

 シェーク

 ステア

 バースプーン、マドラー

 バーブレンダー

 パンチボウル

 鍋

 スローイング

道具はとくに必要なものをあげている。
また、たとえば ⬜ ジンのように、材料の色を黒くふちどりしているものが基酒だ。

氷

 キューブドアイス

クラッシュドアイス

101

ABBEY
アビー

難易度★

■ アンゴスチュラビターズ
1ダッシュ
■ オレンジ果汁 25ml
■ リレ・ブラン
(p.177) 25ml
□ ジン 50ml

つくり方

1 | カクテルグラスは氷で冷やしておく。

2 | すべての材料と氷をシェーカーに入れ、15秒
シェークする。

3 | ダブルストレインでグラスに注ぐ。

102

ABSINTHE COCKTAIL
アブサン・カクテル

難易度★★

■ アンゴスチュラビターズ
1ダッシュ
■ シュガーシロップ 30ml
■ ミネラルウォーター 30ml
■ アブサン 30ml

つくり方

1 | カクテルグラスは氷で冷やしておく。

2 | すべての材料と氷をシェーカーに入れ、15秒
シェークする。

3 | ダブルストレインでグラスに注ぐ。

103

AFFINITY
アフィニィティ

難易度★★

■ アンゴスチュラビターズ
2ダッシュ
■ ドライベルモット 30ml
■ スイートベルモット 30ml
■ スコッチウイスキー 30ml

レモンピール 1枚

つくり方

1 | カクテルグラスは氷で冷やしておく。

2 | 氷をつめたミキシンググラスにすべての材料を
入れ、20〜30回ステアする。

3 | こしながらグラスに注ぎ、レモンピールを飾る。

104

AGAVE PUNCH
アガベ・パンチ

難易度★

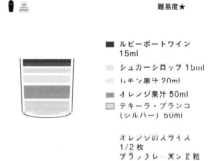

■ ルビーポートワイン
15ml
■ シュガーシロップ 15ml
■ レモン果汁 20ml
■ オレンジ果汁 50ml
□ テキーラ・ブランコ
(シルバー) 50ml

オレンジのスライス
1/2枚
ブラウンレーズン 2粒

つくり方

1 | ポートワイン以外の材料と氷をシェーカーに入
れ、10秒シェークする。

2 | 氷をつめたオールドファッショングラスにこ
しながら注ぐ。

3 | ポートワインを表面にそっとフロートし、オレ
ンジとレーズンを飾る。

105
ALABAMA SLAMMER
アラバマ・スラマー

 難易度★★★

- オレンジ果汁 60ml
- レモン果汁 15ml
- スロージン 30ml
- サザンカンフォート 30ml
- アマレット（p.169）30ml

オレンジのスライス 1/2 枚
マラスキーノチェリー 1 個

つくり方

1 ｜ 氷をつめたハイボールグラス（タンブラー）に
すべての材料を注ぎ、15 〜 20 回ステアする。

2 ｜ ストローをそえ、オレンジとチェリーを飾る。

サザンカンフォートは、ニュートラルスピリッツにピーチ
や数種類のフルーツを配合してつくられるリキュール。

106
ALBERMARLE FIZZ
アルベマルレ・フィズ

  難易度★

- 炭酸水 100ml
- ラズベリーシロップ
  15 ml
- レモン果汁 25ml
- ジン 50ml

つくり方

1 ｜ 炭酸水以外の材料と氷をシェーカーに入れ、5
秒シェークする。

2 ｜ 氷をつめたハイボールグラス（タンブラー）に
こしながら注ぎ、炭酸水を満たす。

3 ｜ 上下に 2 〜 3 回バースプーンでステアしてグラ
ス内の上下を均等に仕上げる。

4 ｜ ストローをそえる。

107
ALEXANDER
アレクサンダー

 難易度★★

- 生クリーム 30ml
- クレーム・ド・カカオ・
  ブラウン 30ml
- ジン 40ml

ナツメグ（すりおろす）適量

つくり方

1 ｜ カクテルグラスは氷で冷やしておく。

2 ｜ すべての材料と氷をシェーカーに入れ、15 秒
シェークする。

3 ｜ ダブルストレインでグラスに注ぎ、ナツメグを
すりおろす。

108
ALFONSO
アルフォンソ

 難易度★★

- シャンパーニュ（辛口）100 ml
- デュボネ・ルージュ 50 ml
- アンゴスチュラビターズ
  2 ダッシュ
- 角砂糖 1 個

レモンピール 1 枚

つくり方

1 ｜ フルート型シャンパーニュグラスに角砂糖を入
れ、アンゴスチュラビターズを振って湿らせる。

2 ｜ デュボネ・ルージュを注ぐ。

3 ｜ シャンパーニュを満たし、レモンピールを飾る。

109
ALGONQUIN
アルゴンキン

難易度★

■ パイナップルジュース
25 ml
■ ドライベルモット 25 ml
■ ライウイスキー 50 ml

つくり方

1 | カクテルグラスは氷で冷やしておく。

2 | すべての材料と氷をシェーカーに入れ、15 秒
シェークする。

3 | ダブルストレインでグラスに注ぐ。

110
ALICE MINE
アリス・マイン

難易度★★★

■ スコッチウイスキー
10 ml
■ キュンメル 30 ml
■ スイートベルモット
30 ml

つくり方

1 | カクテルグラスは氷で冷やしておく。

2 | すべての材料と氷をシェーカーに入れ、10 秒
シェークする。

3 | ダブルストレインでグラスに注ぐ。

キュンメルは、キャラウェイをベースにアニスやクミン、
レモンピールなどで香りづけした甘い薬草系のリキュー
ル。

111
ALLENGHENY
アレゲニー

難易度★

■ レモン果汁 10 ml
■ クレーム・ド・ミュール
（ブラックベリー）10 ml
■ ドライベルモット 30 ml
■ バーボンウイスキー
30 ml

レモンピール 1 枚

つくり方

1 | カクテルグラスは氷で冷やしておく。

2 | すべての材料と氷をシェーカーに入れ、10 秒
シェークする。

3 | ダブルストレインでグラスに注ぎ、レモンピー
ルを飾る。

112
ALMOND DIPPED SOUR
アーモンド・ディップド・サワー

難易度★★

■ アプリコットジャム
バースプーン 1 杯分
■ 卵白 15 ml
■ アーモンドシロップ
15 ml
■ レモン果汁 25 ml
■ ウォッカ 50 ml

アーモンドスライス
（ロースト）適量

つくり方

1 | すべての材料をシェーカーに入れ、まずは氷な
しで 10 秒シェークする。

2 | 氷を加え、さらに 15 秒シェークする。

3 | 氷をつめたオールドファッショングラスにこ
しながら注ぎ、アーモンドを飾る。

113

AMAROSA
アマローザ

難易度★★★

■ アマーロ・コーラ 30 ml
　キルシュ 30 ml
□ ジン 30 ml

　レモンピール 1 枚

つくり方

1 ｜ カクテルグラスは氷で冷やしておく。

2 ｜ 氷をつめたミキシンググラスにすべての材料を入れ、20 〜 30 回ステアする。

3 ｜ こしながらグラスに注ぎ、レモンピールを飾る。

アローマ・コーラはビター系リキュール。キルシュは、発酵させたサクランボの果汁からつくられるブランデー。

114

AMERICAN BEAUTY
アメリカン・ビューティー

難易度★

■ ルビーポートワイン 15 ml
■ グレナデンシロップ 10 ml
■ オレンジ果汁 20 ml
■ ドライベルモット 20 ml
■ コニャック 20 ml

つくり方

1 ｜ カクテルグラスは氷で冷やしておく。

2 ｜ ポートワイン以外の材料と氷をシェーカーに入れ、10 秒シェークする。

3 ｜ ダブルストレインでグラスに注ぐ。

4 ｜ ポートワインを表面にそっとフロートする。

115

AMERICAN BREAKFAST
アメリカン・ブレックファースト

難易度★

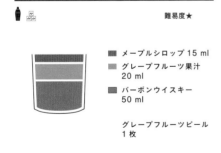

■ メープルシロップ 15 ml
■ グレープフルーツ果汁 20 ml
■ バーボンウイスキー 50 ml

　グレープフルーツピール 1 枚

つくり方

1 ｜ すべての材料と氷をシェーカーに入れ、15 秒シェークする。

2 ｜ 氷をつめたオールドファッショングラスにこしながら注ぐ。

3 ｜ グレープフルーツピールを飾る。

116

ANGEL FACE
エンジェル・フェイス

難易度★★

■ クレーム・ダブリコ（アプリコット）30 ml
■ カルヴァドス 30 ml
□ ジン 30 ml

　レモンピール 1 枚

つくり方

1 ｜ カクテルグラスは氷で冷やしておく。

2 ｜ 氷をつめたミキシンググラスにすべての材料を入れ、20 〜 30 回ステアする。

3 ｜ こしながらグラスに注ぐ。

4 ｜ レモンピールを飾る。

117

APPLE SUNRISE
アップル・サンライズ

　　　　　　　　　　　　　　難易度★

▨	レモン果汁 10 ml
▨	オレンジ果汁 25 ml
▨	クレーム・ド・カシス 10 ml
▨	カルヴァドス 50 ml

つくり方

1 ｜ 氷をつめたオールドファッションドグラスにすべての材料を注ぎ、15 〜 20 回ステアする。

118

APRIL SHOWER
エイプリル・シャワー

　　　　　　　　　　　　　　難易度★★

▨	オレンジ果汁 40 ml
▨	ベネディクティン 15 ml
▨	コニャック 40 ml

つくり方

1 ｜ カクテルグラスは氷で冷やしておく。

2 ｜ すべての材料と氷をシェーカーに入れ、10 秒シェークする。

3 ｜ ダブルストレインでグラスに注ぐ。

119

ARMY AND NAVY
アーミー・アンド・ネイビー

　　　　　　　　　　　　　　難易度★★

▨	アーモンドシロップ 15 ml
▨	ライム果汁 25 ml
▢	ジン 50 ml

ライムピール 1 枚

つくり方

1 ｜ カクテルグラスは氷で冷やしておく。

2 ｜ すべての材料と氷をシェーカーに入れ、15 秒シェークする。

3 ｜ ダブルストレインでグラスに注ぎ、ライムピールを飾る。

120

ATTABOY
アタボーイ

　　　　　　　　　　　　　　難易度★★

▨	グレナデンシロップ 5 ml
▨	ドライベルモット 25 ml
▢	ジン 50 ml

つくり方

1 ｜ カクテルグラスは氷で冷やしておく。

2 ｜ すべての材料と氷をシェーカーに入れ、10 秒シェークする。

3 ｜ ダブルストレインでグラスに注ぐ。

121

AVENUE
アベニュー

難易度★★★

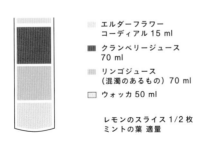

■ オレンジフラワー
ウォーター（p.237）
6 滴（0.3ml）

■ グレナデンシロップ 5 ml

■ パッションフルーツ
ジュース 25 ml

■ カルヴァドス 25 ml

■ バーボンウイスキー
25ml

つくり方

1 | カクテルグラスは氷で冷やしておく。

2 | すべての材料と氷をシェーカーに入れ、10 秒
シェークする。

3 | ダブルストレインでグラスに注ぐ。

122

B52
ビー 52

難易度★★

■ コアントロー 20 ml

■ ベイリーズ 20 ml

□ コーヒーリキュール
20 ml

つくり方

1 | コーヒーリキュール、ベイリーズ、コアントロー
の順で、ショットグラスにフロートする。

ベイリーズは、クリームを主原料に、アイリッシュウイ
スキーにバニラやカカオなどの香りをつけたリキュール。

123

BALTIC BREEZE
バルティック・ブリーズ

難易度★

■ エルダーフラワー
コーディアル 15 ml

■ クランベリージュース
70 ml

■ リンゴジュース
（混濁のあるもの）70 ml

□ ウォッカ 50 ml

レモンのスライス 1/2 枚
ミントの葉 適量

つくり方

1 | 氷をつめたハイボールグラス（タンブラー）に
すべての材料を注ぎ、15 〜 20 回ステアする。

2 | ストローをそえ、レモンとミントを飾る。

エルダーフラワーコーディアルは、エルダーフラワーを
シロップに漬けこんでつくる濃縮ドリンク。

124

BAMBOO
バンブー

難易度★★

■ アンゴスチュラビターズ
1 ダッシュ

■ オレンジビターズ
1 ダッシュ

□ ドライベルモット 40 ml

□ アモンティリャード
（シェリー）40 ml

レモンピール 1 枚

つくり方

1 | カクテルグラスは氷で冷やしておく。

2 | 氷をつめたミキシンググラスにすべての材料を
入れ、20 〜 30 回ステアする。

3 | こしながらグラスに注ぎ、レモンピールを飾る。

125

BANANA DAIQUIRI
バナナ・ダイキリ

難易度★

- ||||| バナナ（完熟）1/2 本
- ||||| シュガーシロップ 20 ml
- ||||| ライム果汁 20 ml
- ■■ キューバ産ゴールドラム 50 ml

バナナのスライス 1 切れ

つくり方

1 ｜ バーブレンダーにすべての材料と、氷 6 〜 8 個を入れ、最速で 15 〜 30 秒前後かくはんする。

2 ｜ カクテルグラスに注ぎ、ストローをそえ、バナナを飾る。

126

BARBOTAGE
バルボタージュ

難易度★

- ||||| シャンパーニュ 100 ml
- ■■ グレナデンシロップ 5 ml
- ||||| レモン果汁 10 ml
- ||||| オレンジ果汁 25 ml

つくり方

1 ｜ 果汁、シロップ、氷をシェーカーに入れ、5 秒シェークする。

2 ｜ ダブルストレインでフルート型シャンパーニュグラスに注ぎ、シャンパーニュを満たす。

127

BASIL & PINEAPPLE MARTINI
バジル＆パイナップル・マティーニ

難易度★

- ||||| バジルの葉 5 枚
- ||||| シュガーシロップ 10 ml
- ||||| レモン果汁 20 ml
- ||||| ウォッカ 50 ml
- ||||| パイナップル（皮をむく）スライス 1/2 枚

バジルの葉 1 枚

つくり方

1 ｜ カクテルグラスは氷で冷やしておく。

2 ｜ パイナップルをシェーカーのなかで潰す。

3 ｜ 残りの材料と氷を加え、15 秒シェークする。

4 ｜ ダブルストレインでグラスに注ぎ、バジルの葉を飾る。

128

BASIL GRANDE
バジル・グランデ

難易度★★

- ■■ クランベリージュース 50 ml
- ||||| シャンボールリキュール（p.75）15 ml
- ||||| コアントロー 15 ml
- ||||| ウォッカ 25ml
- ||||| バジルの葉 4 枚
- ■■ イチゴ 4 個

バジルの葉 1 枚

つくり方

1 ｜ イチゴとバジルの葉をシェーカーのなかで潰す。

2 ｜ 残りの材料と氷を加え、15 秒シェークする。

3 ｜ ダブルストレインでカクテルグラスに注ぎ、バジルの葉を飾る。

129

BEBBO
ベボー

難易度★

オレンジ果汁 10 ml

ハニーシロップ 20 ml

レモン果汁 20 ml

ジン 50 ml

レモンピール 1 枚

つくり方

1 | カクテルグラスは氷で冷やしておく。

2 | すべての材料と氷をシェーカーに入れ、15 秒シェークする。

3 | ダブルストレインでグラスに注ぎ、レモンピールを飾る。

130

BELMONT
ベルモント

難易度★

ラズベリーシロップ 15 ml

生クリーム 25 ml

ジン 50 ml

つくり方

1 | カクテルグラスは氷で冷やしておく。

2 | すべての材料と氷をシェーカーに入れ、15 秒シェークする。

3 | ダブルストレインでグラスに注ぐ。

131

BELMONT BREEZE
ベルモント・ブリーズ

難易度★★

炭酸水 30 ml

シュガーシロップ 15 ml

クランベリージュース 10 ml

オレンジ果汁 10 ml

レモン果汁 15 ml

フィノ（シェリー）15 ml

ライウイスキー 50 ml

レモンのスライス 1 枚
ミントの葉 適量

つくり方

1 | 炭酸水以外の材料と氷をシェーカーに入れ、5 秒シェークする。

2 | 氷をつめたハイボールグラス（タンブラー）にこしながら注ぎ、炭酸水を満たす。

3 | レモンとミントを飾る。

132

BENSONHURST
ベンソンハースト

難易度★★★

チナール 5 ml

マラスキーノ 10 ml

ドライベルモット 25 ml

ライウイスキー 50 ml

マラスキーノチェリー 1 個

つくり方

1 | カクテルグラスは氷で冷やしておく。

2 | 氷をつめたミキシンググラスにすべての材料を入れ、20 〜 30 回ステアする。

3 | こしながらグラスに注ぎ、チェリーを飾る。

133

BENTLEY
ベントレー

難易度★★

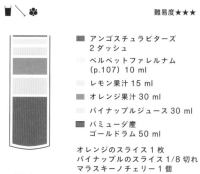

■ デュボネ・ルージュ 40 ml
■ カルヴァドス 40 ml

つくり方

1 ｜ カクテルグラスは氷で冷やしておく。

2 ｜ すべての材料と氷をシェーカーに入れ、10 秒
シェークする。

3 ｜ ダブルストレインでグラスに注ぐ。

134

BERMUDA RUM SWIZZLE
バミューダ・ラム・スウィズル

難易度★★★

■ アンゴスチュラビターズ
2 ダッシュ
ベルベットファレルナム
(p.107) 10 ml
■ レモン果汁 15 ml
■ オレンジ果汁 30 ml
パイナップルジュース 30 ml
■ バミューダ産
ゴールドラム 50 ml

オレンジのスライス 1 枚
パイナップルのスライス 1/8 切れ
マラスキーノチェリー 1 個

つくり方

1 ｜ 氷をつめたハイボールグラス（タンブラー）に、
すべての材料を注ぐ。

2 ｜ グラスに霜がつくぐらい 30 回前後バースプー
ンでしっかりステアする。

3 ｜ ストローを 2 本そえ、オレンジ、パイナップル、
チェリーを飾る。

135

BETWEEN THE SHEETS
ビトウィーン・ザ・シーツ

難易度★★

■ レモン果汁 20 ml
■ コアントロー 20 ml
■ キューバ産ホワイトラム
20 ml
■ コニャック 20 ml

レモンのスライス 1/2 枚

つくり方

1 ｜ カクテルグラスは氷で冷やしておく。

2 ｜ すべての材料と氷をシェーカーに入れ、15 秒
シェークする。

3 ｜ ダブルストレインでグラスに注ぎ、レモンを飾
る。

136

BICICLETTA
ビシクレッタ

難易度★

■ 炭酸水 40 ml
■ 白ワイン 40 ml
■ カンパリ 50 ml

レモンのスライス 1 枚

つくり方

1 ｜ 氷をつめたワイングラスにすべての材料を注
ぎ、15 〜 20 回ステアする。

2 ｜ レモンを飾る。

137

BIJOU
ビジュー

難易度 ★★★

- オレンジビターズ 1 ダッシュ
- スイートベルモット 30 ml
- シャルトリューズ・ヴェール（グリーン）30 ml
- ジン 30 ml

マラスキーノチェリー 1 個

つくり方

1 ｜ カクテルグラスは氷で冷やしておく。

2 ｜ 氷をつめたミキシンググラスにすべての材料を入れ、20 〜 30 回ステアする。

3 ｜ こしながらグラスに注ぎ、チェリーを飾る。

138

BISHOP
ビショップ

難易度 ★

- シュガーシロップ 10 ml
- オレンジ果汁 15 ml
- ライム果汁 5 ml
- ジャマイカ産ゴールドラム 15 ml
- 赤ワイン 100ml

くし形にカットした
ライム 1 切れ
くし形にカットした
オレンジ 1 切れ

つくり方

1 ｜ すべての材料と氷をシェーカーに入れ、10 秒シェークする。

2 ｜ 氷をつめたワイングラスにこしながら注ぎ、ライムとオレンジを飾る。

139

BLACK VELVET
ブラック・ベルベット

難易度 ★

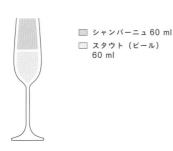

- シャンパーニュ 60 ml
- スタウト（ビール）60 ml

つくり方

1 ｜ フルート型シャンパーニュグラスにビール、シャンパーニュの順で注ぎ、上下に 2 〜 3 回バースプーンでステアしてグラス内の上下を均等に仕上げる。

140

BLACK WIDOW
ブラック・ウィンドウ

難易度 ★★

- ホワイトミントリキュール 25 ml
- ジャマイカ産ゴールドラム 50 ml

つくり方

1 ｜ 氷をつめたオールドファッショングラスにすべての材料を注ぎ、15 〜 20 回ステアする。

141

BLACKOUT
ブラックアウト

難易度★

- クレーム・ド・ミュール (ブラックベリー) 15 ml
- レモン果汁 25 ml
- ジン 50ml

つくり方

1 | カクテルグラスは氷で冷やしておく。

2 | すべての材料と氷をシェーカーに入れ、15 秒シェークする。

3 | ダブルストレインでグラスに注ぐ。

142

BLACKTHORN
ブラックソーン

難易度★★

- アンゴスチュラビターズ 2 ダッシュ
- アブサン 6 滴 (0.3ml)
- ドライベルモット 25 ml
- アイリッシュウイスキー 50 ml

レモンピール 1 枚

つくり方

1 | カクテルグラスは氷で冷やしておく。

2 | 氷をつめたミキシンググラスにすべての材料を入れ、20 〜 30 回ステアする。

3 | こしながらグラスに注ぎ、レモンピールを飾る。

143

BLANCA
ブランカ

難易度★

- 卵白 15 ml
- アンゴスチュラビターズ 3 ダッシュ
- シュガーシロップ 25 ml
- レモン果汁 25 ml
- テキーラ・ブランコ (シルバー) 50 ml

レモンピール 1 枚
マラスキーノチェリー 1 個

つくり方

1 | すべての材料をシェーカーに入れ、まずは氷なしで 10 秒シェークする。

2 | 氷を加え、さらに 15 秒シェークする。

3 | 氷をつめたオールドファッショングラスにこしながら注ぐ。

4 | レモンとチェリーを飾る。

144

BLINKER
ブリンカー

難易度★

- ラズベリーシロップ 15 ml
- グレープフルーツ果汁 25 ml
- ライウイスキー 50 ml

グレープフルーツピール 1 枚

つくり方

1 | カクテルグラスは氷で冷やしておく。

2 | すべての材料と氷をシェーカーに入れ、15 秒シェークする。

3 | ダブルストレインでグラスに注ぎ、グレープフルーツピールを飾る。

145

BLOOD ORANGE MARGARITA
ブラッド・オレンジ・マルガリータ

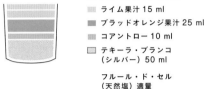

難易度★

- アガベシロップ 10 ml
- ライム果汁 15 ml
- ブラッドオレンジ果汁 25 ml
- コアントロー 10 ml
- テキーラ・ブランコ（シルバー）50 ml

フルール・ド・セル（天然塩）適量
ブラッドオレンジのスライス 1 枚

つくり方

1 ｜ オールドファッショングラスのフチの半周分にフルール・ド・セルをつけ、スノースタイルをほどこす。

2 ｜ すべての材料と氷をシェーカーに入れ、10 秒シェークする。

3 ｜ 氷をつめたグラスにこしながら注ぎ、ブラッドオレンジを飾る。

146

BLOODY MARIA
ブラッディ・マリア

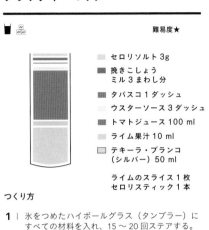

難易度★

- セロリソルト 3g
- 挽きこしょう ミル 3 まわし分
- タバスコ 1 ダッシュ
- ウスターソース 3 ダッシュ
- トマトジュース 100 ml
- ライム果汁 10 ml
- テキーラ・ブランコ（シルバー）50 ml

ライムのスライス 1 枚
セロリスティック 1 本

つくり方

1 ｜ 氷をつめたハイボールグラス（タンブラー）にすべての材料を入れ、15 〜 20 回ステアする。

2 ｜ ストローをそえ、ライムとセロリを飾る。

147

BLUE HAWAIIAN
ブルー・ハワイアン

難易度★

- パイナップルジュース 60 ml
- ココナッツクリーム 30 ml
- ブルーキュラソー 10 ml
- プエルトリコ産ホワイトラム 50 ml

パイナップルのスライス 1/8 切れ
マラスキーノチェリー 1 個

つくり方

1 ｜ バーブレンダーにすべての材料と氷 6 〜 8 個を入れ、最速で 15 〜 30 秒前後かくはんする。

2 ｜ ハリケーングラスに注ぐ。

3 ｜ ストローを 2 本そえ、パイナップルとチェリーを飾る。

ブルーキュラソーは、オレンジをベースにつくられるリキュールを青に着色したもの。

148

BLUE LAGOON
ブルー・ラグーン

難易度★

- レモン果汁 25 ml
- ブルーキュラソー（左）15 ml
- ウォッカ 50 ml

レモンピール 1 枚

つくり方

1 ｜ カクテルグラスは氷で冷やしておく。

2 ｜ すべての材料と氷をシェーカーに入れ、15 秒シェークする。

3 ｜ ダブルストレインでグラスに注ぎ、レモンピールを飾る。

149

BOSSA NOVA
ボサ・ノヴァ

難易度★★

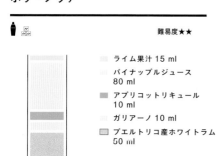

ライム果汁 15 ml
パイナップルジュース 80 ml
アプリコットリキュール 10 ml
ガリアーノ 10 ml
プエルトリコ産ホワイトラム 50 ml

パイナップルのスライス 1/8 切れ

つくり方

1 | すべての材料と氷をシェーカーに入れ、10 秒シェークする。

2 | 氷をつめたハイボールグラス（タンブラー）にこしながら注ぎ、パイナップルを飾る。

ガリアーノは、バニラやアニス、ジュニパーベリー、シナモンをメインに 40 種のハーブとスパイスを原料につくられるリキュール。

150

BOSTON FLIP
ボストン・フリップ

難易度★★

シュガーシロップ 15 ml
卵 1 個
ドライマデイラ 40 ml
バーボンウイスキー 40 ml

ナツメグ（すりおろす）適量

つくり方

1 | ワイングラスは氷で冷やしておく。

2 | すべての材料をシェーカーに入れ、まずは氷なしで 10 秒シェークする。

3 | 氷を加え、さらに 20 秒シェークする。

4 | ダブルストレインでグラスに注ぎ、ナツメグをすりおろす。

151

BRANDY ALEXANDER
ブランデー・アレクサンダー

難易度★

生クリーム 30 ml
クレーム・ド・カカオ・ブラウン 30 ml
コニャック 30 ml

ナツメグ（すりおろす）適量

つくり方

1 | カクテルグラスは氷で冷やしておく。

2 | すべての材料と氷をシェーカーに入れ、15 秒シェークする。

3 | こしながらグラスに注ぎ、ナツメグをすりおろす。

152

BRANDY FIX
ブランデー・フィックス

難易度★

炭酸水 40 ml
パイナップルシロップ 15 ml
ライム果汁 20 ml
シャルトリューズ ジョーヌ（イエロー）10 ml
コニャック 50 ml

くし形にカットしたライム 1 切れ

つくり方

1 | 炭酸水以外の材料と氷をシェーカーに入れ、5 秒シェークする。

2 | 氷をつめたハイボールグラス（タンブラー）にこしながら注ぎ、炭酸水を満たす。

3 | ストローをそえ、ライムを飾る。

153
BRANDY LIFT
ブランデー・リフト

難易度★★

炭酸水 50 ml
生クリーム 20 ml
アーモンドシロップ 20 ml
ベネディクティン 20 ml
コニャック 50 ml

つくり方

1 | 炭酸水以外の材料と氷をシェーカーに入れ、15秒シェークする。

2 | ハイボールグラス（タンブラー、氷なし）にこしながら注ぎ、炭酸水を満たす。

3 | ストローをそえる。

154
BRANDY SMASH
ブランデー・スマッシュ

難易度★

シュガーシロップ 15 ml
コニャック 50 ml
ミントの葉 6 枚

オレンジのスライス 1/2 枚
ミントの葉 適量

つくり方

1 | ミントの葉を両手の間にはさんでたたき、オールドファッショングラスに入れる。

2 | 氷をつめ、残りの材料を注ぎ、15 〜 20 回ステアする。

3 | ストローを 2 本そえ、オレンジとミントを飾る。

155
BRAVE BULL
ブレイブ・ブル

難易度★

コーヒーリキュール 25 ml
テキーラ・ブランコ（シルバー）50 ml

つくり方

1 | 氷をつめたオールドファッショングラスにすべての材料を注ぎ、15 〜 20 回ステアする。

156
BREAKFAST MARTINI
ブレックファースト・マティーニ

難易度★

オレンジマーマレード バースプーン 1 杯分
レモン果汁 20 ml
コアントロー 20 ml
ジン 50 ml

オレンジピール 1 枚
トーストした食パンを 1 辺 3 〜 5cm の正三角形にカットしたもの 1 枚

つくり方

1 | カクテルグラスは氷で冷やしておく。

2 | すべての材料と氷をシェーカーに入れ、15 秒シェークする。

3 | ダブルストレインでグラスに注ぎ、オレンジピールと食パンを飾る。

157
BULL SHOT
ブル・ショット

難易度★★★

■ 挽きこしょう
　　ミル 3 まわし分
■ タバスコ 1 ダッシュ
■ ビーフブイヨン
　　（冷ましておく）100 ml
■ レモン果汁 10 ml
□ ウォッカ 50 ml

つくり方

1 | 氷をつめたハイボールグラス（タンブラー）に
　　すべての材料を入れ、15 ～ 20 回ステアする。

2 | ストローをそえる。

ビーフブイヨンは、顆粒または固形タイプの牛のブ
イヨンを使用。

158
BULL'S EYE
ブルズ・アイ

難易度★

□ ジンジャーエール 100 ml
□ シュガーシロップ 10 ml
■ オレンジ果汁 50 ml

オレンジのスライス 1 枚

つくり方

1 | 氷をつめたハイボールグラス（タンブラー）に
　　すべての材料を注ぎ、15 ～ 20 回ステアする。

2 | ストローをそえ、オレンジを飾る。

159
BUSHWICK
ブッシュウィック

難易度★★

□ マラスキーノ 5 ml
□ アメール・ピコン 5 ml
■ カルパノ・アンティカ・
　　フォーミュラ 20ml
■ ライウイスキー 50ml

つくり方

1 | カクテルグラスは氷で冷やしておく。

2 | 氷をつめたミキシンググラスにすべての材料を
　　入れ、20 ～ 30 回ステアする。

3 | こしながらグラスに注ぐ。

カルパノ・アンティカ・フォーミュラは、白ワイン、ニガ
ヨモギ、サフラン、バニラなどでつくられるベルモット。

160
BYRRH COCKTAIL
ビイル・カクテル

難易度★★

□ ドライベルモット 30 ml
■ ビイル 30 ml
■ ライウイスキー 30 ml

つくり方

1 | カクテルグラスは氷で冷やしておく。

2 | 氷をつめたミキシンググラスにすべての材料を
　　入れ、20 ～ 30 回ステアする。

3 | こしながらグラスに注ぐ。

161
CALIFORNIA DREAM
カリフォルニア・ドリーム

難易度★★

ドライベルモット 15 ml
スイートベルモット 15ml
テキーラ・レポサド
（ゴールド）50ml

レモンピール 1 枚

つくり方

1 ｜ カクテルグラスは氷で冷やしておく。

2 ｜ 氷をつめたミキシンググラスにすべての材料を
入れ、20 ～ 30 回ステアする。

3 ｜ こしながらグラスに注ぎ、レモンピールを飾る。

162
CALVADOS COCKTAIL
カルヴァドス・カクテル

難易度★

オレンジビターズ
1 ダッシュ
オレンジ果汁 40 ml
コアントロー 15ml
カルヴァドス 40ml

つくり方

1 ｜ カクテルグラスは氷で冷やしておく。

2 ｜ すべての材料と氷をシェーカーに入れ、15 秒
シェークする。

3 ｜ ダブルストレインでグラスに注ぐ。

163
CAMERON'S KICK
カメロンズ・キック

難易度★

アーモンドシロップ
15 ml
レモン果汁 25 ml
アイリッシュウイスキー
30 ml
スコッチウイスキー
30 ml

つくり方

1 ｜ カクテルグラスは氷で冷やしておく。

2 ｜ すべての材料と氷をシェーカーに入れ、15 秒
シェークする。

3 ｜ ダブルストレインでグラスに注ぐ。

164
CAPE CODDER
ケープ・コッダー

難易度★

クランベリージュース
100 ml
ウォッカ 50ml

くし形にカットした
ライム 1 切れ

つくり方

1 ｜ 氷をつめたハイボールグラス（タンブラー）に
すべての材料を注ぎ、15 ～ 20 回ステアする。

2 ｜ ストローをそえ、ライムを飾る。

165
カールトン

166
キャロル・チャニング

167
キャロル・ガーデンズ

168
キャッツ・アイ #2

165

CARLTON
カールトン

難易度★

オレンジ果汁 15 ml

コアントロー 25 ml

バーボンウイスキー 50ml

つくり方

1 | カクテルグラスは氷で冷やしておく。

2 | すべての材料と氷をシェーカーに入れ、15秒シェークする。

3 | ダブルストレインでグラスに注ぐ。

166

CAROL CHANNING
キャロル・チャニング

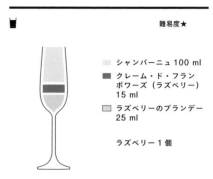

難易度★

シャンパーニュ 100 ml

クレーム・ド・フランボワーズ（ラズベリー）15 ml

ラズベリーのブランデー 25 ml

ラズベリー 1 個

つくり方

1 | すべての材料をフルート型シャンパーニュグラスに注ぐ。

2 | ラズベリーを飾る。

167

CARROL GARDENS
キャロル・ガーデンズ

難易度★★★

マラスキーノ 5 ml

アマーロ・ナルディーニ 15 ml

プント・エ・メス（ベルモット）15 ml

ライウイスキー 50ml

つくり方

1 | カクテルグラスは氷で冷やしておく。

2 | 氷をつめたミキシンググラスにすべての材料を入れ、20 〜 30 回ステアする。

3 | こしながらグラスに注ぐ。

アマーロ・ナルディーニはビター系リキュール。

168

CAT'S EYE #2
キャッツ・アイ #2

難易度★

オレンジ果汁 25 ml

パッションフルーツのピュレ 25 ml

テキーラ・ブランコ（シルバー）50ml

オレンジピール（フランベする）1 枚

つくり方

1 | カクテルグラスは氷で冷やしておく。

2 | すべての材料と氷をシェーカーに入れ、10秒シェークする。

3 | ダブルストレインでグラスに注ぎ、フランベしたオレンジピールを飾る。

169
CHAMPAGNE COBBLER
シャンパーニュ・コブラー

難易度★

シュガーシロップ 10 ml
シャンパーニュ（辛口）80 ml

オレンジのスライス 1/2 枚
レモンのスライス 1/2 枚
ミントの葉 適量

つくり方
1 | 氷をつめたワイングラスにすべての材料を注ぎ、15 〜 20 回ステアする。
2 | ストローを 2 本そえ、オレンジ、レモン、ミントを飾る。

170
CHAMPAGNE CUP
シャンパーニュ・カップ

難易度★

シャンパーニュ 80 ml
炭酸水 50 ml
シュガーシロップ 10 ml
コアントロー 15 ml
コニャック 30 ml

好みのレッドベリー、
ミントの葉 各適量

つくり方
1 | 氷をつめたワイングラスにすべての材料を注ぎ、15 〜 20 回ステアする。
2 | レッドベリーとミントを飾る。

171
CHAMPAGNE DAISY
シャンパーニュ・デイジー

難易度★★

シャンパーニュ 80 ml
グレナデンシロップ 5 ml
レモン果汁 15 ml
シャルトリューズ・ジョーヌ（イエロー）20 ml

レモンピール 1 枚

つくり方
1 | シャンパーニュ以外の材料と氷をシェーカーに入れ、5 秒シェークする。
2 | フルート型シャンパーニュグラスにダブルストレインで注ぎ、シャンパーニュを満たす。
3 | レモンピールを飾る。

172
CHAMPAGNE PUNCH
シャンパーニュ・パンチ

難易度★

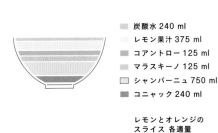

炭酸水 240 ml
レモン果汁 375 ml
コアントロー 125 ml
マラスキーノ 125 ml
シャンパーニュ 750 ml
コニャック 240 ml

レモンとオレンジの
スライス 各適量

つくり方
1 | すべての材料をパンチボウルに注ぎ、氷を 30 個ほど加える。
2 | レモンとオレンジのスライスを加え、レードルなどでそっと混ぜる。
3 | 各自のグラスによそう。

173

CHAMPS-ÉLYSÉES
シャンゼリゼ

難易度★★★

- アンゴスチュラビターズ 1 ダッシュ
- レモン果汁 20 ml
- シャルトリューズ・ジョーヌ（イエロー）20 ml
- コニャック 40 ml

レモンピール 1 枚

つくり方

1 | カクテルグラスは氷で冷やしておく。

2 | すべての材料と氷をシェーカーに入れ、15 秒シェークする。

3 | ダブルストレインでグラスに注ぎ、レモンピールを飾る。

174

CHARTREUSE SWIZZLE
シャルトリューズ・スウィズル

難易度★

- ライム果汁 25 ml
- パイナップルジュース 30ml
- ベルベットファレルナム（p.107）15 ml
- シャルトリューズ・ヴェール（グリーン）35 ml

ライムのスライス 1 枚
パイナップルのスライス 1/8 切れ

つくり方

1 | 氷を詰めたハイボールグラス（タンブラー）にすべての材料を注ぐ。

2 | グラスに霜がつくぐらい 30 回前後バースプーンでしっかりステアする。

3 | ストローを 2 本そえ、ライムとパイナップルを飾る。

175

CHERRY BLOSSOM
チェリー・ブロッサム

難易度★

- グレナデンシロップ 5 ml
- レモン果汁 25 ml
- チェリーリキュール 15 ml
- ■■レ ♪ 50 ml

つくり方

1 | カクテルグラスは氷で冷やしておく。

2 | すべての材料と氷をシェーカーに入れ、15 秒シェークする。

3 | ダブルストレインでグラスに注ぐ。

176

CHIEF LAPU LAPU
チーフ・ラブ・ラブ

難易度★★

- パッションフルーツシロップ 15 ml
- レモン果汁 25 ml
- オレンジ果汁 50 ml
- ジャマイカ産ゴールドラム 25 ml
- プエルトリコ産ホワイトラム 25 ml

オレンジピール（長くむいたもの）1 枚

つくり方

1 | すべての材料と氷をシェーカーに入れ、10 秒シェークする。

2 | 氷をつめた食後酒用グラスにこしながら注ぐ。

3 | ストローをそえ、オレンジピールを飾る。

177

CHRYSANTHEMUM
クリサンセマム

難易度★★★

■ アブサン 6 滴（0.3ml）
■ ベネディクティン 20 ml
□ ドライベルモット 60 ml

オレンジピール 1 枚

つくり方

1 | カクテルグラスは氷で冷やしておく。

2 | 氷をつめたミキシンググラスにすべての材料を
　　入れ、20 〜 30 回ステアする。

3 | こしながらグラスに注ぎ、オレンジピールを飾
　　る。

178

CLOVER LEAF
クローバー・リーフ

難易度★

■ グレナデンシロップ
　 15 ml
■ 卵白 15 ml
■ レモン果汁 25 ml
□ ジン 50 ml

ミントの葉 適量

つくり方

1 | カクテルグラスは氷で冷やしておく。

2 | すべての材料をシェーカーに入れ、まずは氷な
　　しで 10 秒シェークする。

3 | 氷を加え、さらに 15 秒シェークする。

4 | ダブルストレインでグラスに注ぎ、ミントを飾
　　る。

179

COBBLE HILL
コブル・ヒル

難易度★★★

■ キュウリ（皮をむく）
　 薄いスライス 2 枚
■ アマーロ・モンテネグロ
　 15 ml
■ ドライベルモット 15 ml
■ ライウイスキー 50 ml

レモンピール 1 枚

つくり方

1 | カクテルグラスは氷で冷やしておく。

2 | キュウリをミキシンググラスのなかで潰し、氷
　　をつめる。

3 | 残りの材料を加え、20 〜 30 回ステアする。

4 | ダブルストレインでグラスに注ぎ、レモンピー
　　ルを飾る。

180

COFFEE COCKTAIL
コーヒー・カクテル

難易度★

■ 卵白 1 個分
■ シュガーシロップ 10 ml
■ コニャック 25 ml
■ ルビーポートワイン
　 50 ml

ナツメグ(すりおろす)
適量

つくり方

1 | カクテルグラスは氷で冷やしておく。

2 | すべての材料をシェーカーに入れ、まずは氷な
　　しで 10 秒シェークする。

3 | 氷を加え、さらに 15 秒シェークする。

4 | ダブルストレインでグラスに注ぎ、ナツメグを
　　すりおろす。

181
COLONIAL
コロニアル

難易度★

▨ マラスキーノ 5 ml
▨ グレープフルーツ果汁 20 ml
□ ジン 40 ml

つくり方

1 | カクテルグラスは氷で冷やしておく。

2 | すべての材料と氷をシェーカーに入れ、10 秒シェークする。

3 | ダブルストレインでグラスに注ぐ。

182
COMMODORE
コモドール

難易度★★

■ グレナデンシロップ 5 ml
▨ レモン果汁 25 ml
■ クレーム・ド・カカオ・ブラウン 25 ml
■ バーボンウイスキー 50 ml

つくり方

1 | カクテルグラスは氷で冷やしておく。

2 | すべての材料と氷をシェーカーに入れ、15 秒シェークする。

3 | ダブルストレインでグラスに注ぐ。

183
CONTINENTAL SOUR
コンチネンタル・サワー

難易度★

■ ルビーポートワイン 25 ml
▨ 卵白 15 ml
▨ シュガーシロップ 25 ml
▨ レモン果汁 25 ml
■ バーボンウイスキー 50 ml

つくり方

1 | ポートワイン以外の材料をシェーカーに入れ、まずは氷なしで 10 秒シェークする。

2 | 氷を加え、さらに 15 秒シェークする。

3 | 氷をつめたオールドファッショングラスにこしながら注ぐ。

4 | ポートワインを表面にそっとフロートする。

184
CORONATION #1
コロネーション# 1

難易度★★

■ オレンジビターズ 2 ダッシュ
▨ マラスキーノ 10 ml
▨ フィノ（シェリー） 30 ml
□ ドライベルモット 30 ml

つくり方

1 | カクテルグラスは氷で冷やしておく。

2 | 氷をつめたミキシンググラスにすべての材料を入れ、20 ～ 30 回ステアする。

3 | こしながらグラスに注ぐ。

185

CORPSE REVIVER #1
コープス・リバイバー# 1

難易度★★★

- スイートベルモット 20 ml
- カルヴァドス 20 ml
- コニャック 40 ml

つくり方

1 ｜ カクテルグラスは氷で冷やしておく。

2 ｜ 氷をつめたミキシンググラスにすべての材料を入れ、20 ～ 30 回ステアする。

3 ｜ こしながらグラスに注ぐ。

186

CRUX
クラックス

難易度★

- レモン果汁 25 ml
- デュボネ・ルージュ 25 ml
- コアントロー 25 ml
- コニャック 25 ml

レモンピール 1 枚

つくり方

1 ｜ カクテルグラスは氷で冷やしておく。

2 ｜ すべての材料と氷をシェーカーに入れ、15 秒シェークする。

3 ｜ ダブルストレインでグラスに注ぎ、レモンピールを飾る。

187

DE LA LOUISIANE
ド・ラ・ルイジアーヌ

難易度★★

- アブサン 6 滴（0.3ml）
- ペイショーズビターズ 2 ダッシュ
- ベネディクティン 20 ml
- スイートベルモット 20 ml
- ライウイスキー 50 ml

マラスキーノチェリー 3 個

つくり方

1 ｜ カクテルグラスは氷で冷やしておく。

2 ｜ 氷をつめたミキシンググラスにすべての材料を入れ、20 ～ 30 回ステアする。

3 ｜ こしながらグラスに注ぎ、チェリーを飾る。

188

DEAUVILLE
ドーヴィル

難易度★★

- レモン果汁 25 ml
- コアントロー 25 ml
- カルヴァドス 25 ml
- コニャック 25 ml

つくり方

1 ｜ カクテルグラスは氷で冷やしておく。

2 ｜ すべての材料と氷をシェーカーに入れ、15 秒シェークする。

3 ｜ ダブルストレインでグラスに注ぐ。

189

DELICIOUS SOUR
デリシャス・サワー

難易度★

卵白 15 ml
シュガーシロップ 25 ml
レモン果汁 25 ml
クレーム・ド・ペッシュ
（モモ）10 ml
カルヴァドス 50 ml

レモンのスライス
1/2 枚

つくり方

1 | カクテルグラスは氷で冷やしておく。

2 | すべての材料をシェーカーに入れ、まずは氷なしで 10 秒シェークする。

3 | 氷を加え、さらに 15 秒シェークする。

4 | ダブルストレインでグラスに注ぎ、レモンを飾る。

190

DELMARVA
デルマーバ

難易度★★

レモン果汁 10 ml
ドライベルモット 10 ml
ホワイトミント
リキュール 10 ml
ライウイスキー 40 ml

ミントの葉 適量

つくり方

1 | カクテルグラスは氷で冷やしておく。

2 | すべての材料と氷をシェーカーに入れ、15 秒シェークする。

3 | ダブルストレインでグラスに注ぎ、ミントを飾る。

191

DEPTH BOMB
デプス・ボム

難易度★★

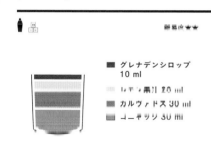

グレナデンシロップ
10 ml
レモン果汁 20 ml
カルヴァドス 30 ml
コニャック 30 ml

つくり方

1 | すべての材料と氷をシェーカーに入れ、15 秒シェークする。

2 | 氷をつめたオールドファッションドグラスにこしながら注ぐ。

192

DERBY
ダービー

難易度★

ライム果汁 20 ml
ドライオレンジ
キュラソー 15 ml
スイートベルモット
15 ml
バーボンウイスキー
40 ml

ミントの葉 適量

つくり方

1 | カクテルグラスは氷で冷やしておく。

2 | すべての材料と氷をシェーカーに入れ、15 秒シェークする。

3 | ダブルストレインでグラスに注ぎ、ミントを飾る。

193

DIPLOMATE
ディプロマット

難易度★

■■ アンゴスチュラビターズ
1 ダッシュ

マラスキーノ 20 ml

■■ スイートベルモット 15 ml

□ ドライベルモット 40 ml

マラスキーノチェリー 1 個
レモンピール 1 枚

つくり方

1 | カクテルグラスは氷で冷やしておく。

2 | 氷をつめたミキシンググラスにすべての材料を
入れ、20 ～ 30 回ステアする。

3 | こしながらグラスに注ぎ、チェリーとレモン
ピールを飾る。

194

DIRTY MARTINI
ダーティー・マティーニ

難易度★★

オリーブの漬け汁 15 ml

ドライベルモット 5 ml

□ ウォッカ（またはジン）
50 ml

オリーブ 2 個

つくり方

1 | カクテルグラスは氷で冷やしておく。

2 | 氷をつめたミキシンググラスにすべての材料を
入れ、20 ～ 30 回ステアする。

3 | こしながらグラスに注ぎ、オリーブを飾る。

オリーブの漬け汁は、缶やビンにオリーブと一緒に入っ
た汁を使用。

195

DOCTOR FUNK
ドクター・ファンク

難易度★

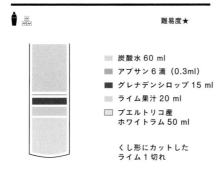

炭酸水 60 ml

■■ アブサン 6 滴（0.3ml）

■■ グレナデンシロップ 15 ml

ライム果汁 20 ml

□ プエルトリコ産
ホワイトラム 50 ml

くし形にカットした
ライム 1 切れ

つくり方

1 | 炭酸水以外の材料と氷をシェーカーに入れ、5
秒シェークする。

2 | 氷をつめたハイボールグラス（タンブラー）に
こしながら注ぎ、炭酸水を満たす。

3 | ストローをそえ、ライムを飾る。

196

DODGE
ドッジ

難易度★★

■■ グレープフルーツ果汁
15 ml

■■ コアントロー 30 ml

□ ジン 30 ml

つくり方

1 | カクテルグラスは氷で冷やしておく。

2 | すべての材料と氷をシェーカーに入れ、15 秒
シェークする。

3 | ダブルストレインでグラスに注ぐ。

197

DOUBLE SMITH
ダブル・スミス

難易度★★

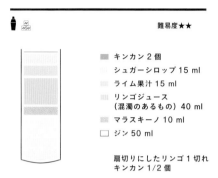

■ キンカン 2 個
シュガーシロップ 15 ml
ライム果汁 15 ml
リンゴジュース
（混濁のあるもの）40 ml
■ マラスキーノ 10 ml
□ ジン 50 ml

扇切りにしたリンゴ 1 切れ
キンカン 1/2 個

つくり方

1 | キンカンを皮ごとシェーカーのなかで潰す。

2 | 残りの材料と氷を加え、10 秒シェークする。

3 | 氷をつめたハイボールグラス（タンブラー）に
ダブルストレインで注ぐ。

4 | ストローをそえ、リンゴとキンカンを飾る。

198

DOUGLAS FAIRBANKS
ダグラス・フェアバンクス

難易度★

卵白 15 ml
ライム果汁 15 ml
■ クレーム・ダブリコ
（アプリコット）20 ml
□ ジン 50 ml

ライムピール 1 枚

つくり方

1 | カクテルグラスは氷で冷やしておく。

2 | すべての材料をシェーカーに入れ、まずは氷な
しで 10 秒シェークする。

3 | 氷を加え、さらに 15 秒シェークする。

4 | ダブルストレインでグラスに注ぎ、ライムピー
ルを飾る。

199

DUBONNET COCKTAIL
デュボネ・カクテル

難易度★

□ ジン 30 ml
■ デュボネ・ルージュ 30 ml

レモンピール 1 枚

つくり方

1 | カクテルグラスは氷で冷やしておく。

2 | 氷をつめたミキシンググラスにすべての材料を
入れ、20 〜 30 回ステアする。

3 | こしながらグラスに注ぎ、レモンピールを飾る。

200

EARL GREY MAR-TEA-NI
アールグレイ・マティーニ

難易度★★

卵白 15 ml
シュガーシロップ 25 ml
レモン果汁 25 ml
□ ジン（アールグレイの
茶葉を適量つけて香り
を移しておく）50 ml

レモンピール 1 枚

つくり方

1 | カクテルグラスは氷で冷やしておく。

2 | すべての材料をシェーカーに入れ、まずは氷な
しで 10 秒シェークする。

3 | 氷を加え、さらに 15 秒シェークする。

4 | ダブルストレインでグラスに注ぎ、レモンピー
ルを飾る。

201

EAST INDIA COCKTAIL
イースト・インディア・カクテル

 難易度★★★

- アンゴスチュラビターズ
  2 ダッシュ
- ドライオレンジキュラソー
  5 ml
- コアントロー 15 ml
- パイナップルシロップ
  15 ml
- コニャック 50 ml

レモンピール 1 枚

つくり方

1 | カクテルグラスは氷で冷やしておく。

2 | 氷をつめたミキシンググラスにすべての材料を
入れ、20 〜 30 回ステアする。

3 | こしながらグラスに注ぎ、レモンピールを飾る。

202

EASTERN SOUR
イースタン・サワー

難易度★

- アーモンドシロップ
  10 ml
- オレンジ果汁 20 ml
- レモン果汁 20 ml
- バーボンウイスキー
  50 ml

レモンのスライス
1/2 枚
オレンジのスライス
1/2 枚

つくり方

1 | すべての材料と氷をシェーカーに入れ、10 秒
シェークする。

2 | 氷をつめたオールドファッショングラスにこ
しながら注ぐ。

3 | ストローをそえ、レモンとオレンジを飾る。

203

EGGNOG
エッグノッグ

6 難易度★★★

- ジャマイカ産ゴールドラム 30 ml
- バーボンウイスキー 250 ml
- 牛乳 250 ml
- 生クリーム 250 ml
- グラニュー糖 100 g
- 卵 3 個

ナツメグ（すりおろす）適量

つくり方

1 | 卵を割って卵黄と卵白に分け、それぞれボウルに入れる。

2 | パンチボウルに卵黄とグラニュー糖を入れ、ホイッパーで白くなるまで泡立てる。

3 | 卵白を電動ホイッパーで角が立つまで泡立てる。

4 | 卵白を 2 に加えてそっと混ぜあわせ、さらに牛乳と生クリームを加えてそっと混ぜる。

5 | ウイスキーとラムを注ぎ、さらに混ぜる。

6 | 氷を 30 個ほど加え、レードルなどでかき混ぜる。

7 | 各自のグラスによそい、ナツメグをすりおろす。

204

EL BURRO
エル・ブーロ

難易度★

ジンジャービア 80 ml

アンゴスチュラビターズ
2 ダッシュ

シュガーシロップ 5 ml

ライム果汁 15 ml

テキーラ・ブランコ
（シルバー）50 ml

くし形にカットした
ライム 1 切れ

つくり方

1 | 氷をつめたハイボールグラス（タンブラー）に
すべての材料を注ぎ、15 〜 20 回ステアする。

2 | ストローをそえ、ライムを飾る。

205

EL MARIACHI
エル・マリアッチ

難易度★★★

トウガラシ（生）1/2 本

マンゴーのピュレ 25 ml

ココナッツクリーム 15 ml

ライム果汁 10 ml

レモン果汁 10 ml

アガベロリキュール 20 ml

テキーラ・レポサド
（ゴールド）35 ml

スモークパプリカパウダー
適量

つくり方

1 | カクテルグラスは氷で冷やしておく。

2 | すべての材料と氷をシェーカーに入れ、15 秒
シェークする。

3 | ダブルストレインでグラスに注ぎ、スモークパ
プリカパウダーを振る。

アガベロリキュールは、ダミアナの花のエッセンスと青いリュ
ウゼツランの蒸留酒をブレンドしたもの。
※入手方法については酒類販売店等にお問いあわせください。

206

ELDERFLOWER MARGARITA
エルダーフラワー・マルガリータ

難易度★

ライム果汁 15 ml

エルダーフラワー
コーディアル（p.283）
10 ml

リンゴジュース
（混濁のあるもの）25 ml

テキーラ・ブランコ
（シルバー）40 ml

レッドカラント
（赤スグリ）適量

つくり方

1 | カクテルグラスは氷で冷やしておく。

2 | すべての材料と氷をシェーカーに入れ、10 秒
シェークする。

3 | ダブルストレインでグラスに注ぎ、レッドカラ
ントを飾る。

207

EMBASSY ROYAL
エンバシー・ローヤル

難易度★

アンゴスチュラビターズ
1 ダッシュ

ライム果汁 20 ml

コアントロー 15 ml

ジャマイカ産
ゴールドラム 25 ml

コニャック 25 ml

ライム 1 切れ

つくり方

1 | カクテルグラスは氷で冷やしておく。

2 | すべての材料と氷をシェーカーに入れ、15 秒
シェークする。

3 | ダブルストレインでグラスに注ぎ、ライムを飾
る。

208

ENGLISH COUNTRY COOLER
イングリッシュ・カントリー・クーラー

難易度★★

- 炭酸水 60 ml
- シュガーシロップ 5 ml
- エルダーフラワー
  コーディアル（p.283）20 ml
- レモン果汁 25 ml
- ジン 25 ml
- ウォッカ 25 ml
- キュウリ
  薄いスライス 4 枚

キュウリのスライス 1 枚
レッドカラント（赤スグリ）
適量

つくり方

1 ｜ キュウリをシェーカーのなかで潰す。

2 ｜ 炭酸水以外の材料と氷をすべて加え、5 秒
シェークする。

3 ｜ 氷をつめたハイボールグラス（タンブラー）に
ダブルストレインで注ぎ、炭酸水を満たす。

4 ｜ ストローをそえ、キュウリとレッドカラントを
飾る。

209

ESTES
エステス

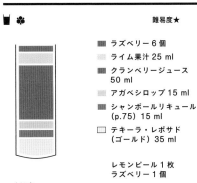

難易度★

- ラズベリー 6 個
- ライム果汁 25 ml
- クランベリージュース
  50 ml
- アガベシロップ 15 ml
- シャンボールリキュール
  （p.75）15 ml
- テキーラ・レポサド
  （ゴールド）35 ml

レモンピール 1 枚
ラズベリー 1 個

つくり方

1 ｜ ラズベリーとシロップをハイボールグラス（タ
ンブラー）の中で潰し、氷をつめる。

2 ｜ 残りの材料を注ぎ、15 〜 20 回ステアする。

3 ｜ ストローを 2 本そえ、レモンピールとラズベ
リーを飾る。

210

FALLEN ANGEL
フォールン・エンジェル

難易度★

- アンゴスチュラビターズ
  2 ダッシュ
- グリーンペパーミント
  リキュール 10 ml
- ライム果汁 15 ml
- ジン 50 ml

ミントの葉 適量

つくり方

1 ｜ カクテルグラスは氷で冷やしておく。

2 ｜ すべての材料と氷をシェーカーに入れ、15 秒
シェークする。

3 ｜ ダブルストレインでグラスに注ぎ、ミントを飾
る。

211

FANCY GIN COCKTAIL
ファンシー・ジン・カクテル

難易度★★

- アンゴスチュラビターズ
  3 ダッシュ
- ドライオレンジキュラソー
  10 ml
- シュガーシロップ 10 ml
- ジン 50 ml

レモンピール 1 枚

つくり方

1 ｜ カクテルグラスは氷で冷やしておく。

2 ｜ すべての材料と氷をシェーカーに入れ、10 秒
シェークする。

3 ｜ ダブルストレインでグラスに注ぎ、レモンピー
ルを飾る。

212

FAWLTY TOWERS SOUR
フォルティ・タワーズ・サワー

難易度★★

- バニラシロップ 10 ml
- レモン果汁 20 ml
- アマレット（p.169）10 ml
- ウォッカ 50 ml
- バジル 6 枚
- ザクロ 1/4 個分

バジルの葉 適量

つくり方

1 | ザクロ、バジル、シロップをシェーカーのなかであわせて潰す。

2 | 残りの材料と氷を加え、10 秒シェークする。

3 | 氷をつめたオールドファッショングラスに、ダブルストレインで注ぎ、バジルを飾る。

213

FISH HOUSE PUNCH
フィッシュ・ハウス・パンチ

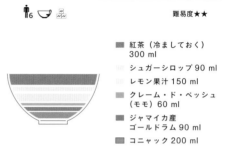

難易度★★

- 紅茶（冷ましておく）300 ml
- シュガーシロップ 90 ml
- レモン果汁 150 ml
- クレーム・ド・ペッシュ（モモ）60 ml
- ジャマイカ産ゴールドラム 90 ml
- コニャック 200 ml

レモンのスライス 6 〜 8 枚

つくり方

1 | すべての材料をパンチボウルに注ぎ、氷を30個ほど加える。

2 | レモンのスライスを加え、レードルなどでかき混ぜる。

3 | 各自のグラスによそう。

214

FLAMINGO
フラミンゴ

難易度★

- グレナデンシロップ 5 ml
- ライム果汁 25 ml
- クレーム・ダブリコ（アプリコット）10 ml
- ジン 50 ml

つくり方

1 | カクテルグラスは氷で冷やしておく。

2 | すべての材料と氷をシェーカーに入れ、15 秒シェークする。

3 | ダブルストレインでグラスに注ぐ。

215

FLEUR DE FRAMBOISE
フルール・ド・フランボワーズ

難易度★

- プロセッコ 100 ml
- コアントロー 10 ml
- バイオレットリキュール（スミレ、p 193）5 ml
- ラズベリーのピュレ 20 ml

つくり方

1 | すべての材料をフルート型シャンパーニュグラスに注ぎ、上下に 2 〜 3 回バースプーンでステアしてグラス内の上下を均等に仕上げる。

216

FLORIDA
フロリダ

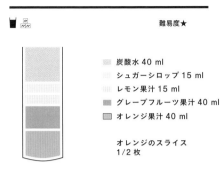

難易度★

炭酸水 40 ml
シュガーシロップ 15 ml
レモン果汁 15 ml
グレープフルーツ果汁 40 ml
オレンジ果汁 40 ml

オレンジのスライス
1/2 枚

つくり方

1 | 氷をつめたハイボールグラス（タンブラー）に
すべての材料を注ぎ、15 〜 20 回ステアする。

2 | ストローをそえ、オレンジを飾る。

217

FLORIDITA
フロリディータ

難易度★★

ライム果汁 20 ml
グレナデンシロップ 5 ml
コアントロー 5 ml
スイートベルモット 10 ml
クレーム・ド・カカオ・
ブラウン 10 ml
キューバ産
ゴールドラム 35 ml

くし形にカットした
ライム 1 切れ

つくり方

1 | カクテルグラスは氷で冷やしておく。

2 | すべての材料と氷をシェーカーに入れ、15 秒
シェークする。

3 | ダブルストレインでグラスに注ぎ、ライムを飾
る。

218

FOGCUTTER
フォグカッター

難易度★★★

ペドロ・ヒメネス
（シェリー）15 ml
アーモンドシロップ 15 ml
オレンジ果汁 45 ml
レモン果汁 30 ml
ジン 20 ml
コニャック 20 ml
プエルトリコ産
ホワイトラム 20 ml

オレンジのスライス 1/2 枚

つくり方

1 | ペドロ・ヒメネス以外の材料と氷をシェーカー
に入れ、10 秒シェークする。

2 | 氷をつめたハイボールグラス（タンブラー）に
こしながら注ぐ。

3 | ストローをそえ、オレンジを飾る。

4 | ペドロ・ヒメネスを表面にそっとフロートする。

219

FORD
フォード

難易度★★

オレンジビターズ
1 ダッシュ
ベネディクティン 5 ml
ドライベルモット 30 ml
オールドトムジン 30 ml

オレンジピール 1 枚

つくり方

1 | カクテルグラスは氷で冷やしておく。

2 | 氷をつめたミキシンググラスにすべての材料を
入れ、20 〜 30 回ステアする。

3 | こしながらグラスに注ぎ、オレンジピールを飾
る。

２２０
フレンチ・コネクション

２２１
フレンチ・メイド

２２２
フレンチ・スプリング・パンチ

２２３
フロストバイト

220

FRENCH CONNECTION
フレンチ・コネクション

難易度★

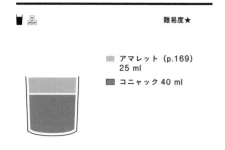

▦ アマレット（p.169）
25 ml
▦ コニャック 40 ml

つくり方

1 | 氷をつめたオールドファッショングラスにすべての材料を注ぎ、15 〜 20 回ステアする。

221

FRENCH MAID
フレンチ・メイド

難易度★

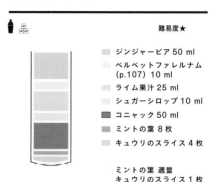

▦ ジンジャービア 50 ml
▦ ベルベットファレルナム
（p.107）10 ml
▦ ライム果汁 25 ml
▦ シュガーシロップ 10 ml
▦ コニャック 50 ml
▦ ミントの葉 8 枚
▦ キュウリのスライス 4 枚

ミントの葉 適量
キュウリのスライス 1 枚

つくり方

1 | キュウリをシェーカーのなかで潰し、ミントを加える。

2 | ジンジャービア以外の材料と氷を加え、5 秒シェークする。

3 | 氷をつめたハイボールグラス（タンブラー）にダブルストレインで注ぎ、ジンジャービアを満たす。

4 | ストローをそえ、ミントとキュウリを飾る。

222

FRENCH SPRING PUNCH
フレンチ・スプリング・パンチ

難易度★

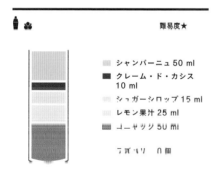

▦ シャンパーニュ 50 ml
▦ クレーム・ド・カシス
10 ml
▦ シュガーシロップ 15 ml
▦ レモン果汁 25 ml
▦ コニャック 50 ml

ラズベリー 0 個

つくり方

1 | シャンパーニュ以外の材料と氷をシェーカーに入れ、5 秒シェークする。

2 | 氷をつめたハイボールグラス（タンブラー）にこしながら注ぎ、シャンパーニュを満たす。

3 | ストローを 2 本そえ、ラズベリーを飾る。

223

FROSBITE
フロストバイト

難易度★

▦ 生クリーム 30 ml
▦ クレーム・ド・カカオ・
ホワイト 30 ml
▦ テキーラ・ブランコ
（シルバー）40 ml

ナツメグ（すりおろす）
適量

つくり方

1 | カクテルグラスは氷で冷やしておく。

2 | すべての材料と氷をシェーカーに入れ、15 秒シェークする。

3 | ダブルストレインでグラスに注ぎ、ナツメグをすりおろす。

224

GEORGIA MINT JULEP
ジョージア・ミント・ジュレップ

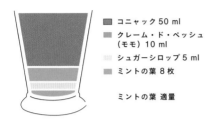

難易度★

- コニャック 50 ml
- クレーム・ド・ペッシュ（モモ）10 ml
- シュガーシロップ 5 ml
- ミントの葉 8 枚

ミントの葉 適量

つくり方

1 | ミントの葉を両手の間にはさんでたたき、ジュレップカップに入れる。

2 | 氷をつめ、残りの材料を注ぎ、15 〜 20 回ステアする。

3 | ストローを 2 本そえ、ミントを飾る。

225

GIBSON
ギブソン

難易度★★

- ドライベルモット 5 ml
- ジン 50 ml

カクテルオニオン（パールオニオンの酢漬け）2 個

つくり方

1 | カクテルグラスは氷で冷やしておく。

2 | 氷をつめたミキシンググラスにすべての材料を入れ、20 〜 30 回ステアする。

3 | こしながらグラスに注ぎ、カクテルオニオンを飾る。

226

GIMLET
ギムレット

難易度★

- ライムジュース 15 ml
- ジン 50 ml

ライムピール 1 枚

つくり方

1 | カクテルグラスは氷で冷やしておく。

2 | 氷をつめたミキシンググラスにすべての材料を入れ、20 〜 30 回ステアする。

3 | こしながらグラスに注ぎ、ライムピールを飾る。

227

GIN ALOHA
ジン・アロハ

難易度★

- オレンジビターズ 1 ダッシュ
- パイナップルジュース 15 ml
- コアントロー 15 ml
- ジン 40 ml

つくり方

1 | カクテルグラスは氷で冷やしておく。

2 | すべての材料と氷をシェーカーに入れ、15 秒シェークする。

3 | ダブルストレインでグラスに注ぐ。

228

GIN AND IT
ジン・アンド・イット

難易度★

■ スイートベルモット 40 ml
□ ジン 40 ml

つくり方

1 | カクテルグラスは氷で冷やしておく。

2 | 氷をつめたミキシンググラスにすべての材料を入れ、20 〜 30 回ステアする。

3 | こしながらグラスに注ぐ。

229

GIN BUCK
ジン・バック

難易度★

■ ジンジャーエール 100 ml
■ レモン果汁 15 ml
□ ジン 50 ml

くし形にカットした
レモン 1 切れ

つくり方

1 | 氷をつめたハイボールグラス（タンブラー）にすべての材料を注ぎ、15 〜 20 回ステアする。

2 | ストローをそえ、レモンを飾る。

230

GIN DAISY
ジン・デイジー

難易度★

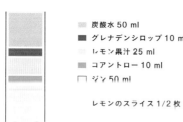

■ 炭酸水 50 ml
■ グレナデンシロップ 10 ml
■ レモン果汁 25 ml
■ コアントロー 10 ml
□ ジン 50 ml

レモンのスライス 1/2 枚

つくり方

1 | 炭酸水以外のすべての材料と水をシェーカーに入れ、5 秒シェークする。

2 | 氷をつめたハイボールグラス（タンブラー）にこしながら注ぎ、炭酸水を満たす。

3 | ストローをそえ、レモンを飾る。

231

GIN GIN MULE
ジン・ジン・ミュール

難易度★

■ ジンジャービア 80 ml
□ ジン 50 ml
■ シュガーシロップ 15 ml
■ ライム果汁 15 ml
■ ミントの葉 8 枚

くし形にカットした
ライム 1 切れ

つくり方

1 | ミント、ライム果汁、シロップをハイボールグラス（タンブラー）のなかであわせて潰し、氷をつめる。

2 | 残りの材料を注ぎ、15 〜 20 回ステアする。

3 | ストローをそえ、ライムを飾る。

232
GIN RICKEY
ジン・リッキー

難易度★

- 炭酸水 100 ml
- ライム果汁 15 ml
- ジン 50 ml

ライムのスライス 1 枚

つくり方

1 | 氷をつめたハイボールグラス（タンブラー）に
　　すべての材料を注ぎ、15 〜 20 回ステアする。

2 | ストローをそえ、ライムを飾る。

233
GIN SANGAREE
ジン・サンガリー

難易度★

- ルビーポートワイン 20 ml
- ミネラルウォーター 40 ml
- シュガーシロップ 15 ml
- ジン 50 ml

ナツメグ（すりおろす）適量

つくり方

1 | 氷をつめたオールドファッションドグラスに
　　ポートワイン以外の材料を注ぎ、15 〜 20 回ス
　　テアする。

2 | ポートワインを表面にそっとフロートし、ナツ
　　メグをすりおろす。

234
GIPSY QUEEN
ジプシー・クイーン

難易度★

- アンゴスチュラビターズ 2 ダッシュ
- ベネディクティン 25 ml
- ウォッカ 50 ml

レモンピール 1 枚

つくり方

1 | カクテルグラスは氷で冷やしておく。

2 | 氷をつめたミキシンググラスにすべての材料を
　　入れ、20 〜 30 回ステアする。

3 | こしながらグラスに注ぎ、レモンピールを飾る。

235
GOD FATHER
ゴッド・ファーザー

難易度★

- アマレット（p.169）25 ml
- スコッチウイスキー 50 ml

つくり方

1 | 氷をつめたオールドファッションドグラスにす
　　べての材料を注ぎ、15 〜 20 回ステアする。

236

GOD MOTHER
ゴッド・マザー

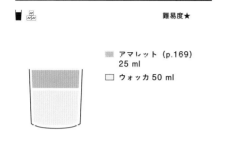

難易度★

- アマレット（p.169）
  25 ml
- ウォッカ 50 ml

つくり方

1 | 氷をつめたオールドファッションドグラスにすべての材料を注ぎ、15 〜 20 回ステアする。

237

GOLDEN DREAM
ゴールデン・ドリーム

難易度★

- 生クリーム 15 ml
- オレンジ果汁 25 ml
- コアントロー 25 ml
- ガリアーノ（p.290）
  25 ml

つくり方

1 | カクテルグラスは氷で冷やしておく。

2 | すべての材料と氷をシェーカーに入れ、15 秒シェークする。

3 | ダブルストレインでグラスに注ぐ。

238

GRASSHOPPER
グラスホッパー

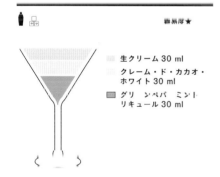

難易度★

- 生クリーム 30 ml
- クレーム・ド・カカオ・ホワイト 30 ml
- グリーンペパーミント
  リキュール 30 ml

つくり方

1 | カクテルグラスは氷で冷やしておく。

2 | すべての材料と氷をシェーカーに入れ、15 秒シェークする。

3 | ダブルストレインでグラスに注ぐ。

239

GREEN HAT
グリーン・ハット

難易度★★

- シャルトリューズ・
  ヴェール（グリーン）
  5 ml
- ライウイスキー 50 ml
- 炭酸水 5 ml
- アンゴスチュラ・ビターズ
  3 ダッシュ
- 角砂糖 1 個

  レモンピール 1 枚

つくり方

1 | ファッションドグラスに角砂糖を入れ、ビターズを振って湿らせる。

2 | 炭酸水を加え、砂糖がとけるまで潰す。

3 | 氷をつめ、ウイスキーを注ぎ、20 〜 30 回ステアする。

4 | レモンピールを飾り、シャルトリューズを表面にそっとフロートする。

240

GREYHOUND
グレイハウンド

難易度★

■ グレープフルーツ果汁
　100 ml

□ ジン 50 ml

くし形にカットした
グレープフルーツ 1 切れ

つくり方

1 ｜ 氷をつめたハイボールグラス（タンブラー）に
　　すべての材料を注ぎ、15 〜 20 回ステアする。

2 ｜ ストローをそえ、グレープフルーツを飾る。

241

HALLE BERRY MARTINI
ハル・ベリー・マティーニ

難易度★

■ リンゴジュース
　（混濁のあるもの）30 ml

■ ライム果汁 10 ml

■ シャンボールリキュール
　(p.75) 15 ml

□ ウォッカ 50 ml

■ ブラックベリー 3 個

■ ラズベリー 3 個

ブラックベリー 1 個

つくり方

1 ｜ カクテルグラスは氷で冷やしておく。

2 ｜ ベリー類をシェーカーに入れて潰す。

3 ｜ 残りの材料と氷を加え、15 秒シェークする。

4 ｜ ダブルストレインでグラスに注ぎ、ブラックベ
　　リーを飾る。

242

HARVARD
ハーバード

難易度★★

■ アンゴスチュラビターズ
　2 ダッシュ

■ スイートベルモット
　25 ml

□ コニャック 50 ml

オレンジピール 1 枚

つくり方

1 ｜ カクテルグラスは氷で冷やしておく。

2 ｜ 氷をつめたミキシンググラスにすべての材料を
　　入れ、20 〜 30 回ステアする。

3 ｜ こしながらグラスに注ぎ、オレンジピールを飾
　　る。

243

HARVEY WALLBANGER
ハーベイ・ウォールバンガー

難易度★

■ オレンジ果汁 100 ml

■ ガリアーノ（p.290）
　10 ml

□ ウォッカ 50 ml

オレンジのスライス 1 枚

つくり方

1 ｜ 氷をつめたハイボールグラス（タンブラー）に
　　すべての材料を注ぎ、15 〜 20 回ステアする。

2 ｜ ストローをそえ、オレンジを飾る。

244

HONEYMOON
ハネムーン

難易度★★

■ ドライオレンジキュラソー 10 ml
■ ベネディクティン 10 ml
■ レモン果汁 20 ml
■ カルヴァドス 40 ml

つくり方

1 | カクテルグラスは氷で冷やしておく。

2 | すべての材料と氷をシェーカーに入れ、15 秒シェークする。

3 | ダブルストレインでグラスに注ぐ。

245

HONEYSUCKLE
ハニーサックル

難易度★

■ ハニーシロップ 15 ml
■ ライム果汁 25 ml
■ キューバ産ゴールドラム 50 ml

くし形にカットした ライム 1 切れ

つくり方

1 | カクテルグラスは氷で冷やしておく。

2 | すべての材料と氷をシェーカーに入れ、15 秒シェークする。

3 | ダブルストレインでグラスに注ぎ、ライムを飾る。

246

HONOLULU
ホノルル

難易度★

■ シュガーシロップ 10 ml
■ レモン果汁 10 ml
■ パイナップルジュース 15 ml
■ オレンジ果汁 15 ml
□ ジン 50 ml

パイナップルのスライス 1/8 切れ

つくり方

1 | カクテルグラスは氷で冷やしておく。

2 | すべての材料と氷をシェーカーに入れ、15 秒シェークする。

3 | ダブルストレインでグラスに注ぎ、パイナップルを飾る。

247

HOT BUTTERED RUM
ホット・バタード・ラム

難易度★★★

■ 熱湯 50 ml
■ ジャマイカ産 ゴールドラム 50 ml
■ クローブ 3 個
■ シュガーシロップ 15 ml
■ バター（無塩、 やわらかくする）10g

シナモンスティック 1 本
ナツメグ（すりおろす） 適量

つくり方

1 | やわらかくしたバター、シロップ、クローブをマグカップに入れる。

2 | ラムを加え、20 ～ 30 回ステアする。

3 | 熱湯を注ぎ、バターがとけるまでさらに 7 回前後ステアする。

4 | シナモンを飾り、ナツメグをすりおろす。

248

HURRICANE
ハリケーン

難易度★★

- ■ グレナデンシロップ 10 ml
- ■ パッションフルーツ ジュース 30 ml
- ■ オレンジ果汁 30 ml
- ■ ライム果汁 15 ml
- ■ キューバ産 ホワイトラム 30 ml
- ■ ジャマイカ産 ゴールドラム 30 ml

オレンジのスライス 1 枚

つくり方

1 | すべての材料と氷をシェーカーに入れ、5 秒 シェークする。

2 | 氷をつめたハリケーングラスにこしながら注 ぐ。

3 | ストローを 2 本そえ、オレンジを飾る。

249

INCOME TAX COCKTAIL
インカム・タックス・カクテル

難易度★★

- ■ アンゴスチュラビターズ 1 ダッシュ
- ■ オレンジ果汁 20 ml
- ■ スイートベルモット 20 ml
- ■ ドライベルモット 20 ml
- □ ジン 40 ml

オレンジのスライス 1/2 枚

つくり方

1 | カクテルグラスは氷で冷やしておく。

2 | すべての材料と氷をシェーカーに入れ、10 秒 シェークする。

3 | ダブルストレインでグラスに注ぎ、オレンジを 飾る。

250

IRISH MERMAID
アイリッシュ・マーメイド

難易度★★★

- ■ アンゴスチュラビターズ 2 ダッシュ
- ■ アーモンドシロップ 5 ml
- ■ アペロール 10 ml
- ■ チェリーリキュール 10 ml
- ■ アイリッシュウイスキー 35 ml

マラスキーノチェリー 3 個
オレンジピール 1 枚

つくり方

1 | カクテルグラスは氷で冷やしておく。

2 | すべての材料と氷をシェーカーに入れ、7 〜 8 回スローイングする。

3 | グラスに注ぎ、チェリーとオレンジピールを飾 る。

251

JA-MORA
ジャ゠モーラ

難易度★

- ■ シャンパーニュ 60 ml
- ■ リンゴジュース （混濁のあるもの） 15 ml
- ■ オレンジ果汁 15 ml
- ■ シャンボールリキュール （p.75） 15 ml
- □ ウォッカ 20ml

ラズベリー 1 個

つくり方

1 | シャンパーニュ以外のすべての材料と氷を シェーカーに入れ、5 秒シェークする。

2 | フルート型シャンパーニュグラスにダブルスト レインで注ぎ、シャンパーニュを満たす。

3 | ラズベリーを飾る。

252

JACK COLLINS
ジャック・コリンズ

難易度★

■ 炭酸水 100 ml
■ シュガーシロップ 25 ml
■ レモン果汁 25 ml
■ カルヴァドス 50 ml

レモンのスライス 1 枚
マラスキーノチェリー 1 個

つくり方

1 | 氷をつめたハイボールグラス（タンブラー）に
すべての材料を注ぎ、15 〜 20 回ステアする。

2 | ストローをそえ、レモンとチェリーを飾る。

253

JACK ROSE
ジャック・ローズ

難易度★

■ グレナデンシロップ
15 ml
■ レモン果汁 25 ml
■ カルヴァドス 50 ml

レモンのスライス 1/2 枚

つくり方

1 | カクテルグラスは氷で冷やしておく。

2 | すべての材料と氷をシェーカーに入れ、15 秒
シェークする。

3 | ダブルストレインでグラスに注ぎ、レモンを飾
る。

254

JAIZKIBEL
ハイスキベル

難易度★

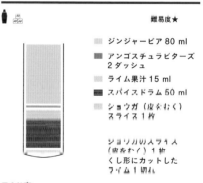

■ ライム果汁 5 ml
■ グレープフルーツ果汁
25 ml
■ カンパリ 15 ml
□ ジン 50 ml

つくり方

1 | カクテルグラスは氷で冷やしておく。

2 | すべての材料と氷をシェーカーに入れ、15 秒
シェークする。

3 | ダブルストレインでグラスに注ぐ。

255

JAMAICAN MULE
ジャマイカン・ミュール

難易度★

■ ジンジャービア 80 ml
■ アンゴスチュラビターズ
2 ダッシュ
■ ライム果汁 15 ml
■ スパイスドラム 50 ml
■ ショウガ（皮をむく）
スライス 1 枚

ショウガのスライス
（皮をむく）1 枚
くし形にカットした
ライム 1 切れ

つくり方

1 | ショウガをシェーカーのなかで潰す。

2 | ジンジャービア以外の材料と氷を加え、5 秒
シェークする。

3 | 氷をつめたハイボールグラス（タンブラー）に
ダブルストレインで注ぎ、ジンジャービアを満
たす。

4 | ストローをそえ、ショウガとライムを飾る。

256
JERSEY
ジャージー

難易度★

- シードル（辛口）80 ml
- アンゴスチュラビターズ 2ダッシュ
- カルヴァドス 25 ml
- 角砂糖 1 個

レモンピール 1 枚

つくり方

1 | フルート型シャンパーニュグラスに角砂糖を入れ、ビターズを振って湿らせる。

2 | 残りの材料を注ぐ。

3 | レモンピールを飾る。

257
JOCKEY CLUB
ジャッキー・クラブ

難易度★★

- オレンジビターズ 1ダッシュ
- レモン果汁 25 ml
- アマレット（p.169）15 ml
- ジン 50 ml

つくり方

1 | カクテルグラスは氷で冷やしておく。

2 | すべての材料と氷をシェーカーに入れ、15秒シェークする。

3 | ダブルストレインでグラスに注ぐ。

258
JUPITER
ジュピター

難易度★★★

- レモン果汁 10 ml
- パルフェタムールリキュール 10 ml
- ドライベルモット 25 ml
- ジン 50 ml

つくり方

1 | カクテルグラスは氷で冷やしておく。

2 | すべての材料と氷をシェーカーに入れ、15秒シェークする。

3 | ダブルストレインでグラスに注ぐ。

パルフェタムールリキュールはおもにバラとスミレの花びらを使ってつくったリキュール。

259
KAMIKAZE
カミカゼ

難易度★

- ライム果汁 20 ml
- コアントロー 20 ml
- ウォッカ 40 ml

くし形にカットしたライム 1 切れ

つくり方

1 | カクテルグラスは氷で冷やしておく。

2 | すべての材料と氷をシェーカーに入れ、15秒シェークする。

3 | ダブルストレインでグラスに注ぎ、ライムを飾る。

260

KENTUCKY COLONEL
ケンタッキー・カーネル

難易度★

ベネディクティン 20 ml

バーボンウイスキー 50 ml

レモンピール 1 枚

つくり方

1 ｜ カクテルグラスは氷で冷やしておく。

2 ｜ すべての材料と氷をシェーカーに入れ、15 秒 シェークする。

3 ｜ こしながらグラスに注ぎ、レモンピールを飾る。

261

KIR ROYAL
キール・ロワイヤル

難易度★★

シャンパーニュ 100 ml

クレーム・ド・カシス 15 ml

つくり方

1 ｜ クレーム・ド・カシス、シャンパーニュの順で フルート型シャンパーニュグラスに注ぐ。

262

KNICKERBOCKER
ニッカーボッカー

難易度★

ラズベリーシロップ 10 ml

オレンジ果汁 20 ml

レモン果汁 25 ml

コアントロー 10 ml

キューバ産 ゴールドラム 50 ml

レモンスライス 1/2 枚

つくり方

1 ｜ カクテルグラスは氷で冷やしておく。

2 ｜ すべての材料と氷をシェーカーに入れ、15 秒 シェークする。

3 ｜ ダブルストレインでグラスに注ぎ、レモンを飾る。

263

LA CUCARACHA
ラ・クカラチャ

難易度★★

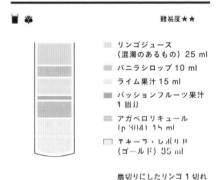

リンゴジュース （混濁のあるもの）25 ml

バニラシロップ 10 ml

ライム果汁 15 ml

パッションフルーツ果汁 1 個分

アガベロリキュール （p.304）15 ml

テキーラ・レポサド （ゴールド）35 ml

扇切りにしたリンゴ 1 切れ

つくり方

1 ｜ すべての材料を、氷をつめたハイボールグラス （タンブラー）に入れ、15 ～ 20 回ステアする。

2 ｜ ストローを 2 本そえ、リンゴを飾る。

264

LADY KILLER
レディ・キラー

難易度★

■ パッションフルーツ
ジュース 40 ml

□ パイナップルジュース
40 ml

■ アプリコットリキュール
10 ml

■ コアントロー 10 ml

□ ジン 40 ml

くし形にカットした
ライム 1 切れ

つくり方

1 | 氷をつめたハイボールグラス（タンブラー）に
すべての材料を注ぎ、15 〜 20 回ステアする。

2 | ストローをそえ、ライムを飾る。

265

LEAVE IT TO ME
リーブ・イット・トゥー・ミー

難易度★

■ グレナデンシロップ 5 ml

□ レモン果汁 15 ml

□ ドライベルモット 15 ml

■ クレーム・ダブリコ
（アプリコット）10 ml

□ ジン 40 ml

つくり方

1 | カクテルグラスは氷で冷やしておく。

2 | すべての材料と氷をシェーカーに入れ、15 秒
シェークする。

3 | ダブルストレインでグラスに注ぐ。

266

LEMON DROP
レモン・ドロップ

難易度★

□ シュガーシロップ 5 ml

□ レモン果汁 20 ml

■ コアントロー 20 ml

□ レモン風味のウォッカ
40 ml

レモンピール 1 枚

つくり方

1 | カクテルグラスは氷で冷やしておく。

2 | すべての材料と氷をシェーカーに入れ、15 秒
シェークする。

3 | ダブルストレインでグラスに注ぎ、レモンピー
ルを飾る。

267

LITTLE ITALY
リトル・イタリー

難易度★★

■ チナール 15 ml

■ スイートベルモット 25 ml

■ ライウイスキー 50 ml

マラスキーノチェリー
2 個

つくり方

1 | カクテルグラスは氷で冷やしておく。

2 | 氷をつめたミキシンググラスにすべての材料
を入れ、20 〜 30 回ステアする。

3 | こしながらグラスに注ぎ、チェリーを飾る。

268
ロング・アイランド・アイスド・ティー

269
ロング・スプリング・フライング

270
ルイス・スペシャル

271
メイデンズ・ブラッシュ

268

LONG ISLAND ICED TEA
ロング・アイランド・アイスド・ティー

難易度★

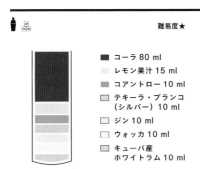

- コーラ 80 ml
- レモン果汁 15 ml
- コアントロー 10 ml
- テキーラ・ブランコ（シルバー）10 ml
- ジン 10 ml
- ウォッカ 10 ml
- キューバ産ホワイトラム 10 ml

レモンのスライス 1 枚

つくり方

1 ｜ コーラ以外の材料と氷をシェーカーに入れ、5秒シェークする。

2 ｜ 氷をつめたハイボールグラス（タンブラー）にこしながら注ぎ、コーラを満たす。

3 ｜ ストローをそえ、レモンを飾る。

269

LONG SPRING FLING
ロング・スプリング・フライング

難易度★

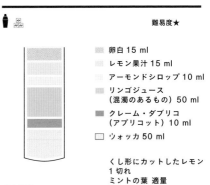

- 卵白 15 ml
- レモン果汁 15 ml
- アーモンドシロップ 10 ml
- リンゴジュース（混濁のあるもの）50 ml
- クレーム・ダブリコ（アプリコット）10 ml
- ウォッカ 50 ml

くし形にカットしたレモン 1 切れ
ミントの葉 適量

つくり方

1 ｜ カクテルグラスは氷で冷やしておく。

2 ｜ すべての材料をシェーカーに入れ、まずは氷なしで 10 秒シェークする。

3 ｜ 氷を加え、さらに 15 秒シェークする。

4 ｜ 氷をつめたハイボールグラス（タンブラー）にこしながら注ぐ。

5 ｜ ストローをそえ、レモンとミントを飾る。

270

LOUIS SPECIAL
ルイス・スペシャル

難易度★★★

- アンゴスチュラビターズ 2 ダッシュ
- ドライオレンジキュラソー 5 ml
- アプリコットのブランデー 5 ml
- オレンジ果汁 30 ml
- スイートベルモット 30 ml
- ジン 30 ml

レモンピール 1 枚

つくり方

1 ｜ カクテルグラスは氷で冷やしておく。

2 ｜ 氷をつめたミキシンググラスにすべての材料を入れ、20 〜 30 回ステアする。

3 ｜ こしながらグラスに注ぎ、レモンピールを飾る。

271

MAIDEN'S BLUSH
メイデンズ・ブラッシュ

難易度★

- グレナデンシロップ 5 ml
- コアントロー 15 ml
- レモン果汁 20 ml
- ジン 40 ml

つくり方

1 ｜ カクテルグラスは氷で冷やしておく。

2 ｜ すべての材料と氷をシェーカーに入れ、15 秒シェークする。

3 ｜ ダブルストレインでグラスに注ぐ。

272

MARY PICKFORD
メアリー・ピックフォード

難易度★

- グレナデンシロップ 5 ml
- マラスキーノ 5 ml
- パイナップルジュース 25 ml
- キューバ産 ホワイトラム 50 ml

マラスキーノチェリー 1 個

つくり方

1 | カクテルグラスは氷で冷やしておく。

2 | すべての材料と氷をシェーカーに入れ、15 秒 シェークする。

3 | ダブルストレインでグラスに注ぎ、チェリーを 飾る。

273

MATADOR
マタドール

難易度★

- ライム果汁 15 ml
- パイナップルジュース 25 ml
- テキーラ・ブランコ (シルバー) 50 ml

くし形にカットした ライム 1 切れ

つくり方

1 | カクテルグラスは氷で冷やしておく。

2 | すべての材料と氷をシェーカーに入れ、15 秒 シェークする。

3 | ダブルストレインでグラスに注ぎ、ライムを飾 る。

274

MEXICAN 55
メキシカン55

難易度★★

- シャンパーニュ 60 ml
- アンゴスチュラビターズ 1 ダッシュ
- シュガーシロップ 15 ml
- ライム果汁 15 ml
- テキーラ・レポサド (ゴールド) 30 ml

ライムピール 1 枚

つくり方

1 | シャンパーニュ以外の材料と氷をシェーカーに 入れ、5 秒シェークする。

2 | フルート型シャンパーニュグラスにダブルスト レインで注ぐ。

3 | シャンパーニュを満たし、ライムピールを飾る。

275

MEXICAN COFFEE
メキシカン・コーヒー

難易度★★★

- 生クリーム 50 ml
- アメリカンコーヒー (p.227) 80 ml
- コーヒーリキュール 15 ml
- テキーラ・レポサド (ゴールド) 40 ml

熱湯 適量

つくり方

1 | ワイングラスに熱湯を入れてあたためておく。 この間にコーヒーをいれる。

2 | グラスの湯を捨て、テキーラとリキュールを注 ぎ、さらにコーヒーを注ぐ。バースプーンで 7 回前後ステアする。

3 | 生クリームを氷なしで 20 秒シェークする。

4 | 3 のシェークした生クリームをカクテルの表面 にそっと注ぐ。

276

MICHELADA
ミチェラーダ

難易度★★

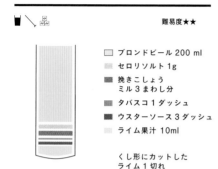

☐ ブロンドビール 200 ml

⬜ セロリソルト 1g

⬛ 挽きこしょう
ミル 3 まわし分

⬛ タバスコ 1 ダッシュ

⬛ ウスターソース 3 ダッシュ

⬜ ライム果汁 10ml

くし形にカットした
ライム 1 切れ

つくり方

1 | 氷をつめたハイボールグラス（タンブラー）に
すべての材料を注ぎ、上下に 2〜3 回バースプー
ンでステアしてグラス内の上下を均等に仕上げ
る。

2 | ライムを飾る。

ブロンドビールは、黄色や金色をしたビール。

277

MILK PUNCH
ミルク・パンチ

難易度★

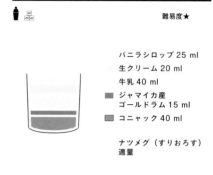

⬜ バニラシロップ 25 ml

⬜ 生クリーム 20 ml

牛乳 40 ml

⬛ ジャマイカ産
ゴールドラム 15 ml

⬛ コニャック 40 ml

ナツメグ（すりおろす）
適量

つくり方

1 | すべての材料と氷をシェーカーに入れ、15 秒
シェークする。

2 | 氷をつめたオールドファッショングラスにこ
しながら注ぐ。

3 | ナツメグをすりおろす。

278

MILLIONAIRE #4
ミリオネーア #4

難易度★★

⬜ ライム果汁 30 ml

⬛ クレーム・ダブリコ
（アプリコット）15 ml

⬛ スロージン 25 ml

⬛ ジャマイカ産
ゴールドラム 50 ml

くし形にカットした
ライム 1 切れ

つくり方

1 | カクテルグラスは氷で冷やしておく。

2 | すべての材料と氷をシェーカーに入れ、15 秒
シェークする。

3 | ダブルストレインでグラスに注ぎ、ライムを飾
る。

279

MONTEGO BAY
モンテゴ・ベイ

難易度★

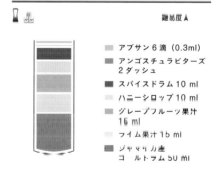

⬛ アブサン 6 滴（0.3ml）

⬛ アンゴスチュラビターズ
2 ダッシュ

⬛ スパイスドラム 10 ml

⬜ ハニーシロップ 10 ml

⬜ グレープフルーツ果汁
15 ml

⬜ ライム果汁 15 ml

⬛ ジャマイカ産
ゴールドラム 50 ml

つくり方

1 | バーブレンダーにすべての材料と氷 6〜8 個を
入れ、最速で 15〜30 秒前後かくはんする。

2 | ハイボールグラス（タンブラー）に注ぎ、スト
ローを 2 本そえる。

280
MORNING GLORY FIZZ
モーニング・グローリー・フィズ

難易度★★

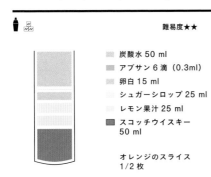

炭酸水 50 ml
アブサン 6 滴（0.3ml）
卵白 15 ml
シュガーシロップ 25 ml
レモン果汁 25 ml
スコッチウイスキー 50 ml

オレンジのスライス 1/2 枚

つくり方

1 ｜ 炭酸水以外の材料と氷をシェーカーに入れ、10 秒シェークする。

2 ｜ 氷をつめたハイボールグラス（タンブラー）にこしながら注ぎ、炭酸水を満たす。

3 ｜ ストローをそえ、オレンジを飾る。

281
MOUNTAIN
マウンテン

難易度★★

卵白 15 ml
レモン果汁 15 ml
ドライベルモット 20 ml
スイートベルモット 20 ml
ライウイスキー 50 ml

つくり方

1 ｜ カクテルグラスは氷で冷やしておく。

2 ｜ すべての材料をシェーカーに入れ、まずは氷なしで 10 秒シェークする。

3 ｜ 氷を加え、さらに 15 秒シェークする。

4 ｜ ダブルストレインでグラスに注ぐ。

282
MULATA DAIQUIRI
ムラータ・ダイキリ

難易度★

ライム果汁 20 ml
クレーム・ド・カカオ・ブラウン 20 ml
キューバ産ゴールドラム 50 ml

くし形にカットしたライム 1 切れ

つくり方

1 ｜ カクテルグラスは氷で冷やしておく。

2 ｜ すべての材料と氷をシェーカーに入れ、15 秒シェークする。

3 ｜ ダブルストレインでグラスに注ぎ、ライムを飾る。

283
NATIONAL
ナショナル

難易度★

ライム果汁 20 ml
クレーム・ダプリコ（アプリコット）20 ml
キューバ産ホワイトラム 50 ml

くし形にカットしたライム 1 切れ

つくり方

1 ｜ カクテルグラスは氷で冷やしておく。

2 ｜ すべての材料と氷をシェーカーに入れ、15 秒シェークする。

3 ｜ ダブルストレインでグラスに注ぎ、ライムを飾る。

284
NAVY GROG
ネイビー・グロッグ

難易度★★★

炭酸水 20 ml
グレープフルーツ果汁 20 ml
ライム果汁 20 ml
ハニーシロップ 25 ml
ゴールドラム 25 ml
ジャマイカ産ゴールドラム 25 ml
プエルトリコ産ホワイトラム 25 ml

つくり方

1 | 炭酸水以外の材料と氷をシェーカーに入れ、10秒シェークする。

2 | 氷をつめたオールドファッショングラスにこしながら注ぐ。

3 | 炭酸水を満たし、ストローをそえる。

285
NEW YORK SOUR
ニューヨーク・サワー

難易度★

赤ワイン 25 ml
卵白 15 ml
シュガーシロップ 25 ml
レモン果汁 25 ml
バーボンウイスキー 50 ml

つくり方

1 | 赤ワイン以外の材料をシェーカーに入れ、まずは氷なしで 10 秒シェークする。

2 | 氷を加え、さらに 15 秒シェークする。

3 | 氷をつめたオールドファッショングラスにこしながら注ぐ。

4 | 赤ワインを表面にそっとフロートする。

286
NEW YORKER
ニューヨーカー

難易度★

グレナデンシロップ 15 ml
ライム果汁 25 ml
ライウイスキー 50 ml

つくり方

1 | カクテルグラスは氷で冷やしておく。

2 | すべての材料と氷をシェーカーに入れ、15 秒シェークする。

3 | ダブルストレインでグラスに注ぐ。

287
NIPPON WINTER MARTINI
ニッポン・ウインター・マティーニ

難易度★★★

シソ 1 枚
ユズ果汁 15 ml
ラズベリーのピュレ 25 ml
ウォッカ 30 ml
黒糖のリキュール 1 振り

つくり方

1 | カクテルグラスは氷で冷やしておく。

2 | すべての材料と氷をシェーカーに入れ、15 秒シェークする。

3 | ダブルストレインでグラスに注ぎ、リンゴを飾る。

288

NO NAME
ノー・ネーム

 難易度★★★

■ アブサン 6 滴（0.3ml）
■ アヴェルナ・アマーロ 15 ml
■ アペロール 15 ml
■ ライウイスキー 60 ml

つくり方

1 | カクテルグラスは氷で冷やしておく。

2 | 氷をつめたミキシンググラスにすべての材料を入れ、20 ～ 30 回ステアする。

3 | こしながらグラスに注ぐ。

アヴェルナ・アマーロは、リンドウの根をベースにつくられる薬草系のリキュール。

289

NUCLEAR DAIQUIRI
ニュークリア・ダイキリ

 難易度★★

■ ライム果汁 25 ml
■ ベルベットファレルナム（p.107）20 ml
■ シャルトリューズ・ヴェール（グリーン）25 ml
■ ジャマイカ産ホワイトラム（オーバープルーフ、p.273）25 ml
  くし形にカットしたライム 1 切れ

つくり方

1 | カクテルグラスは氷で冷やしておく。

2 | すべての材料と氷をシェーカーに入れ、20 秒シェークする。

3 | ダブルストレインでグラスに注ぎ、ライムを飾る。

290

OAXACA OLD FASHIONED
オアハカ・オールド・ファッションド

難易度★★

■ アンゴスチュラビターズ 2 ダッシュ
■ アガベシロップ 5 ml
■ メスカル 10 ml
■ テキーラ・レポサド（ゴールド）40 ml

オレンジピール 1 枚

つくり方

1 | 氷をつめたミキシンググラスにすべての材料を入れ、20 ～ 30 回ステアする。

2 | 氷をつめたオールドファッションドグラスにこしながら注ぐ。

3 | オレンジピールを飾る。

291

OLYMPIC
オリンピック

難易度★

■ オレンジ果汁 20 ml
■ コアントロー 20 ml
■ コニャック 50ml

つくり方

1 | カクテルグラスは氷で冷やしておく。

2 | すべての材料と氷をシェーカーに入れ、15 秒シェークする。

3 | ダブルストレインでグラスに注ぐ。

292

ORANGE BLOSSOM
オレンジ・ブロッサム

難易度★

■ オレンジ果汁 40 ml
□ ジン 40 ml

つくり方

1 | カクテルグラスは氷で冷やしておく。

2 | すべての材料と氷をシェーカーに入れ、10 秒シェークする。

3 | ダブルストレインでグラスに注ぐ。

293

PAINKILLER
ペインキラー

難易度★

　 パイナップルジュース 50 ml

■ オレンジ果汁 25 ml

　 ココナッツクリーム 25 ml

■ ネイビーラム 50 ml

オレンジのスライス 1/2 枚
ナツメグ（すりおろす）適量

つくり方

1 | バーブレンダーにすべての材料と氷 6 〜 8 個を入れ、最速で 15 〜 30 秒前後かくはんする。

2 | ハイボールグラス（タンブラー）に注ぐ。

3 | ストローを 2 本そえ、オレンジを飾り、ナツメグをすりおろす。

ネイビーラムは、西インド諸島でつくられる、蒸留後に 3 年以上樽熟成させたダークラム。

294

PALM BEACH SPECIAL
パーム・ビーチ・スペシャル

難易度★★

　 グレープフルーツ果汁 20 ml

■ スイートベルモット 20 ml

□ ジン 60 ml

つくり方

1 | カクテルグラスは氷で冷やしておく。

2 | すべての材料と氷をシェーカーに入れ、15 秒シェークする。

3 | ダブルストレインでグラスに注ぐ。

295

PARADISE
パラダイス

難易度★

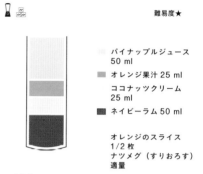

　 レモン果汁 10 ml

■ オレンジ果汁 25 ml

■ アプリコットブランデー（アプリコット）15 ml

□ ジン 50 ml

つくり方

1 | カクテルグラスは氷で冷やしておく。

2 | すべての材料と氷をシェーカーに入れ、15 秒シェークする。

3 | ダブルストレインでグラスに注ぐ。

296

PARK AVENUE
パーク・アベニュー

難易度★

- ▨ パイナップルジュース 25 ml
- ▨ ドライオレンジ キュラソー 10 ml
- ▨ スイートベルモット 25 ml
- ▢ ジン 50 ml

つくり方

1 | カクテルグラスは氷で冷やしておく。

2 | すべての材料と氷をシェーカーに入れ、15秒 シェークする。

3 | ダブルストレインでグラスに注ぐ。

297

PEGU CLUB
ペグ・クラブ

難易度★

- ▨ アンゴスチュラビターズ 2ダッシュ
- ▨ ライム果汁 20 ml
- ▨ コアントロー 20 ml
- ▢ ジン 50 ml

くし形にカットした ライム 1 切れ

つくり方

1 | カクテルグラスは氷で冷やしておく。

2 | すべての材料と氷をシェーカーに入れ、15秒 シェークする。

3 | ダブルストレインでグラスに注ぎ、ライムを飾る。

298

PERFECT MONTE CARLO
パーフェクト・モンテ・カルロ

難易度★★

- ▨ アンゴスチュラビターズ 1ダッシュ
- ▨ オレンジビターズ 1ダッシュ
- ▨ ベネディクティン 10 ml
- ▨ スイートベルモット 10 ml
- ▨ ライウイスキー 50 ml

つくり方

1 | カクテルグラスは氷で冷やしておく。

2 | 氷をつめたミキシンググラスにすべての材料を入れ、20 〜 30 回ステアする。

3 | こしながらグラスに注ぐ。

299

PICK ME UP
ピック・ミー・アップ

難易度★

- ▨ シャンパーニュ 60 ml
- ▨ グレナデンシロップ 10 ml
- ▨ レモン果汁 15 ml
- ▨ コニャック 30 ml

つくり方

1 | シャンパーニュ以外の材料と氷をシェーカーに入れ、5秒シェークする。

2 | フルート型シャンパーニュグラスにダブルストレインで注ぎ、シャンパーニュを満たす。

300

PICON PUNCH
ピコン・パンチ

難易度★★

■ コニャック 30 ml
□ 炭酸水 60 ml
■ グレナデンシロップ 10 ml
■ アメール・ピコン 60 ml

レモンピール 1 枚

つくり方

1｜ 氷をつめたハイボールグラス（タンブラー）にアメール・ピコンとシロップを注ぎ、15 ～ 20 回ステアする。

2｜ 炭酸水を注ぎ、3 回前後ステアする。

3｜ ストローをそえ、レモンピールを飾る。

4｜ コニャックを表面にそっとフロートする。

301

PINK GIN
ピンク・ジン

難易度★★

□ ジン 50 ml
■ アンゴスチュラビターズ 2 ダッシュ

つくり方

1｜ カクテルグラスは氷で冷やしておく。

2｜ 氷をつめたミキシンググラスにすべての材料を入れ、20 ～ 30 回ステアする。

3｜ こしながらグラスに注ぐ。

302

PINK LADY
ピンク・レディ

難易度★★

▨ 卵白 15 ml
■ グレナデンシロップ 15 ml
▨ レモン果汁 20 ml
□ ジン 30 ml

マラスキーノチェリー 1 個

つくり方

1｜ カクテルグラスは氷で冷やしておく。

2｜ すべての材料をシェーカーに入れ、まずは氷なしで 10 秒シェークする。

3｜ 氷を加え、さらに 15 秒シェークする。

4｜ ダブルストレインでグラスに注ぎ、チェリーを飾る。

303

PISCO PUNCH
ピスコ・パンチ

難易度★★

▨ パイナップルシロップ 15 ml
▨ レモン果汁 25 ml
■ ピスコ 50 ml

パイナップルの果肉スライス 1/8 切れ

つくり方

1｜ カクテルグラスは氷で冷やしておく。

2｜ すべての材料と氷をシェーカーに入れ、15 秒シェークする。

3｜ ダブルストレインでグラスに注ぎ、パイナップルを飾る。

304

PLANTATION
プランテーション

難易度★

- オレンジ果汁 25 ml
- レモン果汁 25 ml
- ジャマイカ産
  ゴールドラム 50 ml

つくり方

1 | カクテルグラスは氷で冷やしておく。

2 | すべての材料と氷をシェーカーに入れ、15秒
　　シェークする。

3 | ダブルストレインでグラスに注ぐ。

305

POLISH KUMPANION
ポーリッシュ・カンパニオン

難易度★★

- パッションフルーツ
  1/2個
- バジルの葉 2枚
- キンカン 2個
- シュガーシロップ 10 ml
- ライム果汁 10 ml
- オレンジ果汁 25 ml
- ズブロッカ 50 ml

キンカン 1/2個

つくり方

1 | カクテルグラスは氷で冷やしておく。

2 | キンカン（皮ごと）とパッションフルーツを
　　シェーカーのなかで潰す。

3 | 残りの材料と氷を加え、15秒シェークする。

4 | ダブルストレインでグラスに注ぎ、キンカンを
　　飾る。

ズブロッカはバイソングラスを漬け込んだウオッカ。

306

POLISH MARTINI
ポーリッシュ・マティーニ

難易度★

- リンゴジュース
  （混濁のあるもの）25 ml
- ベーレンイエガー 25 ml
- ポーランド産ウォッカ
  25 ml
- ズブロッカ（右上）
  25 ml

リンゴのスライス 3枚

つくり方

1 | カクテルグラスは氷で冷やしておく。

2 | すべての材料と氷をシェーカーに入れ、15秒
　　シェークする。

3 | ダブルストレインでグラスに注ぎ、リンゴを飾る。

ベーレンイエガーは、はちみつ風味のリキュール。ファーストナイト、
バーレンメット、ハニーリッチ、はちみつのお酒など、はちみつを発
酵させた醸造酒ミードでも。

307

POLLY SPECIAL
ポリー・スペシャル

難易度★

- グレープフルーツ果汁
  20 ml
- コアントロー 20 ml
- スコッチウイスキー
  50 ml

つくり方

1 | カクテルグラスは氷で冷やしておく。

2 | すべての材料と氷をシェーカーに入れ、15秒
　　シェークする。

3 | ダブルストレインでグラスに注ぐ。

308

POMPADOUR
ポンパドール

難易度★

■ レモン果汁 15 ml
■ ピノー・デ・シャラント 30 ml
■ アグリコールゴールド ラム（p.107）30 ml

つくり方

1 ｜ カクテルグラスは氷で冷やしておく。

2 ｜ すべての材料と氷をシェーカーに入れ、15 秒 シェークする。

3 ｜ ダブルストレインでグラスに注ぐ。

ピノー・デ・シャラントは酒精強化ワイン（p. 42）。

309

PORN STAR MARTINI
ポーン・スター・マティーニ

難易度★

■ バニラシロップ 10 ml
■ ライム果汁 15 ml
■ パッションフルーツ ピュレ 20 ml
■ パッションフルーツ リキュール 10 ml
□ ウォッカ 40 ml
■ シャンパーニュ 50 ml

パッションフルーツ 1/2 個

つくり方

1 ｜ カクテルグラスは氷で冷やしておく。

2 ｜ シャンパーニュ以外の材料と氷をシェーカーに 入れ、15 秒シェークする。

3 ｜ ダブルストレインでグラスに注ぎ、パッション フルーツを飾る。

4 ｜ シャンパーニュはショットグラスに注ぎ、カク テルにそえて提供する。

310

PORTO FLIP
ポート・フリップ

難易度★★

■ 卵 1 個
■ シュガーシロップ 10 ml
■ コニャック 15 ml
■ ルビーポートワイン 90 ml

ナツメグ（オリもろもろ） 適量

つくり方

1 ｜ ワイングラスは氷で冷やしておく。

2 ｜ すべての材料をシェーカーに入れ、まずは氷な しで 10 秒シェークする。

3 ｜ 氷を加え、さらに 20 秒シェークする。

4 ｜ ダブルストレインでグラスに注ぎ、ナツメグを すりおろす。

311

PRADO
プラド

難易度★

■ 卵白 15 ml
■ グレナデンシロップ 5 ml
■ マラスキーノ 10 ml
■ ライム果汁 20 ml
□ テキーラ・ブランコ （シルバー）50 ml

くし形に切ったレモン ライム 1 切れ

つくり方

1 ｜ カクテルグラスは氷で冷やしておく。

2 ｜ すべての材料をシェーカーに入れ、まずは氷な しで 10 秒シェークする。

3 ｜ 氷を加え、さらに 15 秒シェークする。

4 ｜ ダブルストレインでグラスに注ぎ、ライムを飾 る。

312

PRAIRIE OYSTER
プレーリー・オイスター

難易度★★★

- こしょう 1g
- 塩 1g
- タバスコ 1 ダッシュ
- ウスターソース 3 ダッシュ
- 卵黄 1 個

つくり方

1 | 卵黄を崩さないよう注意しながら、オールド ファッショングラスに入れる。

2 | 調味料を加え、ひと口で飲む。

313

PRINCE OF WALES
プリンス・オブ・ウェールズ

難易度★

- シャンパーニュ 25 ml
- マラスキーノ 5 ml
- シュガーシロップ 20 ml
- レモン果汁 25 ml
- ライウイスキー 50 ml
- パイナップル（皮をむく） スライス 1/2 枚

レモンピール 1 枚

つくり方

1 | カクテルグラスは氷で冷やしておく。

2 | パイナップルをシェーカーのなかで潰す。

3 | シャンパーニュ以外の残りの材料と氷を加え、15 秒シェークする。

4 | ダブルストレインでグラスに注ぐ。

5 | シャンパーニュを満たし、レモンピールを飾る。

314

PRINCETON
プリンストン

難易度★★

- オレンジビターズ 1 ダッシュ
- ルビーポートワイン 25 ml
- オールドトムジン 50 ml

レモンピール 1 枚

つくり方

1 | カクテルグラスは氷で冷やしておく。

2 | 氷をつめたミキシンググラスにすべての材料を入れ、20 〜 30 回ステアする。

3 | こしながらグラスに注ぎ、表面にレモンピールを絞る（絞ったあとのピールは捨てる）。

315

QUARTER DECK
クォーター・デック

難易度★★

- ライム果汁 20 ml
- ペドロ・ヒメネス （シェリー） 20 ml
- キューバ産 ホワイトラム 50 ml

つくり方

1 | カクテルグラスは氷で冷やしておく。

2 | すべての材料と氷をシェーカーに入れ、15 秒シェークする。

3 | ダブルストレインでグラスに注ぐ。

316
QUEEN COCKTAIL
クイーン・カクテル

難易度★

- パイナップルジュース 30 ml
- ドライベルモット 15 ml
- スイートベルモット 15 ml
- ジン 30 ml

つくり方

1 | カクテルグラスは氷で冷やしておく。

2 | すべての材料と氷をシェーカーに入れ、10 秒シェークする。

3 | ダブルストレインでグラスに注ぐ。

317
QUEEN'S PARK SWIZZLE
クイーンズ・パーク・スウィズル

難易度★

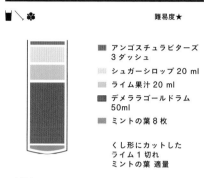

- アンゴスチュラビターズ 3 ダッシュ
- シュガーシロップ 20 ml
- ライム果汁 20 ml
- デメララゴールドラム 50ml
- ミントの葉 8 枚

くし形にカットした ライム 1 切れ ミントの葉 適量

つくり方

1 | ミントの葉 8 枚を両手の間にはさんでたたき、ハイボールグラス（タンブラー）に入れる。

2 | 氷をつめ、残りの材料を注ぐ。

3 | グラスに霜がつくぐらい 30 回前後バースプーンでしっかりステアする。

4 | ストローを 2 本そえ、ライムとミントを飾る。

318
QUIET STORM
クワイエット・ストーム

難易度★★

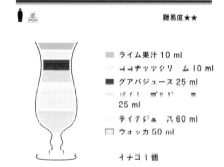

- ライム果汁 10 ml
- ココナッツシロップ 10 ml
- グアバジュース 25 ml
- パイナップルジュース 25 ml
- ライトラム 60 ml
- ウォッカ 50 ml

イチゴ 1 個

つくり方

1 | すべての材料と氷をシェーカーに入れ、10 秒シェークする。

2 | 氷をつめたハリケーングラスにこしながら注ぐ。

3 | ストローをそえ、イチゴを飾る。

319
RASPBERRY & CHILLI VODKATINI
ラズベリー＆チリ・ウォッカティーニ

難易度★

- トウガラシ（生）1/4 本
- シュガーシロップ 10 ml
- ライム果汁 15 ml
- クランベリージュース 20 ml
- ラズベリーリキュール 10 ml
- ウォッカ 50 ml

トウガラシ（生）1 本

つくり方

1 | カクテルグラスは氷で冷やしておく。

2 | すべての材料と氷をシェーカーに入れ、15 秒シェークする。

3 | ダブルストレインでグラスに注ぎ、トウガラシを飾る。

320

RED HOOK
レッド・フック

難易度★★

- ■ プント・エ・メス（ベルモット）15 ml
- □ マラスキーノ 15 ml
- ■ ライウイスキー 50 ml

マラスキーノチェリー 1 個

つくり方

1 | カクテルグラスは氷で冷やしておく。

2 | 氷をつめたミキシンググラスにすべての材料を入れ、20 〜 30 回ステアする。

3 | こしながらグラスに注ぎ、チェリーを飾る。

321

RED LION
レッド・ライオン

難易度★

- ■ オレンジ果汁 15 ml
- □ レモン果汁 15 ml
- ■ コアントロー 30 ml
- □ ジン 30 ml

つくり方

1 | カクテルグラスは氷で冷やしておく。

2 | すべての材料と氷をシェーカーに入れ、15 秒シェークする。

3 | ダブルストレインでグラスに注ぐ。

322

RED MOON
レッド・ムーン

難易度★★

- ■ オレンジビターズ 1 ダッシュ
- ■ クランベリージュース 50 ml
- □ ヘーゼルナッツリキュール 10 ml
- ■ バーボンウイスキー 50 ml
- ■ ザクロ 1/4 個分

ザクロのスライス 1 枚

つくり方

1 | ザクロの実をシェーカーのなかで潰す。

2 | 残りの材料と氷を加え、10 秒シェークする。

3 | 氷をつめたハイボールグラス（タンブラー）にダブルストレインで注ぐ。

4 | ストローをそえ、ザクロを飾る。

323

RED SNAPPER
レッド・スナッパー

難易度★

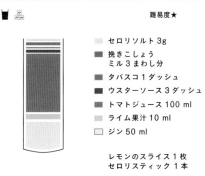

- □ セロリソルト 3g
- ■ 挽きこしょうミル 3 まわし分
- ■ タバスコ 1 ダッシュ
- ■ ウスターソース 3 ダッシュ
- ■ トマトジュース 100 ml
- □ ライム果汁 10 ml
- □ ジン 50 ml

レモンのスライス 1 枚
セロリスティック 1 本

つくり方

1 | 氷をつめたハイボールグラス（タンブラー）にすべての材料を入れ、15 〜 20 回ステアする。

2 | ストローをそえ、レモンとセロリを飾る。

324

RENAISSANCE
ルネサンス

難易度★★★

生クリーム 20 ml
フィノ（シェリー）20 ml
ジン 50 ml

ナツメグ（すりおろす）
適量

つくり方

1 | カクテルグラスは氷で冷やしておく。

2 | すべての材料と氷をシェーカーに入れ、15 秒
シェークする。

3 | ダブルストレインでグラスに注ぎ、ナツメグを
すりおろす。

325

RITZ
リッツ

難易度★

シャンパーニュ 70 ml
レモン果汁 15 ml
コアントロー 15 ml
マラスキーノ 5 ml
コニャック 25 ml

オレンジピール
（フランベする）1 枚

つくり方

1 | カクテルグラスは氷で冷やしておく。

2 | 氷をつめたミキシンググラスにシャンパーニュ
以外の材料を入れ、20 〜 30 回ステアする。

3 | こしながらグラスに注ぎ、シャンパーニュを満
たし、フランベしたオレンジピールを飾る。

326

ROSE
ローズ

難易度★★

ラズベリーシロップ
10 ml
キルシュ（p.281）
25 ml
ドライベルモット 50 ml

マラスキーノチェリー
1 個

つくり方

1 | カクテルグラスは氷で冷やしておく。

2 | 氷をつめたミキシンググラスにすべての材料を
入れ、20 〜 30 回ステアする。

3 | こしながらグラスに注ぎ、チェリーを飾る。

327

ROSITA
ロジータ

難易度★

カンパリ 15 ml
ドライベルモット 15 ml
スイートベルモット
15 ml
テキーラ・ブランコ
（シルバー）30 ml

レモンピール 1 枚

つくり方

1 | 氷をつめたミキシンググラスにすべての材料を
入れ、20 〜 30 回ステアする。

2 | 氷をつめたオールドファッショングラスにこ
しながら注ぎ、レモンピールを飾る。

328

ROYAL BERMUDA YACHT CLUB
ローヤル・バミューダ・ヨット・クラブ

難易度★★

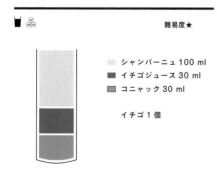

ライム果汁 20 ml
ベルベットファレルナム
(p.107) 10 ml
コアントロー 10 ml
バルバドス産
ホワイトラム 50 ml

つくり方

1 ｜ カクテルグラスは氷で冷やしておく。

2 ｜ すべての材料と氷をシェーカーに入れ、15 秒
シェークする。

3 ｜ ダブルストレインでグラスに注ぐ。

329

ROYAL HAWAIIAN
ローヤル・ハワイアン

難易度★

アーモンドシロップ
10 ml
パイナップルジュース
25 ml
レモン果汁 25 ml
ジン 50 ml

パイナップルのスライス
1/8 枚

つくり方

1 ｜ カクテルグラスは氷で冷やしておく。

2 ｜ すべての材料と氷をシェーカーに入れ、15 秒
シェークする。

3 ｜ ダブルストレインでグラスに注ぎ、パイナップ
ルを飾る。

330

ROYAL HIGHBALL
ローヤル・ハイボール

難易度★

シャンパーニュ 100 ml
イチゴジュース 30 ml
コニャック 30 ml

イチゴ 1 個

つくり方

1 ｜ 氷をつめたハイボールグラス（タンブラー）に
すべての材料を注ぎ、15 〜 20 回ステアする。

2 ｜ イチゴを飾る。

331

RUSTY NAIL
ラスティ・ネイル

難易度★

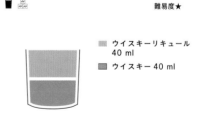

ウイスキーリキュール
40 ml
ウイスキー 40 ml

つくり方

1 ｜ 氷をつめたオールドファッショングラスにす
べての材料を注ぎ、15 〜 20 回ステアする。

332

SAINTE CROIX RUM FIX
セント・クロア・ラム・フィックス

難易度★

▨ レモン果汁 20 ml
▨ パイナップルシロップ 20 ml
▨ ヴァージン諸島産 ゴールドラム 50 ml

パイナップルのスライス 1/8 切れ

つくり方

1 ｜ 氷をつめたワイングラスにすべての材料を注ぎ、15 ～ 20 回ステアする。

2 ｜ ストローを 2 本そえ、パイナップルを飾る。

333

SALTY DOG
ソルティ・ドッグ

難易度★

▨ グレープフルーツ果汁 100 ml
☐ ウォッカ 50 ml

フルール・ド・セル（天然塩）適量

つくり方

1 ｜ ハイボールグラス（タンブラー）のフチの半周分にフルール・ド・セルでスノースタイルをほどこし、氷をつめる。

2 ｜ すべての材料を注ぎ、15 ～ 20 回ステアする。

334

SANGRIA
リングリア

難易度★

▨ アンゴスチュラビターズ 5 ダッシュ
▨ シナモンスティック 1 本
▨ リンゴ 1 個
▨ イチゴ 8 個
▨ レモン 1 個
▨ オレンジ 1 個
▨ グラニュー糖 80 g
▨ コニャック 50 ml
▨ 赤ワイン（ボジョレーかアルザス産のピノノワール）1 本

つくり方

1 ｜ オレンジとレモンは半月切りにし、イチゴは 4 つ切り、リンゴは角切りにする。

2 ｜ パンチボウルに赤ワイン、コニャック、ビターズ、グラニュー糖を入れ、全体を混ぜて砂糖をとかす。

3 ｜ フルーツとシナモンを加え、ラップをして冷蔵庫で 24 時間休ませる。

4 ｜ オールドファッショングラスに盛りつける。

335

SANGRITA
サングリータ

👤4 🔪 難易度★

- こしょう 4g
- 塩 4g
- タバスコ 4 ダッシュ
- ライム果汁 20 ml
- オレンジ果汁 60 ml
- トマトジュース 120 ml
- テキーラ 120ml

つくり方

1 | 氷をつめたミキシンググラスにテキーラ以外の材料を入れ、7 回前後ステアする。

2 | 人数分のショットグラスにそれぞれこしながら注ぐ。

3 | テキーラは 30ml ずつ別のショットグラスに注ぎ、カクテルにそえて提供する。

336

SANTIAGO DAISY
サンティアゴ・デイジー

🍸 🍀 難易度★★

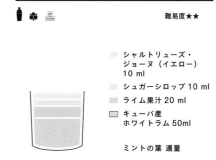

- シャルトリューズ・ジョーヌ（イエロー）10 ml
- シュガーシロップ 10 ml
- ライム果汁 20 ml
- キューバ産 ホワイトラム 50ml

ミントの葉 適量

つくり方

1 | シャルトリューズ以外の材料とキューブドアイスをシェーカーに入れ、5 秒シェークする。

2 | クラッシュドアイスをつめたオールドファッションドグラスに、カクテルをこしながら注ぐ。

3 | ストローを 2 本そえ、ミントを飾る。

4 | シャルトリューズを表面にそっとフロートする。

337

SARATOGA
サラトガ

🍸 難易度★

- アンゴスチュラビターズ 1 ダッシュ
- マラスキーノ 5 ml
- パイナップルジュース 20 ml
- レモン果汁 20 ml
- コニャック 50 ml

マラスキーノチェリー 1 個

つくり方

1 | カクテルグラスは氷で冷やしておく。

2 | すべての材料と氷をシェーカーに入れ、15 秒シェークする。

3 | ダブルストレインでグラスに注ぎ、チェリーを飾る。

338

SATAN'S WHISKERS
サタンズ・ウイスカーズ

🍸 難易度★

- オレンジビターズ 1 ダッシュ
- ドライオレンジキュラソー 10 ml
- オレンジ果汁 20 ml
- スイートベルモット 20 ml
- ドライベルモット 20 ml
- ジン 40ml

オレンジピール 1 枚

つくり方

1 | カクテルグラスは氷で冷やしておく。

2 | すべての材料と氷をシェーカーに入れ、15 秒シェークする。

3 | ダブルストレインでグラスに注ぎ、オレンジピールを飾る。

339

SATURN
サタン

難易度★★

　　アーモンドシロップ 5 ml
　　ベルベットファレルナム
　　(p.107) 10 ml
　　パッションフルーツ
　　シロップ 10 ml
　　レモン果汁 25 ml
　　ジン 50ml

つくり方

1 | バーブレンダーにすべての材料と氷 8 〜 10 個を入れ、最速で 15 〜 30 秒前後かくはんする。

2 | ハイボールグラス（タンブラー）に注ぎ、ストローを 2 本そえる。

340

NEGRONI SBAGLIATO
ネグローニ・ズバリアート

難易度★

　　プロセッコ 40 ml
　　カンパリ 40 ml
　　スイートベルモット
　　40 ml

　　オレンジのスライス 1 枚

つくり方

1 | 氷をつめたオールドファッショングラスにすべての材料を注ぎ、15 〜 20 回ステアする。

2 | オレンジを飾る。

341

SCOFFLAW
スコフロー

難易度★

　　グレナデンシロップ 15 ml
　　レモン果汁 25 ml
　　ドライベルモット 15 ml
　　ライウイスキー 40ml

　　レモンピール 1 枚

つくり方

1 | カクテルグラスは氷で冷やしておく。

2 | すべての材料と氷をシェーカーに入れ、15 秒シェークする。

3 | ダブルストレインでグラスに注ぎ、レモンピールを飾る。

342

SCORPION
スコーピオン

難易度★

　　アーモンドシロップ 10 ml
　　レモン果汁 20 ml
　　オレンジ果汁 20 ml
　　コニャック 25 ml
　　プエルトリコ産
　　小ワイトラム 25 ml

　　レモンのスライス 1/2 枚

つくり方

1 | カクテルグラスは氷で冷やしておく。

2 | すべての材料と氷をシェーカーに入れ、15 秒シェークする。

3 | ダブルストレインでグラスに注ぎ、レモンを飾る。

343

SCREWDRIVER
スクリュードライバー

難易度★

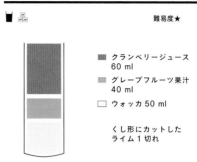

■ オレンジ果汁 100 ml
□ ウォッカ 50 ml

オレンジのスライス
1/2 枚

つくり方

1 | 氷をつめたハイボールグラス（タンブラー）に
すべての材料を注ぎ、15 ～ 20 回ステアする。

2 | オレンジを飾る。

344

SEA BREEZE
シー・ブリーズ

難易度★

■ クランベリージュース
60 ml
■ グレープフルーツ果汁
40 ml
□ ウォッカ 50 ml

くし形にカットした
ライム 1 切れ

つくり方

1 | 氷をつめたハイボールグラス（タンブラー）に
すべての材料を注ぎ、15 ～ 20 回ステアする。

2 | ライムを飾る。

345

SEVENTH HEAVEN
セブンス・ヘブン

難易度★

■ マラスキーノ 10 ml
■ グレープフルーツ果汁
25 ml
□ ジン 50 ml

ミントの葉 適量

つくり方

1 | カクテルグラスは氷で冷やしておく。

2 | すべての材料と氷をシェーカーに入れ、15 秒
シェークする。

3 | ダブルストレインでグラスに注ぎ、ミントを飾
る。

346

SEX ON THE BEACH
セックス・オン・ザ・ビーチ

難易度★

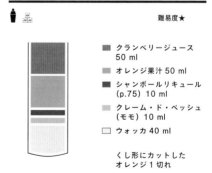

■ クランベリージュース
50 ml
■ オレンジ果汁 50 ml
■ シャンボールリキュール
（p.75）10 ml
■ クレーム・ド・ペッシュ
（モモ）10 ml
□ ウォッカ 40 ml

くし形にカットした
オレンジ 1 切れ

つくり方

1 | すべての材料と氷をシェーカーに入れ、10 秒
シェークする。

2 | 氷をつめたハイボールグラス（タンブラー）に
こしながら注ぐ。

3 | ストローをそえ、オレンジを飾る。

347

SHAMROCK
シャムロック

難易度★★★

　　ホワイトミント
　　リキュール 5 ml

　　シャルトリューズ・
　　ヴェール（グリーン）5 ml

　　ドライベルモット 30 ml

　　アイリッシュウイスキー
　　30 ml

　　オリーブ 1 個

つくり方

1 ｜ カクテルグラスは氷で冷やしておく。

2 ｜ 氷をつめたミキシンググラスにすべての材料を
　　注ぎ、20 ～ 30 回ステアする。

3 ｜ こしながらグラスに注ぎ、オリーブを飾る。

348

SHARK'S TOOTH
シャークス・トゥース

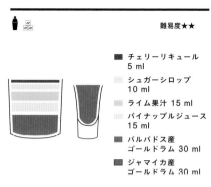

難易度★★

　　チェリーリキュール
　　5 ml

　　シュガーシロップ
　　10 ml

　　ライム果汁 15 ml

　　パイナップルジュース
　　15 ml

　　バルバドス産
　　ゴールドラム 30 ml

　　ジャマイカ産
　　ゴールドラム 30 ml

つくり方

1 ｜ ジャマイカ産ラム以外の材料と氷をシェーカー
　　に入れ、10 秒シェークする。

2 ｜ 氷をつめたオールドファッショングラスにこ
　　しながら注ぐ。

3 ｜ ジャマイカ産ラムはショットグラスで提供し、
　　飲む直前にカクテルに注ぐ。

349

SILK STOKINGS
シルク・ストッキングス

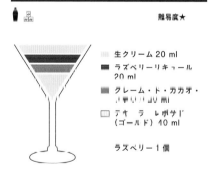

難易度★

　　生クリーム 20 ml

　　ラズベリーリキュール
　　20 ml

　　クレーム・ド・カカオ・
　　（ホワイト）10 ml

　　テキーラ レポサド
　　（ゴールド）10 ml

　　ラズベリー 1 個

つくり方

1 ｜ カクテルグラスは氷で冷やしておく。

2 ｜ すべての材料と氷をシェーカーに入れ、15 秒
　　シェークする。

3 ｜ ダブルストレインでグラスに注ぎ、ラズベリー
　　を飾る。

350

SLOE GIN FIZZ
スロージン・フィズ

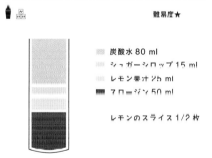

難易度★

　　炭酸水 80 ml

　　シュガーシロップ 15 ml

　　レモン果汁 25 ml

　　スロージン 50 ml

　　レモンのスライス 1/2 枚

つくり方

1 ｜ 炭酸水以外の材料と氷をシェーカーに入れ、5
　　秒シェークする。

2 ｜ 氷をつめたハイボールグラス（タンブラー）に
　　こしながら注ぎ、炭酸水を満たす。

3 ｜ ストローをそえ、レモンを飾る。

351

SMALL DINGER
スモール・ディンガー

難易度★

- ■ グレナデンシロップ 10 ml
- ■ ライム果汁 20 ml
- ■ ジン 25 ml
- ■ キューバ産 ホワイトラム 25 ml

ライムピール 1 枚

つくり方

1 | カクテルグラスは氷で冷やしておく。

2 | すべての材料と氷をシェーカーに入れ、15 秒 シェークする。

3 | ダブルストレインでグラスに注ぎ、ライムピールを飾る。

352

SMOKY MARTINI
スモーキー・マティーニ

難易度★

- ■ アイラウイスキー 5 ml
- □ ジン 50 ml

レモンピール 1 枚

つくり方

1 | カクテルグラスは氷で冷やしておく。

2 | 氷をつめたミキシンググラスにすべての材料を 入れ、20 〜 30 回ステアする。

3 | こしながらグラスに注ぎ、レモンピールを飾る。

353

SOMBRERO
ソンブレロ

難易度★

- ▒ プロセッコ 80 ml
- ▒ アガベシロップ 5 ml
- ■ グレープフルーツ果汁 25 ml
- ■ アプリコットのピュレ 15 ml
- □ テキーラ・ブランコ （シルバー） 25 ml

つくり方

1 | 氷をつめたミキシンググラスにプロセッコ以外 の材料を入れ、20 〜 30 回ステアする。

2 | フルート型シャンパーニュグラスにこしながら 注ぎ、プロセッコを満たす。

354

SOYER AU CHAMPAGNE
ソワイエ・オ・シャンパーニュ

難易度★★★

- ▒ シャンパーニュ 80 ml
- ▒ マラスキーノ 5 ml
- ■ ドライオレンジ キュラソー 15 ml
- ■ コニャック 15 ml
- ▒ バニラアイスクリーム 1 スクープ

ナツメグ（すりおろす） 適量

つくり方

1 | アイスクリームをクープグラスに入れる。

2 | シャンパーニュ以外の材料と氷をシェーカーに 入れ、10 秒シェークする。

3 | カクテルをアイスの上にこしながら注ぐ。

4 | シャンパーニュを満たし、ナツメグをすりおろす。

SPITFIRE
スピットファイア

難易度★

- 白ワイン（辛口）25 ml
- 卵白 25 ml
- シュガーシロップ 25 ml
- レモン果汁 25 ml
- クレーム・ド・ペッシュ（モモ）10 ml
- コニャック 40 ml

つくり方

1 | カクテルグラスは氷で冷やしておく。

2 | 白ワイン以外の材料をシェーカーに入れ、まずは氷なしで 10 秒シェークする。

3 | 氷を加え、さらに 15 秒シェークする。

4 | こしながらグラスに注ぎ、白ワインを満たす。

SPRING FEVER
スプリング・フィーバー

難易度★

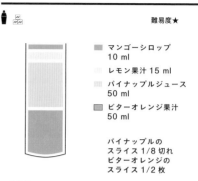

- マンゴーシロップ 10 ml
- レモン果汁 15 ml
- パイナップルジュース 50 ml
- ビターオレンジ果汁 50 ml

パイナップルの
スライス 1/8 切れ
ビターオレンジの
スライス 1/2 枚

つくり方

1 | すべての材料と氷をシェーカーに入れ、10 秒シェークする。

2 | 氷をつめたハイボールグラス（タンブラー）にこしながら注ぐ。

3 | ストローをそえ、パイナップルとビターオレンジを飾る。

SPRITZ
スプリッツ

難易度★

- 炭酸水 60 ml
- 白ワイン 60 ml

つくり方

1 | 氷をつめたワイングラスにすべての材料を注ぎ、15 〜 20 回ステアする。

2 | レモンを飾る。

STRAWBERRY SMASH
ストロベリー・スマッシュ

難易度★

- シュガーシロップ 10 ml
- クレーム・ド・フレーズ（イチゴ）10 ml
- レモン果汁 25 ml
- ウォッカ 50 ml
- ミントの葉 6 枚

イチゴ 1/2 個

つくり方

1 | ミントの葉をシェーカーのなかで潰す。

2 | 残りの材料と氷を加え、10 秒シェークする。

3 | 氷をつめたオールドファッションドグラスにダブルストレインで注ぐ。

4 | ストローをそえ、イチゴを飾る。

359

COGNAC SUMMIT
コニャック・サミット

難易度★

レモン炭酸飲料（有糖）
60 ml

コニャック 40 ml

ショウガ（皮をむく）
スライス 2 枚

ライムピール 1 枚
キュウリのスライス 1 枚

つくり方

1 ｜ ショウガをオールドファッションドグラスのなかで潰し、氷をつめる。

2 ｜ コニャックとレモン炭酸飲料を注ぎ、15 〜 20 回ステアする。

3 ｜ ライムピールを表面に絞り、キュウリをグラスのなかにしずめる。

360

RUM BUCK
ラム・バック

難易度★

ジンジャーエール 60 ml

ライム果汁 15 ml

キューバ産
ホワイトラム 50 ml

くし形にカットした
ライム 1 切れ

つくり方

1 ｜ 氷をつめたハイボールグラス（タンブラー）にすべての材料を注ぎ、15 〜 20 回ステアする。

2 ｜ ストローをそえ、ライムを飾る。

361

SWEET SAGE AND PINE
スイート・セージ・アンド・パイン

難易度★★

パイナップル（皮をむく）
スライス 1 枚

アガベシロップ 5 ml

ライム果汁 15 ml

セージリキュール 15 ml

テキーラ・レポサド
（ゴールド）40 ml

セージの葉 1 枚

つくり方

1 ｜ カクテルグラスは氷で冷やしておく。

2 ｜ パイナップルとシロップをシェーカーに入れ、パイナップルを潰し、残りの材料と氷を加え、15 秒シェークする。

3 ｜ ダブルストレインでグラスに注ぎ、セージの葉を飾る。

セージリキュールは、メインのセージのほかにタイムやミントといったハーブと蒸留酒をブレンドしたもの。
※入手方法については酒類販売店等にお問いあわせください。

362

TAMPICO
タンピコ

難易度★

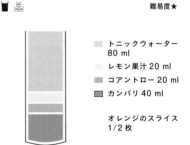

トニックウォーター
80 ml

レモン果汁 20 ml

コアントロー 20 ml

カンパリ 40 ml

オレンジのスライス
1/2 枚

つくり方

1 ｜ 氷をつめたハイボールグラス（タンブラー）にすべての材料を注ぎ、15 〜 20 回ステアする。

2 ｜ ストローをそえ、オレンジを飾る。

363

TEQUILA SUNRISE
テキーラ・サンライズ

難易度★

- オレンジ果汁 100 ml
- テキーラ 50 ml
- グレナデンシロップ 15 ml

オレンジのスライス 1/2 枚

つくり方

1 | 氷をつめたハイボールグラス（タンブラー）に テキーラとオレンジ果汁を注ぎ、15 ～ 20 回ス テアする。

2 | グラスのフチからシロップを注ぎ、グラスの底 に沈める。

3 | ストローをそえ、オレンジを飾る。

364

THE BREE MYSTERY
ザ・ブリー・ミステリー

難易度★★

- シュガーシロップ 10 ml
- カンパリ 25 ml
- レモン風味のウォッカ 25 ml
- ラズベリー 4 個
- グレープフルーツ 1/4 個

ラズベリー 1 個

つくり方

1 | グレープフルーツとラズベリーをシェーカーの なかで潰す。

2 | 残りの材料とキューブドアイスを加え、10 秒 シェークする。

3 | クラッシュドアイスをつめたワイングラスに、 ダブルストレインで注ぐ。

4 | ストローを 2 本そえ、ラズベリーを飾る。

365

THE PLAYBOY
ザ・プレイボーイ

難易度★

- チェリーリキュール 10 ml
- パイナップルジュース ... ml
- テキーラ・アネホ 50 ml

つくり方

1 | カクテルグラスは氷で冷やしておく。

2 | すべての材料と氷をシェーカーに入れ、15 秒 シェークする。

3 | ダブルストレインでグラスに注ぐ。

366

THE SLOPE
ザ・スロープ

難易度★★

- アンゴスチュラビターズ 1 ダッシュ
- クレーム・ド・ブリュ （ドライシェリー）10 ml
- プント・エ・メス （ベルモット）25 ml
- ライウイスキー 50 ml

マラスキーノチェリー 1 個

つくり方

1 | カクテルグラスは氷で冷やしておく。

2 | 氷をつめたミキシンググラスにすべての材料を 入れ、20 ～ 30 回ステアする。

3 | こしながらグラスに注ぎ、チェリーを飾る。

367

THE STANDARD
ザ・スタンダード

難易度★★

- オレンジビターズ
  1ダッシュ
- グレープフルーツ果汁
  10 ml
- レモン果汁 20 ml
- シャルトリューズ・
  ジョーヌ（イエロー）
  10 ml
- ジン 40 ml

グレープフルーツピール
1枚

つくり方

1 | カクテルグラスは氷で冷やしておく。

2 | すべての材料と氷をシェーカーに入れ、15 秒
シェークする。

3 | ダブルストレインでグラスに注ぎ、グレープフ
ルーツピールを飾る。

368

TIGER TAIL
タイガー・テール

難易度★

- オレンジ果汁 100 ml
- ペルノ 40 ml

オレンジのスライス
1/2枚

つくり方

1 | 氷をつめたハイボールグラス（タンブラー）に
すべての材料を注ぎ、15 〜 20 回ステアする。

2 | ストローをそえ、オレンジを飾る。

ペルノは、アニスやリコリスをはじめとした 15 種類ほ
どのハーブからつくられる薬草系のリキュール。

369

TINTO DE VERANO
ティント・デ・ベラーノ

難易度★

- レモン炭酸飲料（有糖）
  80 ml
- 赤ワイン 80 ml

レモンのスライス 1 枚

つくり方

1 | 氷をつめたハイボールグラス（タンブラー）に
すべての材料を注ぎ、15 〜 20 回ステアする。

2 | ストローをそえ、レモンを飾る。

370

TIPPERARY
ティペラリー

難易度★★★

- シャルトリューズ・
  ヴェール（グリーン）
  5 ml
- スイートベルモット
  25 ml
- アイリッシュウイスキー
  50 ml

レモンピール 1 枚

つくり方

1 | カクテルグラスは氷で冷やしておく。

2 | 氷をつめたミキシンググラスにすべての材料を
入れ、20 〜 30 回ステアする。

3 | こしながらグラスに注ぎ、レモンピールを飾る。

TOM & JERRY
トム・アンド・ジェリー

難易度★★★

- 熱湯 60 ml
- コニャック 30 ml
- ジャマイカ産 ゴールドラム 30 ml
- グラニュー糖 バースプーン 2 杯分
- 卵 1 個

ナツメグ（すりおろす） 適量

つくり方

1 ｜ 卵を割って卵黄と卵白に分け、それぞれボウル に入れる。

2 ｜ 卵白は角が立つまで泡立て、卵黄はグラニュー 糖とともに白くなるまで泡立てる。

3 ｜ あたためておいたマグカップに **2** の卵黄と砂 糖を入れ、ラムとコニャックを注ぐ。

4 ｜ **2** の卵白の半分を加え、そっと 15 ～ 20 回ス テアする。

5 ｜ 熱湯を注ぎ、残りの卵白を加える。ナツメグを すりおろす。

TOREADOR
トレアドール

難易度★

- クレーム・ダプリコ （アプリコット） 10 ml
- ライム果汁 25 ml
- テキーラ・ブランコ （シルバー） 50 ml

くし形にカットした ライム 1 切れ

つくり方

1 ｜ カクテルグラスは氷で冷やしておく。

2 ｜ すべての材料と氷をシェーカーに入れ、15 秒 シェークする。

3 ｜ ダブルストレインでグラスに注ぎ、ライムを飾 る。

TORONTO
トロント

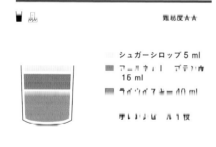

難易度★★

- シュガーシロップ 5 ml
- アマーロ・アヴェルナ 15 ml
- ライウイスキー 40 ml

オレンジピール 1 枚

つくり方

1 ｜ 氷をつめたオールドファッションドグラスにす べての材料を注ぎ、15 ～ 20 回ステアする。

2 ｜ オレンジピールを飾る。

TOSCANO
トスカーノ

難易度★

- バジルの葉 5 枚
- リモンチェッロ （混濁のあるもの） 25 ml
- シュガーシロップ 10 ml
- テキーラ・レポサド （ゴールド） 50 ml

バジルの葉 1 枚

つくり方

1 ｜ カクテルグラスは氷で冷やしておく。

2 ｜ すべての材料と氷をシェーカーに入れ、15 秒 シェークする。

3 ｜ ダブルストレインでグラスに注ぎ、バジルを飾 る。

375

TREACLE
トリクル

　難易度★

- リンゴジュース
  （混濁のあるもの）30 ml
- ゴールドラム 50 ml
- 炭酸水 5 ml
- アンゴスチュラビターズ
  2 ダッシュ
- 角砂糖 1 個

扇切りにしたリンゴ
1 切れ

つくり方

1 | オールドファッショングラスに角砂糖を入れ、ビターズを振って湿らせておく。

2 | 炭酸水を加え、砂糖がとけるまで潰す。

3 | 氷 2 個とラムの半量を加え、20 〜 30 回ステアする。

4 | 氷をつめ、残りのラムを注ぎ、さらに 20 〜 30 回ステアする。

5 | リンゴジュースを満たし、リンゴを飾る。

376

TRILBY #1
トリルビー＃ 1

難易度★

- オレンジビターズ
  1 ダッシュ
- スイートベルモット
  30 ml
- ジン 30 ml

つくり方

1 | カクテルグラスは氷で冷やしておく。

2 | 氷をつめたミキシンググラスにすべての材料を入れ、20 〜 30 回ステアする。

3 | こしながらグラスに注ぐ。

377

TRINIDAD SOUR
トリニダード・サワー

難易度★★★

- ライウイスキー 15 ml
- アーモンドシロップ
  30 ml
- レモン果汁 30 ml
- アンゴスチュラビターズ
  30 ml

つくり方

1 | カクテルグラスは氷で冷やしておく。

2 | すべての材料と氷をシェーカーに入れ、30 秒シェークする。

3 | ダブルストレインでグラスに注ぐ。

378

TROPICAL CHAMPAGNE
トロピカル・シャンパーニュ

難易度★

- シャンパーニュ 80 ml
- パッションフルーツ
  シロップ 5 ml
- レモン果汁 5 ml
- オレンジ果汁 20 ml
- キューバ産
  ゴールドラム 20 ml

つくり方

1 | シャンパーニュ以外の材料と氷をシェーカーに入れ、5 秒シェークする。

2 | フルート型シャンパーニュグラスにダブルストレインで注ぎ、シャンパーニュを満たす。

379

TUNNEL
トンネル

難易度★

■ スイートベルモット
　10 ml
■ カンパリ 20 ml
ドライベルモット 30 ml
ジン 30 ml

グレープフルーツピール
1 枚

つくり方

1 | カクテルグラスは氷で冷やしておく。

2 | 氷をつめたミキシンググラスにすべての材料を
　　入れ、20 〜 30 回ステアする。

3 | こしながらグラスに注ぎ、グレープフルーツ
　　ピールを飾る。

380

TURF
ターフ

難易度★★

■ アブサン 6 滴 (0.3ml)
■ オレンジビターズ
　2 ダッシュ
マラスキーノ 5 ml
ドライベルモット 30 ml
ジン 30 ml

オリーブ 1 個

つくり方

1 | カクテルグラスは氷で冷やしておく。

2 | 氷をつめたミキシンググラスにすべての材料を
　　入れ、20 〜 30 回ステアする。

3 | こしながらグラスに注ぎ、オリーブを飾る。

381

TWENTIETH-CENTURY COCKTAIL
トゥエンティス・センチュリー・カクテル

難易度★

レモン果汁 20 ml
クレーム・ド・カカオ・
ホワイト 20 ml
リレ・ブラン (p.177)
20 ml
ジン 20 ml

レモンピール 1 枚

つくり方

1 | カクテルグラスは氷で冷やしておく。

2 | すべての材料と氷をシェーカーに入れ、20 〜
　　30 回シェークする。

3 | ダブルストレインでグラスに注ぎ、レモンピー
　　ルを飾る。

382

TWINKLE
トゥインクル

難易度★

シャンパーニュ 60 ml
エルダーフラワー
コーディアル (p.283)
15 ml
ウォッカ 25 ml

レモンピール 1 枚

つくり方

1 | カクテルグラスは氷で冷やしておく。

2 | シャンパーニュ以外の材料と氷をシェーカーに
　　入れ、5 秒シェークする。

3 | ダブルストレインでグラスに注ぎ、シャンパー
　　ニュを満たす。

4 | レモンピールを飾る。

383

VALENCIA
バレンシア

難易度★

■ フィノ（シェリー）15 ml
□ ジン 50 ml

オレンジピール
（フランベする）1 枚

つくり方

1 | カクテルグラスは氷で冷やしておく。

2 | 氷をつめたミキシンググラスにすべての材料を入れ、20 〜 30 回ステアする。

3 | こしながらグラスに注ぎ、フランベしたオレンジピールを飾る。

384

VELVET HAMMER
ベルベット・ハンマー

難易度★

■ 生クリーム 30 ml
■ クレーム・ド・カカオ・ブラウン 30 ml
□ ウォッカ 30 ml

つくり方

1 | カクテルグラスは氷で冷やしておく。

2 | すべての材料と氷をシェーカーに入れ、15 秒シェークする。

3 | ダブルストレインでグラスに注ぐ。

385

VIN CHAUD
ヴァン・ショー

👤10 難易度★

■ ナツメグ（すりおろす）3g
■ シナモンスティック 2 本
■ クローブ 10 個
■ オレンジのスライス 1/2×10 枚
■ 赤砂糖 100 g
■ アグリコールゴールドラム（p.107）50 ml
■ 赤ワイン 750 ml

つくり方

1 | オレンジの皮にそれぞれクローブを刺しておく。

2 | 鍋に赤ワイン、ラム、赤砂糖を入れ、中火で砂糖がとけるまで混ぜる。

3 | 沸とう直前に火を弱め、1 のオレンジ、シナモン、ナツメグを加える。

4 | ふたをして弱火で 20 分煮る。

5 | 各マグカップに注ぎ、オレンジのスライスを鍋から取り出して 1 枚ずつ加える。

386

387

388

ボルケーノ・ボウル

ワード・エイト

ウォータールー

386
VOLCANO BOWL
ボルケーノ・ボウル

👤4 🍹 難易度 ★★★

⬜ ゴールドラム（オーバープルーフ、p.273）15 ml
⬛ メープルシロップ 30 ml
⬜ シュガーシロップ 30 ml
⬜ ライム果汁 60 ml
⬜ グレープフルーツ果汁 180 ml
⬛ プエルトリコ産ゴールドラム 40 ml
⬜ ジャマイカ産ゴールドラム 40 ml
⬛ デメララゴールドラム 100 ml

つくり方

1 ｜ オーバープルーフラム以外の材料をバーブレンダーに入れ、氷を 10 個ほど加えて
最速で 15 〜 30 秒前後かくはんする。

2 ｜ 氷 20 個ほど入れたボルケーノボウルに注ぐ。

3 ｜ ボウルの中央にオーバープルーフラムを注ぎ、火をつけフランベする。

4 ｜ 長いストローを数本そえる。

ゴールドラムはホワイトラム（オーバープルーフ）でも OK。このレシピは直接ボウルから飲むスタイル。

387
WARD EIGHT
ワード・エイト

🍸 難易度 ★

⬛ グレナデンシロップ
10 ml
⬜ オレンジ果汁 15 ml
⬜ レモン果汁 25 ml
⬛ ライウイスキー 50 ml

つくり方

1 ｜ カクテルグラスは氷で冷やしておく。

2 ｜ すべての材料と氷をシェーカーに入れ、15 秒
シェークする。

3 ｜ ダブルストレインでグラスに注ぐ。

388
WATERLOO
ウォータールー

🍸 難易度 ★

⬛ スイカ（皮を取り除く）
5cm 角の角切り 4 個
⬜ シュガーシロップ 25 ml
⬜ レモン果汁 15 ml
⬛ カンパリ 15 ml
⬜ ジン 50 ml

つくり方

1 ｜ スイカの角切りをシェーカーのなかで潰す。

2 ｜ 残りの材料と氷を加え、10 秒シェークする。

3 ｜ 氷をつめたハイボールグラス（タンブラー）に
こしながら注ぐ。

389

WEDDING BELLS
ウェディング・ベルズ

難易度★★

■ オレンジ果汁 15 ml
■ チェリーリキュール 15 ml
■ デュボネ・ルージュ 30 ml
☐ ジン 30 ml

つくり方

1 | カクテルグラスは氷で冷やしておく。

2 | すべての材料と氷をシェーカーに入れ、15 秒シェークする。

3 | ダブルストレインでグラスに注ぐ。

390

WEST STREET MARMALADE
ウエスト・ストリート・マーマレード

難易度★★

■ ローズマリー 1 枝
■ マンダリンオレンジの マーマレード バースプーン 2 杯分
■ レモン果汁 10 ml
■ ハニーシロップ 10 ml
■ オレンジ果汁 15 ml
☐ ジン 50 ml

ローズマリーの
小枝 1 本

つくり方

1 | カクテルグラスは氷で冷やしておく。

2 | ローズマリーはちぎってシェーカーに入れる。

3 | 残りの材料と氷を加え、15 秒シェークする。

4 | ダブルストレインでグラスに注ぎ、ローズマリーを飾る。

391

WHISKY SNAPPER
ウイスキー・スナッパー

難易度★

■ ラズベリーシロップ 10 ml
■ ハニーシロップ 10 ml
■ レモン果汁 25 ml
■ スコッチウイスキー 50 ml

レモンピール 1 枚

つくり方

1 | カクテルグラスは氷で冷やしておく。

2 | すべての材料と氷をシェーカーに入れ、15 秒シェークする。

3 | ダブルストレインでグラスに注ぎ、レモンピールを飾る。

392

WHITE SPIDER
ホワイト・スパイダー

難易度★

■ ホワイトミント リキュール 25 ml
☐ ウォッカ 50 ml

つくり方

1 | カクテルグラスは氷で冷やしておく。

2 | 氷をつめたミキシンググラスにすべての材料を入れ、20 〜 30 回ステアする。

3 | こしながらグラスに注ぐ。

393
ウィブル

394
ウィドーズ・キス

395
ウィンク

396
ウィンター・グレン

393

WIBBLE
ウィブル

難易度★

- ▨ シュガーシロップ 5 ml
- ▨ レモン果汁 10 ml
- ▨ グレープフルーツ果汁 25 ml
- ▨ クレーム・ド・カシス 10 ml
- ▨ スロージン 25 ml
- ▨ ジン 25 ml

レモンピール 1 枚

つくり方

1 | カクテルグラスは氷で冷やしておく。

2 | すべての材料と氷をシェーカーに入れ、15 秒 シェークする。

3 | ダブルストレインでグラスに注ぎ、レモンピールを飾る。

394

WIDOW'S KISS
ウィドーズ・キス

難易度★★★

- ▨ アンゴスチュラビターズ 1 ダッシュ
- ▨ ベネディクティン 10 ml
- ▨ シャルトリューズ・ ジョーヌ（イエロー） 5 ml
- ▨ カルヴァドス 40 ml

マラスキーノチェリー 1 個

つくり方

1 | カクテルグラスは氷で冷やしておく。

2 | すべての材料と氷をシェーカーに入れ、15 秒 シェークする。

3 | ダブルストレインでグラスに注ぎ、チェリーを飾る。

395

WINK
ウィンク

難易度★★

- ▨ ペイショーズビターズ 2 ダッシュ
- ▨ シュガーシロップ 15 ml
- ▨ コアントロー 10 ml
- ▢ ジン 40 ml
- ▨ アブサン 15 ml

オレンジピール 1 枚

つくり方

1 | アブサンと氷 3 個をオールドファッションドグ ラスに入れて 20 〜 30 回ステアし、グラスを 冷やしながらアブサンの風味をつける。

2 | 残りの材料と氷をシェーカーに入れ、10 秒 シェークする。

3 | グラスのアブサンと氷を捨てる。

4 | カクテルをダブルストレインでグラスに注ぎ、 オレンジピールを絞る（絞ったあとのピールは 捨てる）。

396

WINTER GLEN
ウィンター・グレン

難易度★★

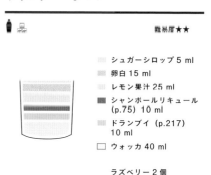

- ▨ シュガーシロップ 5 ml
- ▨ 卵白 15 ml
- ▨ レモン果汁 25 ml
- ▨ シャンボールリキュール （p.75） 10 ml
- ▨ ドランブイ（p.217） 10 ml
- ▢ ウォッカ 40 ml

ラズベリー 2 個
オレンジピール 1 枚

つくり方

1 | すべての材料と氷をシェーカーに入れ、10 秒 シェークする。

2 | 氷をつめたオールドファッションドグラスにこ しながら注ぐ。

3 | ラズベリーとオレンジピールを飾る。

397

WIWACIOUS
ウィワイシャス

難易度★

- オレンジビターズ
  2 ダッシュ
- リンゴジュース
  （混濁のあるもの）50 ml
- クレーム・ド・ペッシュ
  （モモ）10 ml
- アペロール 10 ml
- ソーヴィニヨン・ブラン
  （白ワイン）30 ml
- ウォッカ 50 ml

  オレンジピール
  （長くむく）1 本

つくり方

1 | すべての材料と氷をシェーカーに入れ、10 秒シェークする。

2 | 氷をつめたワイングラスにこしながら注ぐ。

3 | ストローをそえ、オレンジピールを飾る。

398

WOO WOO
ウー・ウー

難易度★

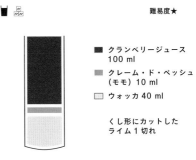

- クランベリージュース
  100 ml
- クレーム・ド・ペッシュ
  （モモ）10 ml
- ウォッカ 40 ml

  くし形にカットした
  ライム 1 切れ

つくり方

1 | 氷をつめたハイボールグラス（タンブラー）にすべての材料を注ぎ、15 〜 20 回ステアする。

2 | ストローをそえ、ライムを飾る。

399

WOODSTOCK
ウッドストック

難易度★

- オレンジビターズ
  2 ダッシュ
- メープルシロップ 15 ml
- レモン果汁 25 ml
- ジン 50 ml

つくり方

1 | カクテルグラスは氷で冷やしておく。

2 | すべての材料と氷をシェーカーに入れ、15 秒シェークする。

3 | ダブルストレインでグラスに注ぐ。

400

YOUNG MAN
ヤング・マン

難易度★★

- アンゴスチュラビターズ
  2 ダッシュ
- ドライオレンジキュラソー
  5 ml
- スイートベルモット
  25 ml
- コニャック 50 ml

  マラスキーノチェリー
  1 個

つくり方

1 | カクテルグラスは氷で冷やしておく。

2 | 氷をつめたミキシンググラスにすべての材料を入れ、20 〜 30 回ステアする。

3 | こしながらグラスに注ぎ、チェリーを飾る。

アネックス

カクテル用語集

カクテルのタイプや基酒、技法など
カクテルにまつわるおもな用語をあげてみた。

アガベ／リュウゼツラン
メキシコを中心にアメリカ大陸の乾燥地帯に植生する多肉植物。

アガベシロップ
おもにブルーアガベのピニャの株から絞り出した樹液をろ過して煮詰め、濃縮したもの。砂糖の1.4〜1.6倍の甘さがある。

アニス系リキュール
アニス、フェンネル、ヤナギハッカ、ニガヨモギなどの複数の薬草や香草を蒸留酒に漬け込んで香味を移し、再蒸留したリキュール。

アブサン／Absinthe
ニガヨモギ、フェンネル、ヤナギハッカ、アニスなど複数の薬草や香草を蒸留酒に漬け込んで香味を移し、再蒸留してつくるリキュール。

アマーロ
ビター系リキュール（p. 358）のイタリアでの呼称。

アルマニャック／Armagnac
ワインを連続式蒸留機で1回蒸留し、ブラックオークの樽で熟成した蒸留酒。フランスのジェール県、ランド県、ロット・エ・ガロンヌ県にまたがったアルマニャック地域で生産される。

アンゴスチュラビターズ／Angostura Bitters
1824年に、ドイツの軍医ヨハン・ジーゲルトがベネズエラで考案したビターズ。現在はトリニダード・トバゴで製造されている。

ウイスキー／Whisky、whiskey
原料の穀物を麦芽（モルト）で糖化し、発酵・蒸留して樽で熟成させる蒸留酒。麦芽は大麦を発芽させ、釜で乾燥させることでつくられる。

ウォッカ／Vodka
穀物、ライ麦、じゃがいもなど、でんぷん（糖質）を含む材料から製造される蒸留酒。

ウスターソース
英国発祥の液体調味料。本家のウスターソースは、モラセス（廃蜜）、ビネガー、アンチョビ、にんにく、複数のスパイスなどが原材料。

エイジングカクテル
樽やビンで熟成させたカクテル。

エタノール
アルコールの一種。揮発性や引火性のある無色透明な液体。

エッグノッグ／Eggnog
卵、牛乳、生クリーム、蒸留酒、砂糖などをシェークするスタイルのカクテル。

オーバープルーフ
アルコールプルーフはアルコールの強さを示す指標で、オーバープルーフはアルコール度数が57度以上を示す。

カクテルストレーナー
ミキシンググラスやシェーカーでつくったカクテルをグラスに注ぐ際、氷がグラスに入らないように液体だけこすために使用する円形ストレーナー。

カシャッサ／Cachaça
サトウキビの純液からつくられるブラジル原産の蒸留酒。

カルヴァドス／Calvados
フランスのノルマンディー地方原産の蒸留酒。シードル（p.357）を蒸留したあと、樽で最低2年熟成させる。洋ナシのシードルをブレンドしてつくるものもある。

キナワイン／Quinquina
ワインに南米産のキナノキの樹皮を漬け込んだフレーバードワインで、食前酒（アペリティフ）として飲まれる。

禁酒法
アメリカで1919〜1933年にかけて施行され、酒の製造や販売、購入が禁止された。

グラスの冷却
グラスに氷を数個入れてかき混ぜ、グラスの内側を冷やす工程。

クレーム
リキュール（p.359）参照。EU諸国では、クレームの場合は糖分が1ℓあたり250gと定められている。ただし、クレーム・ド・カシスに限っては、1ℓあたり400g以上。

グロッグ
カクテルのスタイル。トディー（p. 358）とほぼ同じ。ただし、こちらはレモン果汁を加える。

グンチアナ系リキュール
リンドウ科の植物グンチアナの根を原料とするビター系リキュール（p.358）。食前酒としてよく飲まれる。

計量
メジャーカップ（p. 359）参照。

コニャック／Cognac
フランスのコニャック地域でのみ製造される蒸留酒。ワインを単式蒸留機で2回蒸留したあと、ホワイトオークの樽で、3年以上熟成させる。

コブラー／Cobbler
ワインまたは蒸留酒に砂糖やシロップを加えたカクテルのスタイル。氷入りのグラスで、季節のフルーツを飾って提供する。

コリンズ／Collins
蒸留酒にレモン果汁、砂糖やシロップ、炭酸水を加え、氷を入れたハイボールグラス（タンブラー）で提供するスタイルのカクテル。

サワー／Sour
蒸留酒、レモン果汁、砂糖、ビターズをシェークしてつくり、カクテルグラスかオールドファッショングラスで提供するスタイルのカクテル。卵白を加えることもある。

シードル／Cidres
リンゴ果汁を発酵させた発泡性アルコール飲料。

シェーク
材料と氷をシェーカーに入れてふることで、カクテルを混ぜ、冷却し、流動化させ、細かな気泡を入れて、カクテルをマイルドにする技法。

ジガー
メジャーカップ（p. 359）参照。

シノワ／円すい形のこし器
メッシュストレーナー（p. 359）参照。

修道院系リキュール
カクテルの世界で「修道院系」という言葉は、修道院が発祥の蒸留酒を指す。

シュガーシロップ
同量の砂糖と水をとかしたシンプルなシロップ。家庭で簡単につくれる（p. 24）。

ジュレップ／Julep
蒸留酒、ミント、砂糖を混ぜ、クラッシュドアイスをつめた金属性のゴブレットで提供するスタイルのカクテル。

蒸留
原料を発酵させた醸造酒を、蒸留機に入れ、加熱・沸とうさせ、蒸発して気体になったアルコール成分を冷却して液体に戻し、高濃度のアルコール成分を抽出させること。

ショートドリンク／Short drink
カクテルグラスまたはオールドファッショングラスで提供し、短時間で飲むタイプのカクテル。氷は入れて提供する場合と入れない場合がある。

シロップ
砂糖と水をベースに、フレーバーをつけて煮つめた液体。風味づけに使われる材料は、天然由来のものとそうでない場合がある。

ジン／Gin
トウモロコシや大麦麦芽、ライ麦といった穀物を主原料とし、糖化、発酵、蒸留したあと、草根木皮を加えて再蒸留させた蒸留酒。

シングルモルト／Single malt
麦芽（モルト）だけを原料とするモルトウイスキーのなかでも、単一蒸溜所の原酒からつくられたものを指す。

ジンジャーエール／Ginger ale
ショウガや砂糖を加えた炭酸水。

ジンジャービア／Ginger beer
ショウガを水と砂糖とともに発酵させたアルコールフリーの発泡性飲料。アルコールを含むタイプもある。

スコッチウイスキー／Scotch whisky
スコットランド原産のウイスキー。

ステア
バースプーンを使ってドリンクなどを混ぜあわせること。

ストレイン／ろ過
シェークしたカクテルや、ミキシンググラスでつくったカクテルをストレーナーでこし、グラスに氷や不純物が入らないように注ぐ工程。

スノースタイル
グラスのフチをレモン果汁などで湿らし、塩や砂糖、スパイスなどをつけるデコレーションの技法。

スピークイージー
1919～1933年のアメリカの禁酒法時代、非合法に酒類を販売したもぐりのバーの通称。現在ではこの言葉は、こだわりのカクテルを提供する隠れ家的なバーを指す。

スピリッツ
穀物やフルーツ、植物を漬け込んで香味を移し、蒸留してつくる蒸留酒。

スリーピースシェーカー
注ぎ口にストレーナーがついたタイプのシェーカー。カクテルストレーナーを使ってカクテルをこす手間が省ける。

スローイング
カクテルをカップからカップへ徐々に距離を離しながら移し、カクテルに空気を含ませる技法。

ダッシュ
おもにビターズをひと振りしたときに出る量を表す単位。

タバスコ
トウガラシ、ビネガー、塩を原材料とするルイジアナ生まれのスパイシーな液体調味料。

タフィア／Tafia
テラセス（廃蜜）を原料とする原始的なラム。かつては英語で「ランバリオン」、仏語で「ギルディブ」とも呼ばれていた。

樽
原酒を熟成させる円筒形の木製タンク。運搬する際にも用いられる。

炭酸水
水に炭酸が入った飲料水。ソーダともいう。これに対し、水に炭酸やキナノキ、砂糖を加えたものはトニックウォーター、水に炭酸やショウガ、砂糖を加えたものはジンジャエールなどという。

タンブラー
ハイボールグラスと同じタイプのグラス。

ティキ
1920年代にアメリカで誕生したポリネシアスタイルのカルチャー。ポリネシアの聖霊をモチーフにした陶器のカップで飲むティキカクテルも、このカルチャーのムーブメントから生まれた。

デイジー / Daisy
ベースの蒸留酒に、レモン果汁とトリプルセック（コアントロー）、シャルトリューズ、シロップなどのもう1種の材料を加え、カクテルグラスで提供するスタイルのカクテル。

ティン
シェーカーのボトム部分の金属製カップ。

テキーラ / Tequila
リュウゼツランの中心部の球茎部（ピニャ）の絞り汁を発酵かつ蒸留させてできる蒸留酒。

トディー / Toddy
蒸留酒、砂糖、レモンのピール（果皮）かスライスを、湯か水で割ったスタイルのカクテル。

トリプルセック
「3倍ドライ」を意味し、アルコールにオレンジのピール（果皮）を漬けて熟成させた、ほのかに甘いリキュールの1種。とくにコアントローが有名。

バースプーン
カクテルを混ぜるための柄の長いスプーン。

バーブレンダー
フローズンスタイルのカクテルをつくる際に用いる電動ミキサー。

バーボンウイスキー / Bourbon Whiskey
アメリカ原産のウイスキーで、51％以上のトウモロコシを含む。

ハイボール / Highball cocktail
ベースの蒸留酒を炭酸水で割り、氷を入れたグラスで提供するスタイルのカクテル。

ハイボールグラス / 12〜14オンスタンブラー、ビアグラス
背が高く口の狭いグラスで、ロングドリンクに使われる。

パンチ / Punch
もともとは、アルコール、砂糖、フルーツ、スパイス、水の5種の材料を使ったカクテルを意味したが、今ではパンチといえば一般的に、大きな容器でつくるシェア系カクテルを指し、ティ・ポンシュ（Ti Punch, p.81）のように材料が3種だけの場合もある。

パンチボウル
ガラス製または金属製の大きなボウルで、パンチスタイルのカクテルに使われる。レードルを使って提供する。

ピール
柑橘類の果皮。または果皮を削ぎ落としてカクテルの表面に絞り、ピールに含まれる香油成分を飛ばしてカクテルに香りをつけるとともに、強いアルコールの口当たりをマイルドにさせる技法。

ビール
大麦麦芽、小麦麦芽、ホップを主原料に、糖化かつ発酵させてできる醸造酒。

ピスコ / Pisco
ワインを蒸留してつくられる蒸留酒。ペルーとチリのみで生産される。

ビター系リキュール
リンドウ科の植物グンチアナの根や、キナノキ、ルバーブ、ブラッドオレンジなど、苦味のある植物や薬草、香草、スパイスを、蒸留酒に漬け込んで香味を移したリキュール。その名の通りビターな風味が特徴で、食前酒としてよく飲まれる。

ビターズ / Bitters
薬草や香草、スパイス、柑橘、ナッツ、樹皮、セロリなど、様々な薬草や香草を蒸留酒に漬け込んで浸出させた、独特な苦味と強い香りが特徴のアルコール飲料。

フィズ / Fizz
ベースとなる蒸留酒に、柑橘果汁と砂糖を加えてシェークし、氷を入れたハイボールグラス（タンブラー）に注ぎ、炭酸水で割ったスタイルのカクテル。

フードテイル / Foodtail
「Food（食物）」と「Cocktail（カクテル）」をあわせた造語。厳選した材料を使い、料理とカクテルの融合を目指したムーブメント。

ブドウネアブラムシ / フィロキセラ
アブラムシの一種で、ブドウの樹の生育を阻害し、枯死に至らせる。

フランベ
カクテルづくりにおいては、強いアルコールをガーニッシュにかけて火をつけ、一気にアルコールを飛ばすこと。

フリップ / Flip
蒸留酒または酒精強化ワインに卵と砂糖を加えてシェークし、表面にナツメグをすりおろすスタイルのカクテル。

フレンチシェーカー
金属製のカップ2つを組みあわせるツーピースシェーカー。ボストンシェーカー（p.359）とシルエットは異なるが、こちらもカップを上下にはめて使用する。

ブレンデッドウイスキー ／ Blended Whiskey
大麦を発芽させた麦芽（モルト）を主原料としたモルトウイスキーと、ライ麦やトウモロコシなど大麦以外の穀物と麦芽を原料としたグレーンウイスキーをブレンドしてつくるウイスキー。

フロート／ Float
カクテルの表面に別の液体を注いで層にし、見た目の美しさを演出したり、味わいの複雑さをもたらす技法。

ペイショーズビターズ ／ Peychaud's Bitters
1830 年に、薬剤師のアントワーヌ・アメデ・ペイショーがニューオーリンズで考案したビターズ。

ペリー ペアサイダー、ポワレ ／ Perry、Pear Cider、Poiré
洋ナシの果汁を発酵させてつくるシードル（p. 357）。

ベルガモット
オレンジに似た小型の柑橘。果肉は緑で、皮は厚く香り高い。

ベルモット／ Vermouth
白ワインをベースに、香草や薬草を漬け込んで香味を移し、砂糖またはミステルを添加したフレーバードワイン。おもに食前酒として飲まれる。

ボストンシェーカー
大きな金属製のカップ（ティン）と、小さなカップ（パイントグラスまたは金属製のショートティン）がセットになったシェーカー。大きなカップに小さなカップをななめにはめ、完全に密封して使用する。

マール・ド・シャンパーニュ／ Marc de Champagne
マール、ブルゴーニュ、アルザスのフランス 3 大マールのひとつ。ワインを醸造するときの、果汁の絞りかすを蒸留してできるブランデー。最上のブドウの絞りかすのみ使う。芳醇で味わいも濃厚。

マッシュ／潰す
グラスのなかで角砂糖をとかしたり、フルーツやハーブなどを潰したりして風味を際立たせる工程。

ミキシンググラス
注ぎ口のあるガラス製の大きなグラス。氷とともに材料を入れ、かき混ぜることでカクテルを冷やす。カクテルはミキシンググラスで混ぜたあと、ストレーナーをかぶせてグラスに注ぐ。

ミクソロジー
様々な材料を混ぜてカクテルをつくる、カクテルメイキングの様式。

ミクソロジスト
ミクソロジーを実践するバーテンダー。

ミステル／ Mistelle
酒精強化ワインの一種。

メジャーカップ
カクテルの材料を量るための道具。金属製とプラスチック製があり、容量も様々なタイプがある。

メスカル／ Mezcal
アガベ・アメリカーナとアガベ・アトロビレンスの樹液を発酵させた醸造酒をプルケといい、メスカルはプルケを蒸留した蒸留酒。

メッシュストレーナー
シェークしたカクテルの細かい氷や果実、ハーブなどを取り除く際に使う。カクテルストレーナーとグラスの間に据え、ダブルストレイン（2 重こし）にしてカクテルを注ぐ。

モラセス／糖蜜
サトウキビやサトウダイコンから砂糖を精製する際に得られるシロップ。

ライウイスキー／ Rye whiskey
ライ麦含有量が 51 ％以上のウイスキー。

ラム／ Rhum
サトウキビを主原料とし、発酵、蒸留させた蒸留酒。

リキュール
蒸留酒にフルーツや植物、スパイスの香味を移し、甘みを加えた混成酒。EU 諸国では、糖分が 1 ℓ あたり 100g 以上含まれるアルコール飲料を「リキュール」と定義としている。

リッキー／ Rickey
蒸留酒とライム果汁を炭酸水で割り、氷を入れたハイボールグラス（タンブラー）で提供するスタイルのカクテル。

ロングドリンク／ Long drink
水や炭酸水、ジュース、ワインなどで割ったカクテル。

ワイン／ Wine
ブドウ果汁を発酵させたアルコール飲料。

V. S.
コニャック（p. 357）、アルマニャック（p. 356）、カルヴァドス（p. 356）、マール・ド・シャンパーニュ（p. 359）、ラム（p. 359）などの熟成年数による等級を表す略語。一番若い原酒の熟成年数が、3 年以上であることが条件。

V. S. O. P.
コニャック（p. 357）、アルマニャック（p. 356）、カルヴァドス（p. 356）、マール・ド・シャンパーニュ（p. 359）、ラム（p. 359）などの熟成年数による等級を表す略語。樽熟成が 5 年以上であることが条件。

X. O.
コニャック（p. 357）、アルマニャック（p. 356）、カルヴァドス（p. 356）、マール・ド・シャンパーニュ（p. 359）、ラム（p. 359）などの熟成年数による等級を表す略語。樽熟成が 7 年以上であることが条件。

初級者向けカクテル早見表

カクテル名	アンゴスチュラビターズ	バーボンウイスキー	カンパリ	シャンパーニュ	コニャック	クレーム・ド・カシス	炭酸水	ジン	キューバ産ホワイトラム	スコッチウイスキー	テキーラ
アフィニティ ★★ p. 278	•									•	
アメリカーノ ★ p. 117			•				•				
ビトゥィーン・ザ・シーツ ★★ p. 286					•				•		
ブランカ ★ p. 288	•										•
ブルー・ブレイザー ★★★ p. 269										•	
ブールヴァルディエ ★★★ p. 259		•									
ブランデー・スマッシュ ★ p. 291					•						
ブロンクス ★★ p. 223								•			
カイピロスカ ★ p. 125											
カリフォルニア・ドリーム ★★ p. 293											•
ケープ・コッダー ★ p. 293											
カールトン ★ p. 294		•									
コブラー ★ p. 295				•							
コスモポリタン ★ p. 79											
ダイキリ ★ p. 109									•		
ドライ・マティーニ ★ p. 97								•			
フレンチ75 ★★ p. 183				•				•			
ジン・アンド・イット ★ p. 310								•			
ジン・フィズ ★★ p. 179							•				
ジン・リッキー ★ p. 311							•	•			
ハーバード ★★ p. 313	•				•						
インカム・タックス・カクテル ★★ p. 315	•							•			

本書掲載のカクテルのうち、ベーシックな 25 種の材料でつくれる、
初級者におすすめしたいカクテル早見表だ。材料がシンプルなものや手に入れ
やすいもの、共通する材料でつくれるものを探しやすくした。

コアントロー	スイートベルモット	ドライベルモット	ウォッカ	クランベリージュース	マラスキーノチェリー	レモン	ライム	フルール・ド・セル(天然塩)	ミント	卵	オリーブ	オレンジ	砂糖/グラニュー糖、角砂糖、シュガーシロップ
	•	•				•							
	•					•						•	
•						•							
					•	•				•			•
						(•)							
	•											•	
										•		•	•
	•	•										•	
			•				•						•
			•	•			•						
•												•	
						•			•			•	•
•							•						
							•						
		•				(•)					•		
					•	•							•
	•												
						•					•		•
							•						
	•											•	
	•	•										•	

カクテル名	アンゴスチュラビターズ	バーボンウイスキー	カンパリ	シャンパーニュ	コニャック	クレーム・ド・カシス	炭酸水	ジン	キューバ産ホワイトラム	スコッチウイスキー	テキーラ
ガリバルディ ★ p. 95			•								
カミカゼ ★ p. 317											
キール・ロワイヤル ★★ p. 318				•		•					
マンハッタン ★ p. 133	•	•									
マルガリータ ★★ p. 173											•
ミモザ ★ p. 101				•							
ミント・ジュレップ ★ p. 147		•									
モヒート ★ p. 71	•						•		•		
ネグローニ ★ p. 137			•					•			
オールド・ファッションド ★ p. 143	•						•				
オレンジ・ブロッサム ★ p. 326								•			
ペグ・クラブ ★ p. 327	•							•			
ピンク・ジン ★★ p. 070	•							•			
レッド・ライオン ★ p. 333								•			
ロブ・ロイ ★ p. 165	•									•	
ロジータ ★ p. 334			•								•
ルシアン・スプリング・パンチ ★★ p. 201				•		•					
スクリュードライバー ★ p. 339											
サイドカー ★★ p. 205					•						
サウス・サイド ★★ p. 203								•			
トム・コリンズ ★ p. 93							•	•			
ウイスキー・サワー ★ p. 155	•	•									
ホワイト・レディ ★★ p. 187								•			

コアントロー	スイートベルモット	ドライベルモット	ウォッカ	クランベリージュース	マラスキーノチェリー	レモン	ライム	フルール・ド・セル（天然塩）	ミント	卵	オリーブ	オレンジ	砂糖／グラニュー糖、角砂糖、シュガーシロップ
												•	
•			•				•						
	•				•								
•							•	•					
									•				•
							•					•	•
	•											•	
												•	
•							•						
•						•							
	•				•								
	•	•				•							
			•			•							•
			•									•	
•						•							•
							•		•				•
					•	•							•
						•					•		
•						•				•			•

難易度別カクテルチャート

簡単なレシピから複雑なレシピへと、少しずつステップアップできるように
本書の中から同じ風味や技法のカクテルを選んでまとめた。
無理せず自分のレベルにあわせながらカクテルづくりの腕を磨いていこう。

初級 難易度★	中級 難易度★★	上級 難易度★★★	カクテルレシピ図鑑300
モヒート／p. 71	オールド・キューバン／p. 211	ゾンビ／p. 273	ネイビー・グロッグ／p.324／★★★
ベリーニ／p. 73			トゥインクル／p. 348／★
フレンチ・マティーニ／p. 75			ジャ＝モーラ／p. 315／★
グリーン・ビースト／p. 77		デス・イン・ジ・アフターヌーン／p.245	アブサン・カクテル／p. 278／★★
コスモポリタン／p. 79			ポーン・スター・マティーニ／p.330／★
ティ・ポンシュ／p. 81			スモール・ディンガー／p. 341／★
ピニャ・コラーダ／p. 83			ペインキラー／p. 326／★
キューバ・リブレ／p. 85			ドクター・ファンク／p. 301／★
カイピリーニャ／p. 87			ハニーサックル／p. 314／★
マリルー／p. 89 または ヴァージン・モヒート／p. 105			
アペロール・スプリッツ／p. 91			ビシクレッタ／p. 286／★
トム・コリンズ／p. 93	ジン・フィズ／p. 179	ラモス・ジン・フィズ／p. 237	スロージン・フィズ／p. 340／★
ガリバルディ／p. 95			タンピコ／p. 343／★
ドライ・マティーニ／p. 97	ヴェスパー／p. 177	タキシード／p. 243 またはマルティネス／p. 261	スモーキー・マティーニ／p.341／★
プランターズ・パンチ／p. 99			ハリケーン／p. 315／★★
ミモサ／p. 101			バレンシア／p. 349／★
トミーズ・マルガリータ／p. 103	マルガリータ／p. 173		アガベ・パンチ／p. 278／★
ヴァージン・モヒート／p. 105 または ヴァージン・コラーダ／p. 113			
マイ・タイ／p. 107			ドクター・ファンク／p. 301／★
ダイキリ／p. 109	ヘミングウェイ・ダイキリ／p. 197	エアメール／p. 235	バナナ・ダイキリ／p. 284／★
デス・イン・ヴェニス／p. 111			トンネル／p. 348／★
ヴァージン・コラーダ／p. 113 または ヴァージン・パープル・ヘイズ／p. 123			
パーフェクト・レディ／p. 115	ホワイト・レディ／p. 187 または クローバー・クラブ／p. 191	ペンデニス・カクテル／p. 251	サタン／p. 338／★★
アメリカーノ／p. 117			ネグローニ・ズバリアート／p.338／★
ロッシーニ／p. 119			ローヤル・ハイボール／p. 335／★
ピムス・カップ／p. 121			スロージン・フィズ／p. 340／★
ヴァージン・パープル・ヘイズ／p.123			ブルズ・アイ／p. 292／★
カイピロスカ／p. 125			フォールン・エンジェル／p.305／★
パロマ／p. 127			ブラッド・オレンジ・マルガリータ／p. 289／★

謝辞

Liquid Liquid は、以下の方々に感謝の意を表します。トマ・ジラール、フランク・オードゥ、グレゴリー・クレ、ローリー・ヴィンチゲッラ、セリーヌ・ビリー、アレクサンドル・ヴァンティエ、フレデリック＆フレデリック・ラビエール、ローリー・フアン、アンヌ＝ロール・ランプリエ、ナタリー＆ファンファン、ルイジ・ボルミオリ社、レストラン・デルスー（写真：p. 60 〜 61）。

著者プロフィール

Liquid Liquid（リキッド・リキッド）

ジェレミー・オジェ、ティエリー・ダニエル、エリック・フォサールなどからなる、カクテルと蒸留酒に特化したエージェント。イベントの企画・運営から、PR、マーケティング、コンサルティング、セールスプロモーション、バーテンダー向けのトレーニングプログラムの提案まで、カクテル関連のトータルサポートを行う。2008 年以降、バー業界の新たなトレンドをリードする場として、プロ向けの見本市「カクテル・スピリッツ・パリ」を企画・運営。年に 1 回、パリのメゾン・ルージュに、明日のカクテルを担う5000 人以上のプロたちが世界中から集う。2015 年には、第 1 回「パリ・カクテル・ウィーク」を開催。このカクテルの祭典は、メディアを介して 1800 万人以上のカクテルファンを魅了した。2016年には、香港で第 1 回「スピリッツ＆カクテル・ウィーク」を開催。

監修者プロフィール

木田竜典

一般社団法人日本パブ＆バー協会代表理事、日本パブ＆バー経営専門学院学院長。バーテンダーの修行を経て、24 歳でオーナーバーテンダーとして独立開業。以降、約 20 年にわたって計 6 店舗のバーの経営を行う。また、1997 年より、カクテル技術の指導やバーテンダーの養成、店舗開業を目指す経営者の支援を行う専門スクールを始動。現在、東京と大阪でスクールを運営するとともに、各種セミナーや講演を開催するなど日本各地で活躍。

LE GRAND COURS DE COCKTAILS
400 RECETTES
TECHNIQUES – ASTUCES DE BARMAN

Direction Hachette Pratique : Catherine Saunier-Talec
Direction Hachette Vins : Stéphane Rosa
Responsable de projet : Juliette de Lavaur
Responsable artistique : Antoine Béon
Conception graphique : Le Bureau des affaires graphiques
Réalisation : skgd-creation
Couverture : Antoine Béon
Suivi éditorial : Nelly Mégret
Correction : Margo Vitrac
Fabrication : Isabelle Simon-Bourg
Responsable communication : Johanna Rodrigue
Responsable partenariats : Sophie Morier (smorier@hachette-livre.fr)

Le Grand Cours de Cocktail @2016, HACHETTE-LIVRE（Hachette Pratique）.
Text by Liquid Liquid.
Japanese editions arranged through The English Agency (Japan) Ltd.

Tous droits de traduction, d'adaptation et de reproduction, totale ou partielle, pour quelque usage, par quelque moyen que ce soit, réservé pour tous pays.

This Japanese edition was produced and published in Japan in 2020 by NIHONBUNGEISHA Co.,Ltd.
2-10-18 Mouri, Koutouku,
Tokyo 135-0001, Japan
Japanese translation © 2021 NIHONBUNGEISHA Co.,Ltd.

Japanese edition creative staff
Editorial supervisor : Tatsunori Kida
Translation : Rica Shibata
Text layout and cover design : Ai Fujie
Editor: Masayo Tsurudome
ISBN978-4-21869-5
Printed in Japan

日本語版制作スタッフ

監修：木田竜典（一般社団法人日本パブ＆バー協会代表理事）
翻訳：柴田里芽
組版・デザイン：藤榮亜衣
編集協力：鶴留聖代
制作協力：前嶋直美、深尾陽輔（共に一般社団法人日本パブ＆バー協会理事、日本パブ＆バー経営専門学院本校講師）

カクテルをたしなむ人（ひと）のレッスン＆400レシピ

2021 年 2 月 20 日　第 1 刷発行

著　者　Liquid Liquid（リキッド・リキッド）
発行者　吉田芳史
印刷所　図書印刷株式会社
製本所　図書印刷株式会社
発行所　株式会社日本文芸社
　　　　〒 135-0001 東京都江東区毛利 2-10-18 OCM ビル
　　　　TEL 03-5638-1660（代表）
　　　　URL https://www.nihonbungeisha.co.jp/

Printed in Japan　112210208-112210208　Ⓝ 01（270012）
ISBN978-4-537-21869-5
©NIHONBUNGEISHA 2021